"十二五"国家重点图书出版规划项目·新世纪法学教育丛书

王玉梅 著

合同法

（第四版）

中国政法大学出版社

2022·北京

图书在版编目（ＣＩＰ）数据

合同法 / 王玉梅著. —4版. —北京：中国政法大学出版社，2022.7
ISBN 978-7-5764-0478-4

Ⅰ.①合…　Ⅱ.①王…　Ⅲ.①合同法—中国—教材　Ⅳ.①D923.6

中国版本图书馆CIP数据核字(2022)第100402号

出 版 者　中国政法大学出版社
地　　址　北京市海淀区西土城路 25 号
邮　　箱　fadapress@163.com
网　　址　http://www.cuplpress.com (网络实名：中国政法大学出版社)
电　　话　010-58908435(第一编辑部) 58908334(邮购部)
承　　印　固安华明印业有限公司
开　　本　720mm×960mm　1/16
印　　张　16.5
字　　数　296 千字
版　　次　2022 年 7 月第 4 版
印　　次　2022 年 7 月第 1 次印刷
印　　数　1~5000 册
定　　价　49.00 元

　　王玉梅　女，1962 年 11 月出生于河北省唐山市。毕业于中国政法大学，分别于 1984 年、1991 年、1999 年获法学学士学位、法学硕士学位和法学博士学位。1996～1997 年在香港李宇祥律师事务所研习。2001～2002 年在法国巴黎第一大学做访问学者，并获其硕士学位。现为中国政法大学民商经济法学院商法研究所教授，中国法学会体育法研究会理事，北京市第十五届人大代表，政协北京市海淀区第十届委员会副主席。出版专著《中国的外国直接投资法律制度研究》《农民专业合作社之法理探究与实践》《从农民到股民——农村社区股份合作社基本法律问题研究》，主编《合同法教学案例》，合著《经济法概论》，参编《经济合同法教程》《商法学教程》等教材十余部。先后发表学术论文二十余篇。主持国家知识产权局《专利权滥用的法律规制》课题研究，参加司法部《债转股与股转债法律问题研究》《限制竞争协议的反垄断法问题研究》等重点科研项目研究。

出版说明

　　"十二五"国家重点图书出版规划项目是由国家新闻出版总署组织出版的国家级重点图书。列入该规划项目的各类选题，是经严格审查选定的，代表了当今中国图书出版的最高水平。

　　中国政法大学出版社作为国家一级出版社，有幸承担规划项目中系列法学教材的出版，这是一项光荣而艰巨的时代任务。

　　本系列教材的出版，凝结了众多知名法学家多年来的理论研究成果，全面而系统地反映了现今法学教学研究的最高水准。它以法学"基本概念、基本原理、基本知识"为主要内容，既注重本学科领域的基础理论和发展动态，又注重理论联系实际以满足读者对象的多层次需要；既追求教材的理论深度与学术价值，又追求教材在体系、风格、逻辑上的一致性。它以灵活多样的体例形式阐释教材内容，既推动了法学教材的多样化发展，又加强了教材对读者学习方法与兴趣的正确引导。它的出版也是中国政法大学出版社多年来对法学教材深入研究与探索的职业体现。

　　中国政法大学出版社长期以来始终以法学教材的品质建设为首任，我们坚信"十二五"国家重点图书出版规划项目的出版，定能以其独具特色的高文化含量与创新性意识成为集权威性与品牌价值于一身的优秀法学教材。

中国政法大学出版社

第四版说明

2020 年 5 月 28 日，我国《民法典》颁布，最高人民法院相继修订了一系列与民法典相关的司法解释。与之相应，合同法的司法实务、理论研究和教学均有所变更和发展。在吸收、整合原《合同法》和相关司法解释的基础上，《民法典》对合同法进行了全方位修订。《民法典》合同编将原《合同法》"总则—分则—附则"的模式，变更为"通则—典型合同—准合同"的体例，将无因管理和不当得利作为"准合同"在合同编予以规制。鉴于无因管理与不当得利与合同关系较弱，因此未将准合同纳入本次修订；此外，为将民法规范进一步体系化，关于合同效力的规定大部分被提炼、吸纳于总则编，尽管如此，合同效力系合同规范的重要组成部分，本书仍然对此部分做了较为详细的论述；除却以上体例变动，《民法典》还将合同的保全独立成章，本书对此也在结构上有所调整。在内容上，《民法典》修改了多处规则和制度，本书也进行了相应的修订，更新了上一版中与《民法典》新规冲突的部分，并对《民法典》及司法解释修改和新增的制度、规定做了补充，主要包括格式条款相关规则、情势变更制度、利他合同相关规则、第三人代为履行制度、合同解除规则、合同僵局破除规则等变化较大的制度规则，并新增了保证合同、保理合同、物业服务合同、合伙合同等有名合同章节。

此外，本次修订还部分替换、更新了脚注中引用的书目，更新了主要法律、司法解释缩略语一览表。

感谢我的硕士研究生孙博文、杜鑫宇、胡弘俞协助我完成了本次修订。

王玉梅

2022 年 1 月

第三版说明

　　2013 年至今，学术在不断地进步，有关合同法的教学成果也在不断进步。同时，最高人民法院针对现实生活中出现的典型合同纠纷出台了一系列司法解释，特别是随着党的十八届四中全会确定编纂民法典，以及在 2017 年《民法总则》通过后，关于民法以及合同法的理论研究、教学和司法都迈入了一个新的阶段。本次修订仍然本着"讲述精准、条理清晰、体系周全、简洁干练"的基本宗旨，主要针对 2014 年发布的《融资租赁合同解释》、2015 年发布的《民间借贷解释》以及 2017 年发布的《民法总则》的相关内容作了较为详尽的介绍，并修订第二版中与新法之间相冲突的地方。

　　此外，本次修订的内容还包括：新增部分典型案例，让读者接触最新的司法实践，在学习中将理论知识与新型的司法实例更好地结合；更新本书主要法律、司法解释缩略语一览表。

　　此次修订再版，中国政法大学出版社的几位编辑提供了许多有益的修改建议，并得到了我的硕士研究生李玮钰、李伟的协助。在此表示诚挚谢意！

王玉梅

2018 年 12 月 13 日

第二版说明

2008 年至今，最高人民法院针对现实生活中不断出现的合同纠纷问题，出台了一系列司法解释，本书此次修订主要是增加了这些司法解释的核心内容，并修订上版中与新解释相冲突的地方。其中，对于 2009 年发布的《合同法解释二》《城镇房屋租赁合同解释》以及 2012 年发布的《买卖合同解释》作了较为详尽的介绍。

此外，本次修订的内容还包括：更新原版部分案例，让读者能够接触更多新型典型案例；为便于读者阅读，在书稿前添加本书主要法律、司法解释缩略语一览表；更新脚注中引用的新版本的书目。

王玉梅

2013 年 8 月 16 日

前 言

合同法作为民商法体系中十分重要的组成部分，是调整合同法律关系的法律规范。《合同法》的颁布，结束了《经济合同法》《涉外经济合同法》《技术合同法》三足鼎立的合同法时代，合同法的理论研究及相关教学活动也由此进入了全新的阶段。

尽管我从事合同法学的教学工作多年，但被邀请独立撰写这部《合同法》教材时，心里还是有些惶恐。出版社对这套教材的要求是"讲述精准、条理清晰、体系周全、简洁干练、内容充实而不繁复、形式鲜活而实用"，使本科生可以"读懂、读明白"，全书不可超过20万字。写作中，我深感达到上述要求之难。

我初学法律的时候，中国的法学教育刚刚从"文革"时期的中断中得以恢复。学生手上几乎没有任何教材，所有的法律知识几乎全凭老师口授和学生逐字逐句地记录，形成了"上课记笔记、下课补笔记、考前背笔记"的学习方式。因为忙着记、补、背笔记，我们几乎无暇真正领会所学内容的真谛。如果在新华书店的书架上发现一本与"法"有关的书籍，学生便会欣喜若狂，倾其所有买回来。如今，法学教材、专著在书店、图书馆中已是琳琅满目，学生们的困难已经不是我们当年的"求书若渴"，而是眼花缭乱，不知如何取舍。但是，我发现学生们似乎仍然习惯于我们当年的那种低效率的学习方式，把大部分精力用于记录和背诵，而对如何思考法律问题、如何解决法律问题，无暇顾及。

正是多年的研习、教学体验，我深深懂得了教材对于学生之重要。我认为，一个学生或者一个初学者，了解、掌握一个法律问题，首先需要借助一本简明的教科书，初步了解某一部门法的基本概念及其体系结构。在此基础上，学生可以根据自己的需要和理解能力，通过研习相关的著作、论文等更深入地掌握、研究相关的法律问题。我非常赞同我国台湾地区著名民法学者王泽鉴教授的观点，他认为：法学教育的基本目的，在于使法律人能够认识法律，具有法律思维和解决争议的能力。为实现上述目的而在教学中使用的教材应是多元化的，包括为初学者入门的教材、供综合复习的参考用书、为理论体系的著作，以及为理论联系实际的专题研究和判决评释。[1]

我想，我的这部教材当属"入门教材"。在内容上，本书力求精准地讲述合同法学通说和现行法律，不讨论争议观点，不介绍外国法律。对于有重大争议的问题，在脚注中作简要说明。由于整套丛书中的《债权法》介绍了债的一般原理，即合同之债与其他债共同的原理，因此本书尽可能简写合同法总论，重点介绍合同之债特有的原理，如合同的概念、特征、种类、内容和形式、订立、效力、缔约过失责任，以及合同之债特有的履行规则、违约责任等。同时，仍尽可能地保证体系完整，囊括合同法的主要问题。在形式上，本书每章正文前都设置"本章提要"，提示该章的重点问题；在每节之前，提出一两个小问题，引导学生发现、思考每一节中关键的、难以把握的问题；由于合同法学是实用性学科，案例分析也是帮助学生理解法律知识的有效方法，因此本书在必要之处加入了一些国内外的典型案例，以引导学生通过实例分析法律问题，培养学生运用法律知识解决问题的能力。此外，本书最后列出了参考书目，学生可以通过阅读这些教材、专著，在"入门"之后更准确、更深入地理解合同法律问题。

我希望，这部教材可以把学生从记、补、背笔记中解脱出来，可以使他们"读懂、读明白"合同法中一般的、主要的问题，进而可以帮助他们提高法律思维能力和解决法律争议的能力。祈请专家特别是阅读本书的学生，对本书的不足之处、不能满足上述要求之处批评指正，我将竭力持续地修正本书的缺陷。

在本书写作过程中，我的学长、同事刘心稳教授给了我非常直接、细致的帮助，使我能够尽可能科学、合理地构架本书；中国政法大学出版社

---

[1] 王泽鉴：《法律思维与民法实例：请求权基础理论体系》，中国政法大学出版社 2001 年版，第16 页。

的几位编辑对书稿提出了很多有益的修改建议；我的硕士研究生寇准、江莹、陈子豪协助我为本书的写作收集、整理资料，并从学生角度对本书的写作提供了不少很好的意见。在此一并深表谢意！

王玉梅
2008 年 8 月 6 日

本书主要法律、司法解释缩略语一览表

全称及最新发布时间	简称
《中华人民共和国民法典》（2020 年 05 月 28 日发布）	《民法典》
《中华人民共和国合同法》（已失效）	《合同法》
《中华人民共和国保险法》（2015 年 04 月 24 日发布）	《保险法》
《中华人民共和国信托法》（2001 年 04 月 28 日发布）	《信托法》
《中华人民共和国民法总则》（已失效）	《民法总则》
《中华人民共和国民法通则》（已失效）	《民法通则》
《中华人民共和国经济合同法》（已失效）	《经济合同法》
《中华人民共和国涉外经济合同法》（已失效）	《涉外经济合同法》
《中华人民共和国技术合同法》（已失效）	《技术合同法》
《中华人民共和国中外合资经营企业法》（已失效）	《中外合资经营企业法》
《中华人民共和国中外合作经营企业法》（已失效）	《中外合作经营企业法》
《中华人民共和国外商投资法》（2019 年 03 月 15 日发布）	《外商投资法》
《中华人民共和国立法法》（2015 年 03 月 15 日发布）	《立法法》
《中华人民共和国城镇国有土地使用权出让和转让暂行条例》（2020 年 11 月 29 日发布）	《城镇国有土地使用权出让和转让暂行条例》
《最高人民法院关于适用〈中华人民共和国民法典〉有关担保制度的解释》（2020 年 12 月 31 日发布）	《担保制度解释》
《最高人民法院关于审理买卖合同纠纷案件适用法律问题的解释》（2020 年 12 月 29 日发布）	《买卖合同解释》
《最高人民法院关于审理商品房买卖合同纠纷案件适用法律若干问题的解释》（2020 年 12 月 29 日发布）	《商品房买卖合同解释》
《最高人民法院关于审理民间借贷案件适用法律若干问题的规定》（2020 年 12 月 29 日发布）	《民间借贷规定》

续表

全称及最新发布时间	简称
《最高人民法院关于审理城镇房屋租赁合同纠纷案件具体应用法律若干问题的解释》（2020 年 12 月 29 日发布）	《城镇房屋租赁合同解释》
《最高人民法院关于审理融资租赁合同纠纷案件适用法律问题的解释》（2020 年 12 月 29 日发布）	《融资租赁合同解释》
《最高人民法院关于审理建设工程施工合同纠纷案件适用法律问题的解释（一）》（2020 年 12 月 29 日发布）	《建设工程施工合同解释（　）》
《中华人民共和国城市房地产管理法》（2019 年 08 月 26 日发布）	《城市房地产管理法》
《中华人民共和国担保法》（已失效）	《担保法》
《中华人民共和国海商法》（1992 年 11 月 07 日发布）	《海商法》
《中华人民共和国消费者权益保护法》（2013 年 10 月 25 日发布）	《消费者权益保护法》
《中华人民共和国劳动法》（2018 年 12 月 29 日发布）	《劳动法》
《中华人民共和国商业银行法》（2015 年 08 月 29 日发布）	《商业银行法》
《中华人民共和国民用航空法》（2021 年 04 月 29 日发布）	《民用航空法》
《最高人民法院关于印发〈全国法院民商事审判工作会议纪要〉的通知》（2019 年 11 月 08 日发布）	《九民纪要》
《中华人民共和国企业破产法》（2006 年 08 月 27 日发布）	《企业破产法》
《中华人民共和国公司法》（2018 年 10 月 26 日发布）	《公司法》
《中华人民共和国拍卖法》（2015 年 04 月 24 日发布）	《拍卖法》
《中华人民共和国招标投标法》（2017 年 12 月 27 日发布）	《招标投标法》
《中华人民共和国政府采购法》（2014 年 08 月 31 日发布）	《政府采购法》
《最高人民法院关于审理铁路运输人身损害赔偿纠纷案件适用法律若干问题的解释》（2021 年 12 月 08 日发布）	《铁路人身损害解释》
《中华人民共和国侵权责任法》（已失效）	《侵权责任法》
《最高人民法院关于审理技术合同纠纷案件适用法律若干问题的解释》（2020 年 12 月 29 日发布）	《技术合同解释》
《中华人民共和国合伙企业法》（2006 年 08 月 27 日发布）	《合伙企业法》

全称及最新发布时间	简称
《最高人民法院关于适用〈中华人民共和国民事诉讼法〉的解释》（2022 年 4 月 1 日发布）	《民诉解释》
《中华人民共和国著作权法》（2020 年 11 月 11 日发布）	《著作权法》
《中华人民共和国循环经济促进法》（2018 年 10 月 26 日发布）	《循环经济促进法》

目 录

第一章

合同与合同法

【本章提要】民法意义上的合同是指旨在设立、变更或者终止平等主体之间的民事权利、义务的协议。合同法作为民商法体系中十分重要的法律部门，是调整合同法律关系的法律规范。本章的重点在于对合同概念的理解和界定，对合同以不同的标准进行分类的法律意义，合同特征与合同法特征的内在关联性，合同法原则的地位、法律适用以及原则之间的内在逻辑关系。

第一节 合同概述

【问题1】何为民法意义上的合同？

【问题2】合同分类的标准及法律意义是什么？

一、合同的概念

广义上的合同，泛指所有产生权利义务的协议，包括民法意义上的合同、劳动法意义上的合同、行政法意义上的合同，甚至包括超越法学领域的政治学意义上的"社会契约"。[1]本书的讨论范围仅限于民法意义上的合同。

《民法典》第464条第1款规定："合同是民事主体之间设立、变更、终止民事法律关系的协议。"其中，"协议"指合意，即当事人意思表示一致。意思表示一致，既可以产生两人以上就同一方向的意思表示一致而成立的合同，也可以产生两人以上就不同方向的意思表示一致而成立的契约。我国法律已不区分使用"合同"与"契约"，"契约"已被吸收于"合同"之中。[2]

《民法典》第464条第2款规定："婚姻、收养、监护等有关身份关系的协议，适用有关该身份关系的法律规定；没有规定的，可以根据其性质参照适用本编规定。"据此，我国《民法典》合同编调整除身份关系的协议外的债

---

〔1〕 思想家卢梭（Jean-Jacques Rousseau，1712~1778年）在其代表作《社会契约论》中提出，通过缔结社会契约，建立平等、自由、博爱的新社会。参见张乃根：《西方法哲学史纲》，中国政法大学出版社2008年版，第110页。

〔2〕 王利明：《合同法研究（第1卷）》，中国人民大学出版社2018年版，第12~13页；李永军：《合同法》，中国人民大学出版社2021年版，第5页。

权合同。至于是否包括基于物权行为形成的物权合同，理论上尚有争议。[1]

二、合同的特征

（一）合同是一种双方民事法律行为

1. 合同是一种民事法律行为，是民事主体设立、变更、终止民事权利和民事义务的行为。合同以意思表示为要素，并按照意思表示的内容赋予其相应的法律后果，这种法律后果可以是特定财产的转移，也可以是确立一定的民事权利义务关系等。合同的这一特征使其区别于不当得利、无因管理等事实行为。

2. 合同是一种双方民事法律行为，即合同一般存在双方当事人。尽管合同以存在双方当事人为普遍情形，但也有存在三方以上当事人的合同，只是在学理上仍习惯称合同为双方民事法律行为。合同是意思表示一致才可以成立的法律行为。这一特征使合同区别于订立遗嘱、追认无权代理、免除债务等单方法律行为。

（二）合同产生于平等主体之间

合同的主体包括自然人、法人和其他组织。无论双方当事人的经济条件、社会地位等有何区别，其在订立合同时均处于平等的法律地位。行政合同等不平等主体之间所订立的合同，即使名为"合同"，也不是合同法意义上的合同。

（三）合同的目的在于产生具体的财产性权利义务

合同法是交易法，合同的目的主要在于产生具体的财产性权利义务。为此，经济生活中的一些基本原则，诸如平等自愿、等价有偿、诚实信用等，就成为指导合同订立、履行的基本原则。

三、合同的分类

对合同的分类，既有学理上的，也有法律上的。无论如何分类，目的都在于更好地把握各类合同的特征，以正确适用法律。合同的分类是依据不同的标准进行的，因此，同一合同可能分属不同种类。

---

[1] 一种观点认为合同法中所称协议不包含物权合同，合同法仅规范债权合同，参见崔建远主编：《合同法》，法律出版社 2021 年版，第 1 页；李永军：《合同法》，中国人民大学出版社 2021 年版，第 3~4 页；另一种观点认为合同法中的合同概念涵盖除身份合同之外的所有民事合同，包括基于物权的合同，王利明：《合同法研究（第 1 卷）》，中国人民大学出版社 2018 年版，第 12~13 页。

（一）单务合同与双务合同

以双方当事人是否互负对待给付义务为标准，合同可以分为双务合同和单务合同。

双务合同，是指双方当事人互负对待给付义务的合同。在双务合同之中，一方当事人之所以负担给付义务，原因在于其取得了对方当事人的对待给付，两个方向相反的债权债务互为对价的关系。双方当事人既是债权人，又是债务人。任何一方当事人都既享有债权，又承担债务。买卖合同、租赁合同、承揽合同等属于双务合同。

单务合同，是指仅有一方当事人负给付义务的合同。即主要由一方负担义务，另一方并不负有对待给付义务的合同。例如，自然人之间的借款合同，以贷款人向借款人交付借款为合同生效要件，因此，只有借款人承担还本付息的义务，贷款人无合同义务，属单务合同。

区分双务合同与单务合同的法律意义主要在于：

1. 履行抗辩权的适用。双务合同当事人可行使同时履行抗辩权、先履行抗辩权和不安抗辩权。而单务合同中，享有权利的一方当事人没有对待给付的义务，因此不存在行使上述权利的问题。

2. 因不可归责于双方当事人的事由而不能履行合同时风险的负担。双务合同中，由于合同双方的权利义务互相依存、互为条件，如因不可归责于合同当事人的事由（如不可抗力）使一方当事人不能履行合同义务，其合同义务应被免除；同时，其享有的合同权利也归于消灭。对方已经履行的，则应将其所得返还。单务合同中，在发生因不可抗力致使一方当事人不能履行合同义务的情形时，不会发生双务合同中的风险负担问题。

3. 因当事人的过错致合同不履行的后果。双务合同中，因双方负有对待给付的义务，一方不履行合同或不适当履行合同的，守约方有权要求违约方继续履行或者承担其他违约责任。若守约方要求解除合同，其有权要求未履行给付义务的一方返还已取得的财产。而单务合同中，因双方不存在对待给付义务，即使负有合同义务的一方已履行了部分义务，对方违约时，其也无权要求对方对待履行或返还财产。

（二）有偿合同与无偿合同

以当事人获得权益是否支付代价为标准，合同可以分为有偿合同和无偿合同。

有偿合同，是指一方当事人获得合同约定的权益时，需向对方当事人支付相应代价的合同。该代价为财产利益的给付，既可以给付金钱，也可以给付实物或者提供劳务等。买卖合同、租赁合同、承揽合同等属于有偿合同。

无偿合同，是指一方当事人享有合同约定的权益，无需向对方当事人支付相应代价的合同。赠与合同、借用合同等为无偿合同。

双务合同均为有偿合同，因为任何一方当事人享有的权利都以其向对方当事人承担的义务为代价。但有偿合同并不一定是双务合同，单务合同也不一定是无偿合同。例如，自然人之间的借款合同为单务合同，借款人除负有返还借款的义务外，通常还需向贷款人支付利息。

区分有偿合同与无偿合同的法律意义主要在于：

1. 对合同主体的行为能力要求不同。有偿合同中，双方当事人通常都有给付相应代价的义务。因此，订立有偿合同的当事人原则上都应为完全民事行为能力人。限制民事行为能力人订立的重大有偿合同须经其法定代理人允许或追认才能生效。限制民事行为能力人作为无偿合同中纯获利益的一方时，该合同无须经其法定代理人允许或追认即具有法律效力。需要特别指出的是，无论合同是否有偿，无行为能力人都不能单独订立合同。

2. 当事人的责任程度不同。有偿合同中，由于债权人承担对待给付义务，债务人负有较高的注意义务。无偿合同中，由于债权人无须承担对待给付义务，单纯给予利益的债务人原则上只负有较低的注意义务。如保管合同中的有偿保管人负有比无偿保管人更高的注意义务。

3. 债权人行使撤销权的条件不同。如果债务人将其财产无偿转让给第三人，严重减少债务人的责任财产，危及债权人的债权，则债权人可以行使撤销权撤销债务人的行为。债务人通过有偿合同实施的处分行为，只有当此交易行为的双方当事人有加害债权人的恶意时，债权人方可行使撤销权。

4. 第三人构成善意取得的条件不同。在无权处分人处分他人财产，将财产转让给第三人时，如果是通过有偿合同转让，那么在受让人为善意的情况下，受让人可以基于善意取得而取得标的物的所有权。如果是通过无偿合同转让，那么即使受让人为善意，也不构成善意取得，财产所有人可以要求受让人返还财产。

（三）诺成合同与实践合同

以合同的成立是否需交付标的物为标准，合同可以分为诺成合同与实践合同。

诺成合同，是指经各方当事人意思表示一致即可成立的合同。买卖合同、租赁合同等皆属诺成合同。依据合同自由的原则，诺成合同为合同的典型形态，大多数合同属诺成合同。

实践合同，又称要物合同，是指合同的成立除需要当事人意思表示一致以外，还需交付标的物。实践合同并非合同的典型形态，只有在法律有特别规定或当事人特别约定需要以交付标的物为合同成立要件时，该合同才属实践合同。如自然人之间的借款合同和保管合同，均属实践合同。

区分诺成合同与实践合同的法律意义主要在于：

1. 合同成立要件不同。诺成合同仅以当事人的合意为成立要件。而实践合同以合意并交付标的物为成立要件。实践合同中，当事人仅达成合意而未交付标的物的，合同不成立。

2. 交付标的物的意义不同。诺成合同中，交付标的物是履行合同的行为，未交付标的物属当事人的违约行为，违约方应承担违约责任。而实践合同中，交付标的物是合同的成立要件。不交付标的物，合同未成立，自然不产生违约责任。

（四）要式合同与不要式合同

以成立是否应符合法律或者当事人要求的形式要件为标准，[1] 合同可以分为要式合同与不要式合同。

要式合同，是指法律规定或者当事人约定必须具备一定形式的合同。要式合同必须由当事人采用特定的方式才能成立。如当事人采用合同书形式订立合同的，合同自当事人均签名、盖章或者按指印时成立。

不要式合同，是指法律未规定或者当事人未约定必须采用特定形式，当事人可以采用任何形式的合同。

区分要式合同与不要式合同的法律意义在于，不要式合同只要当事人的意思表示一致即可成立。要式合同除当事人意思表示一致外，还应满足一定的形式要件，合同才成立。

为适应市场经济中交易便捷和安全的双重要求，合同以不要式为一般情况，以要式为特殊情况。法定的或者当事人约定的要式合同，即使在未满足法定或约定形式时，也并不绝对产生合同不成立的后果。如当事人未采用书面形式但是一方已经履行主要义务，对方接受时，该合同亦成立。

（五）有名合同与无名合同

以法律上是否为某一合同确定一个特定的名称并设有相应的规范为标准，合同可以分为有名合同和无名合同。

有名合同，又称为典型合同，是指法律赋予一定名称并设有相应的规范的合同。《民法典》合同编中规定了19种有名合同。此外，其他法律也规定

---

[1] 也有学者将区分二者的标准限于"法定的形式"，而不包括"当事人约定的形式"。参见李永军：《合同法》，中国人民大学出版社2021年版，第20页；王利明：《合同法研究（第1卷）》，中国人民大学出版社2018年版，第30~32页。

了多种有名合同，如《保险法》中的保险合同、《信托法》中的信托合同等。

无名合同，又称为非典型合同，是指法律没有明文规定的合同，即有名合同之外的所有合同。由于交易关系的复杂性，无名合同可细分为纯粹的无名合同、合同联立、混合合同等。[1]

区分有名合同与无名合同的法律意义在于二者在适用法律上的区别。有名合同可以直接适用《民法典》典型合同分编的有关规定或者其他法律的相关规定。而无名合同应根据合同的目的以及当事人的意思，参照适用与之类似的有名合同的规定。

需注意的是，法律中对有名合同的规定通常以任意性规范为主，以强制性规范为辅。任意性规范的主要目的是弥补当事人约定的不足，而强制性规范则是为了维护当事人的利益和交易安全。

（六）主合同与从合同

以相互间的主从关系为标准，合同可以分为主合同和从合同。

主合同，是指不依赖其他合同而能够独立存在的合同。主合同的特点在于它可以独立存在，不以其他合同的存在为其存在的前提。主合同是相对于从合同来说的，没有从合同就无所谓主合同。

从合同，是指从属于其他合同的合同。从合同的特点在于它不能独立存在，必须以主合同的存在为其存在的前提。如担保合同是主债权债务合同的从合同，主债权债务合同无效，担保合同无效，除非法律另有规定。

区分主合同与从合同的法律意义主要在于：从合同具有从属性，从属于主合同而存在。主合同变更，从合同原则上随之变更。主合同被宣告无效、撤销或终止，从合同原则上消灭，法律另有规定的除外。

（七）束己合同与涉他合同

以合同的履行是否涉及第三人为标准，合同可以分为束己合同与涉他合同。

束己合同指当事人为自己约定并承受权利义务的合同。此类合同仅约束合同当事人，合同当事人以外的第三人不能享有合同权利，也不承担合同义务。合同当事人也不得向第三人主张合同权利。一般的合同属于束己合同。

涉他合同指合同当事人在合同中为合同当事人以外的第三人设定权利或约定义务的合同。涉他合同主要包括利他合同、第三人履行的合同。利他合同指合同当事人为合同当事人以外的第三人设定了合同权利，由该第三人取

---

[1] 参见崔建远主编：《合同法》，法律出版社 2021 年版，第 16～18 页；王利明：《合同法研究（第1卷）》，中国人民大学出版社 2018 年版，第 17～22 页。

得利益的合同。第三人履行的合同指合同当事人为合同当事人以外的第三人约定了合同义务，由该第三人向合同的债权人履行义务的合同。

区分束己合同和涉他合同的法律意义主要在于束己合同严守合同的相对性原则，而涉他合同在一定意义上突破了该原则。依合同相对性原则，只有合同当事人能够享有合同权利、承担合同义务，合同当事人不能向合同当事人以外的第三人提出合同上的请求，也不能擅自为第三人设定合同上的义务。涉他合同的缔约目的在于合同当事人为第三人设定权利或义务，此类合同的效力范围及于第三人。应当注意的是，通常情况下，此类合同对合同相对性原则的突破是有限度的，当第三人未履行为其设定的合同义务时，仍应由作为合同当事人的债务人对债权人承担违约责任。但是，当法律规定或者当事人约定第三人可以直接请求债务人向其履行债务，且第三人未在合理期限内明确拒绝时，债务人未向第三人履行债务或者履行债务不符合约定的，第三人可以请求债务人承担违约责任；债务人对债权人的抗辩，可以向第三人主张。

（八）一时性合同与继续性合同

以时间因素在合同履行中所处的地位和所起的作用为标准，合同可以分为一时性合同和继续性合同。

一时性合同，是指约定当事人的给付应一次性完成的合同。买卖合同、赠与合同、承揽合同等属此类。此处所称"一次性"，既指纯粹的一次履行完毕，也包括分期给付。之所以把分期给付合同界定为一时性合同，是因为它属于单一的合同，总给付自始确定，时间因素对给付的内容和范围并无影响。[1]

继续性合同，是指合同的内容非一次给付即可完结，而是通过在一段时间内持续实施某一类行为或将某一状态予以维持以实现缔约目的的合同。其基本特点在于时间因素在合同履行上居于重要地位，总给付的内容取决于应为给付的时间长短，随着时间的推移，当事人之间不断产生新的权利义务。租赁合同、仓储合同、委托合同、物业服务合同，以及水、电、气的供用合同等属此类。

区别一时性合同与继续性合同的法律意义主要在于：

1. 合同履行方面的不同。一时性合同，原则上其债务一经履行，债权债务关系即归于消灭；继续性合同，其债务的履行呈持续状态，债权债务关系

---

[1]　王泽鉴：《债法原理》，北京大学出版社 2013 年版，第 155 页。

并不立即消灭。

2. 解除权产生的原因不同。一时性合同严格适用合同严守原则，只有在当事人约定的或法律规定的解除原因出现时方可解除合同。继续性合同的目的则在于某种状态的存续或维持，所以当事人之间的信赖关系成为合同重要的实质性要素。当信赖基础丧失时，继续维持合同效力已无实际意义。因此，只要合同中未约定期限，原则上承认当事人的解约自由。

3. 合同消灭是否溯及既往不同。一时性合同消灭具有恢复原状的可能性，故法律规定一时性合同无效、被撤销时一律自始归于消灭，合同因违约而解除时以溯及既往为原则。而继续性合同消灭时，无法恢复原状，因此学说多认为继续性合同的无效、被撤销、解除应当只向将来发生效力，不溯及既往。

（九）本约与预约

以是否具有为将来签订合同而缔约的目的为标准，合同可以分为预约与本约。预约是为将来订立合同而签订的合同，如当事人约定在将来一定期限内订立合同的认购书、订购书、预订书即为预约。被约定签订的合同为本约。

区分本约与预约的法律意义主要在于：

1. 合同订立的目的不同。预约的缔约目的在于提前锁定交易机会，因此预约订立时，本约是否订立仍处于不确定的状态；如果已经订立了本约，则也无谓预约的订立。

2. 违约后的救济手段不同。违反本约的一方应承担违约责任，自不待言。但就预约而言，我国法律并没有具体规定违反预约合同的违约责任，对于预约合同是否可以以实际履行的方式进行救济，学理上尚存在争议。

（十）其他分类

以合同订立时当事人的给付义务是否确定为标准，合同可以分为实定合同和射幸合同。实定合同指合同订立时就已经确定当事人给付义务的合同，多数合同为实定合同。射幸合同指合同订立时当事人的给付义务尚未确定的合同，保险合同为其典型。区分二者的法律意义主要在于：实定合同一般要求等价有偿，显失公平的合同可能被撤销。射幸合同则不能简单地以是否等价来衡量是否公平。

以当事人能否对合同条款进行充分协商为标准，合同可以分为商议合同和格式合同。商议合同指当事人可以就合同条款进行充分协商而订立的合同。格式合同指当事人为了重复使用而预先拟定，并在订立合同时未与对方协商的合同。区分二者的法律意义主要在于：法律通常会对格式合同进行特别规制，以避免未经协商的合同可能造成当事人之间实质上的不公平。

第二节　合同法概述

【问题1】合同特征与合同法特征有哪些内在关联性?

【问题2】合同法原则的地位、法律适用以及原则之间的内在逻辑关系是什么?

一、合同法的概念

合同法是调整合同关系的法律规范的总称,其规范合同的订立,合同的效力,合同的履行、变更、解除、终止、保全,以及违反合同的责任等问题。

二、合同法的立法目的

根据《民法典》的规定,我国合同法的立法目的包括:

(一)保护合同当事人的合法权益

当事人订立合同的目的在于取得民事权益,合同当事人在订立和履行合同过程中享有的权利和利益,应当受到法律保护。对于侵害合同当事人合法权益的行为,受侵害一方当事人可以依法予以追究。

(二)维护社会经济秩序

稳定的经济秩序是一个社会经济高效发展的前提和基础。合同法作为调整交易关系的基本法律,其规则的设计均以维护经济秩序、保障交易安全为核心。

(三)适应中国特色社会主义发展要求

合同是市场的纽带,是市场主体进入市场的桥梁。市场主体依法建立的合同关系受合同法的保护,任何单位和个人不得进行非法干涉和侵犯。合同法通过对合同当事人的合法权益的保护及对社会经济秩序的维护,促进市场主体进行商品交换和市场竞争,完善市场规则,适应中国特色社会主义发展要求。

(四)弘扬社会主义核心价值观

合同是市场交易的主要形式,是民事主体实现意思自治的重要工具,是优化营商环境的重要方式,也是促进社会主义市场经济健康有序发展的重要保障。《民法典》总则编确立的平等、自愿、公平、诚信、公序良俗、绿色原则,直接体现了社会主义核心价值观的具体内容,合同编作为《民法典》的重要组成部分,是民法基本原则在市场交易规制中的直接体现,因此是弘扬社会主义核心价值观的重要表现形式之一。

三、合同法的特征

（一）合同法是财产法

根据《民法典》第 464 条的规定，合同是民事主体之间设立、变更、终止民事法律关系的协议。婚姻、收养、监护等有关身份关系的协议，适用有关该身份关系的法律规定；没有规定的，可以根据其性质参照适用合同编中的规定。因此，合同法仅调整财产及与财产有关的民事关系，而不调整身份关系等非财产关系。需说明的是，合同法不适用于不具有财产性质的纯粹身份关系，但一些具有身份因素的财产关系的协议，如夫妻财产协议、遗赠扶养协议、分家析产协议等，仍应参照适用《民法典》合同编中的有关规定。只是这类特殊协议的法律适用应当遵循特别法优于一般法的原则，优先适用婚姻、家庭法律规范。

（二）合同法是交易法

合同是当事人之间进行交易的法律形式，民事主体通过合同的形式来实现物品的转让、权利的转让、劳务的提供等交易，因而合同法主要调整财产流转关系，旨在维护财产的动态安全，保障交易的便捷。

（三）合同法以任意性规范为主

合同是当事人设立、变更、终止财产权利义务关系的协议，是当事人实现其经济目的的手段。合同关系具有相对性，原则上仅在当事人之间发生效力。是否订立合同、订立何种合同、合同内容如何，主要由当事人基于自己的利益自由决定。因此，合同法以任意性规范为主，以强制性规范为辅。任意性规范只是为当事人提供行为模式，旨在鼓励、指导交易，供当事人依照自己的意思选择适用，并在当事人意思表示不明时提供补充性规定，以促进交易的进行。而强制性规范旨在追求合同的实质正义，保护社会公共利益，维护交易安全。

四、合同法的基本原则

合同法的基本原则，是指贯穿于整个合同法的根本准则，是制定、适用、解释和研究合同法的依据和出发点。合同法的基本原则反映合同法的基本价值，作用于合同法的全部领域，其效力贯穿于合同法始终。然而，合同法的基本原则又具有不确定性，它是抽象的、模糊的。所以，合同法的基本原则通常仅具有一般规范性，相对于合同法的具体规范而言，其主要价值在于指导合同法的立法、司法，其精神蕴含于合同法的具体规范中。但在合同法缺乏具体规范的情况下，合同法的基本原则亦可作为独立的法律依据，在个案中直接援引。这已经在我国的司法实践中得以体现，也在理论界得到认同。[1]

（一）平等原则

平等原则是私法领域平等原则在合同法中的具体体现，它反映了合同法调整的社会关系的本质特征，具体表现在以下两个方面：①合同当事人之间法律地位平等，不存在管理与被管理、服从与被服从的关系。即使当事人在合同以外的其他场合法律地位不平等，如作为公权力行使者的行政主体与作为行政相对人的企业，在行政管理关系中的法律地位并不平等，但在为了交易而形成的合同关系中，二者居于平等地位。②当事人在适用规则上的平等。在合同关系中，无论合同当事人在经济实力、社会地位上存在何种差别，都适用同样的法律规则。

平等是自愿、公平的前提，没有平等的法律地位，合同自由、公平就无从谈起。

（二）自由原则

合同自由原则，是指合同当事人在法律允许的范围内，可以自由选择和决定合同事项，不受他人非法干涉。合同自由原则是私法领域的根本原则——意思自治原则在合同法中的体现，具体表现在以下几个方面：①订立、变更和终止合同的自由，即民事主体可以依自己的利益需要，自由决定是否订立合同，任何人都不能强迫或阻止民事主体订立合同。同时，民事主体不仅可以自主地订立合同，设定权利义务，还可以自主决定变更或终止已订立的合同，变更或解除已设定的权利义务。②选择合同相对人的自由，即民事主体有权自主决定与何人订立合同，也即享有选择交易伙伴的自由。③确定合同内容的自由，即民事主体可以自主决定合同条款，设定权利义务。④选择合同方式的自由，即民事主体可以自主选择法律规定的合同形式，从而快捷、简便、安全地进行交易。

然而，合同自由并不是绝对的，为了提升交易效率、维护社会公共利益，合同法对合同自由予以一定的限制。如以强制缔约限制订约自由。在某些领域，尤其是提供公共性服务的领域，由于提供服务的一方当事人具有垄断性，其提供的服务具有公共性，法律会赋予其强制缔约的义务。只要对方当事人提出通常、合理的订约要求，提供服务方不得拒绝订立合同。这一特点在公共交通运输合同中尤为突出。又如利用对格式条款的规制限制确定合同内容

---

[1]　但应当注意的是，法院依照基本原则作出裁判时，应当在裁判文书中就所依据的原则进行详细的论证和说明。参见王利明：《合同法研究（第1卷）》，中国人民大学出版社2018年版，第168~170页。

的自由。因为一方当事人在利用格式条款订立合同时，对方当事人只有决定是否订立合同的自由，实质上没有决定合同内容和合同形式的自由。因此，法律通常会对格式条款予以特别的规制。

（三）合法性原则

合法性原则，是指合同当事人订立、履行合同时应遵守法律、行政法规，否则，合同可能被宣告无效或被撤销。合同虽是合同当事人之间达成的合意，但其影响有时并不局限于当事人。因此，出于保护交易安全以及维护社会秩序的考量，需要引入国家意志对当事人的合意进行价值判断。当事人的合意受到法律的负面评价时，合同的效力会受到不同程度的影响。合同的效力是合法性原则的集中体现。

合法性原则通常也与平等、自愿、公平、公序良俗等原则一起被包含在"合同正义原则"[1]之中，因为法律限制合同自由的强制性规定的主要目的系追求交易的实质性公平正义。

（四）公平原则

广义的公平原则，包括了前述平等原则体现的形式公平和实质公平。形式的公平要求为合同当事人提供平等机会，使合同当事人站在同一起跑线上；而实质的公平要求当事人在订约、履行的过程中，合理分配权利、义务、责任，以体现公平正义的价值观念。实质公平原则以平等、自愿为前提，坚持平等、自愿原则的目的是实现实质公平。

公平原则要求合同当事人公平确定合同各方的权利和义务。当已成立的合同的权利、义务严重不对等时，法律赋予当事人撤销合同的权利。

公平原则还要求在立法时合理分配当事人在合同中的负担和风险。合同负担与风险的分配涉及当事人各方利益，实际上也是一种利益分配。合同负担与风险的分配规则主要包括风险负担、附随义务的配置、违约赔偿责任的归责原则、免责条款的法律规制等。

（五）诚实信用原则

诚实信用原则是指民事主体从事民事活动时，应诚实守信，以善意的方式履行义务，不得滥用权利或规避法律、合同规定的义务。

诚实信用原则作为民法中的"帝王条款"，也是合同法中的基本原则，贯穿于合同订立和履行的全过程。在合同订立阶段，尽管合同尚未成立，但当事人基于订约上的联系，应依据诚实信用原则，负有通知、照顾、保护等附随义

---

[1] 参见王利明：《合同法研究（第 1 卷）》，中国人民大学出版社 2018 年版，第 196～202 页；崔建远主编：《合同法》，法律出版社 2021 年版，第 10～13 页。

务；在合同履行阶段，当事人除了应以善意方式履行法律和合同规定的义务以外，还应履行依诚信原则所产生的各种附随义务；合同关系终止后，尽管双方当事人不再承担合同义务，但亦应根据诚信原则的要求，承担保密等必要的附随义务，此义务在学理上被称为依据诚实信用原则而产生的"后契约义务"。

诚实信用原则也被认为是立法权和司法权分权的产物，其赋予法官在司法过程中填补法律和合同的漏洞，或运用此项原则解释法律或合同的权力，使法官能够对日益复杂的交易中所产生的纠纷作出妥当判决，平衡当事人在交易中产生的利益冲突和矛盾。

（六）鼓励交易原则

尽管我国《民法典》中并未以专门条文确定鼓励交易原则，但合同法的各项制度始终体现了这一原则，它是顺应我国社会主义市场经济体制要求的必然产物。市场经济中，主要是通过交易的方式实现资源的优化配置和有效利用，以提高经济效益。因此，鼓励交易是市场经济的本质要求。而交易主要是通过订立和履行合同来进行的，合同法规则就是规范交易过程并维护交易秩序的基本规则，所以在合同法中确立并强调鼓励交易原则也是市场经济的必然要求。

鼓励交易原则，是指在合同订立、履行、终止的一系列制度规范中，尽可能减少当事人交易的制度障碍，降低当事人的交易成本，促进当事人通过合同实现交易目的。该原则在合同法中主要体现为：①在合同订立过程中，尽可能使合同成立并生效。如法律、行政法规规定或者当事人约定合同应当采用书面形式订立，当事人未采用书面形式但是一方已经履行主要义务，对方接受时，合同成立。②合同法严格限制合同解除的条件，以避免一方当事人以合同履行中微小的瑕疵主张解除合同而使当事人的交易目的无法实现。

鼓励交易原则实际上是合同自由原则的一种体现，或者说，合同自由原则最主要的目的是鼓励交易。因此，鼓励交易原则同样要受到公平、诚实信用、合法性原则的限制。

五、我国当代合同法的发展及体系

（一）我国当代合同法的发展

我国 1999 年《合同法》颁布以前，调整交易关系的法律呈现"三足鼎立"的局面，即由分别颁布于 1981 年 12 月、1985 年 3 月和 1987 年 6 月的《经济合同法》《涉外经济合同法》《技术合同法》三部合同法以及与之配套的一系列有关合同的行政法规分别进行调整。《经济合同法》是我国第一部专门的合同立法，主要调整国内法人之间的合同关系，它标志着我国合同立法进入了一个新的历史时期，对促进我国当时刚刚启动的改革开放和社会主义商品经济的发展起到了重要作用。《涉外经济合同法》是为适应我国对外贸易的需要而颁布的合同法，主要调整我国企业或其他经济组织同外国企业、其他经济组织或个人之间的合同关系。《技术合同法》是为了推动科学技术的发展，规范技术市场秩序而颁布的合同法，专门调整国内当事人就技术开发、技术转让、技术咨询和技术服务所订立的合同关系。此外，1986 年 4 月颁布的《民法通则》确认了民事活动的最基本准则，其中关于民事法律行为和代理、债权、民事责任等制度的规定对合同法具有重要指导意义，成为合同法的主要渊源和基本规则。除上述基本合同法律外，还有《著作权法》《中外合资经营企业法》《中外合作经营企业法》[1]等单行法律规制一些特殊的合同关系。

《经济合同法》《涉外经济合同法》和《技术合同法》的历史作用是显而易见的，它们对保护合同当事人的合法权益，维护社会经济秩序，促进国内经济、技术和对外经济贸易的发展发挥了重要作用。但由于立法当时的各种主观和客观条件的限制，以及我国经济体制和经济关系发生的巨大变化，它们日益显现出与实际情况的不相适应性。一些规定带有较明显的计划经济痕迹，其中以适用于国内当事人之间合同关系的《经济合同法》和《技术合同法》最为突出，它们往往过于强调国家计划对合同的指导作用，赋予政府对合同关系进行一定程度行政干预的权力；有些规定过于原则而操作性不强，如《经济合同法》中没有规定具体的合同订立制度；三部合同法相互之间交叉、重复、矛盾；对一些在经济生活中出现的新型的合同类型没有专门的规定，如融资租赁合同等。尽管 1993 年对《经济合同法》中存在的突出问题作了修正，但仍不能满足飞速发展的市场交易的需求。因此，迫切需要整合三部合同法及有关合同的法规、规章，制定一部体系完整、内容全面、符合中国国情的统一合同法。1999 年 3 月 15 日，第九届全国人民代表大会第二次会议通过了《合同法》，该法于 1999 年 10 月 1 日生效，《经济合同法》《涉外经济合同法》《技术合同法》同时废止。

1999 年《合同法》既注意到国际上现代合同法加强对合同自由的限制、维护合同正义的趋势，又充分考虑我国正处于从计划经济向市场经济转型的特殊时期，需进一步扩大当事人的合同自由并适当减少政府对合同关系的干预的现实，兼顾了公平与效率、交易安全与交易便捷。为顺应经济全球化的趋势以及现代市场经济和科学技术的快速发展等带来的新挑战，《合同法》借

---

[1] 《中外合资经营企业法》《中外合作经营企业法》因 2020 年 1 月 1 日实施的《外商投资法》而失效。

鉴了一些国际贸易中通行的合同规则，并在缔约方式上增加了可以满足电子商务需要的电子合同方式。

2014年，党的十八届四中全会作出"编纂民法典"的决定，要求通过对我国现行的民事法律制度规范进行系统整合、编订纂修，形成一部适应新时代中国特色社会主义发展要求，符合我国国情和实际，体例科学、结构严谨、规范合理、内容完整并协调一致的法典。具体到合同立法上，则要求对相关的合同法律进行科学化、系统化的整理，在总结时下立法及司法经验的基础上进行必要的制度完善、设计与创新。2021年生效的《民法典》共1260条，其中合同编共526条，构成民法典的"半壁江山"，在整合、吸收1999年《合同法》和相关司法解释的基础上，对合同立法的体例和内容进行了全方位修订，是相较法典化之前变化最大的一编。立法体例方面，《民法典》合同编抛弃1999年《合同法》"总则—分则—附则"的模式，采取了"通则—典型合同—准合同"的体例设置，关于合同效力的规定大部分被提炼、吸纳在《民法典》总则编第六章第三节中统一规定，合同保全、保证合同、保理合同、物业服务合同、合伙合同、准合同等内容都独立成章或分编；内容方面，除吸收现行合同法、司法解释进行立法的调整和完善之外，还针对情势变更规则、非合同之债及无名合同的法律适用、格式条款的法律规则等法律漏洞进行了填补。对于现实生活中出现的电子合同、公交霸座、物业纠纷、高息网贷等问题，也均在合同编中予以回应。整体上呈现出民法法典化过程中对事实判断和价值判断的重大变化以及立法技术的进步，有效反映了市场经济的新情况，积极回应了市场经济发展的需要和司法实务中的相关问题。

（二）我国当代合同法的体系

从上述我国当代合同法的发展历程中可以看出，我国已逐步形成较为完善的合同法体系。现行合同法的体系以《民法典》确立的基本原则为指导，由《民法典》及其他单行法律、法规中的具体合同规范以及我国签订或加入的国际条约和国际惯例构成。

2021年《民法典》生效后，原先的《民法总则》《民法通则》《合同法》同时废止，有关司法解释原则上也一并失效。但其具体规定大多在《民法典》制定的过程中被吸收、整合，最终体现于《民法典》总则编和合同编的具体条文中。《民法典》总则编和合同编共同构成了我国的合同法基本体系，二者之间呈"总分"关系：《民法典》采用了提取公因式的立法技术，从各种民事行为中抽象出了法律行为的概念，并在总则编中加以规范调整。合同作为典型的法律行为，自然适用法律行为的相关规范。合同编被进一步划分为了三个分编：第一分编系合同编通则，合同编通则实质上发挥了债法总则的作用;第二分编系典型合同,规定了 19 种典型合同;第三分编系准合同,对无因管理和不当得利加以规范。严格来说,准合同并不是合同,但由于我国《民法典》没有设置债法总则,而是以合同编通则填充了其功能,因此将准合同置于合同编最后单独成编。

其他相关的法律制度,如《保险法》中的保险合同制度、《信托法》中的信托合同制度、《城市房地产管理法》中的土地使用权出让和房地产转让合同制度等,与《民法典》合同编之间是特别法与普通法的关系,这些法律中有关合同的特别规定优先于《民法典》合同编适用。

国务院发布的行政法规、国务院各部委制定的行政规章和地方性法规中涉及合同的规定,也是合同法律体系中的一部分。但是地方性法规和行政规章不能作为判断合同效力的直接依据。

我国参加的国际条约或承认的国际惯例通过国内法转换后也是我国合同法律体系中的一部分。在涉外合同关系中,我国参加的国际条约优先于国内法适用,我国特别声明保留的条款除外。例如,我国已参加《联合国国际货物销售合同公约》,当其中的规定与我国《民法典》中的规定不同时,该公约优先于我国《民法典》适用于涉外合同关系中。但是,我国在加入该公约时作了两项保留:第一章第 1 条的第 1 款 b 项,关于国际私法规则导致适用某一缔约国的法律的规定;第二章第 11 条以及与第 11 条内容有关的规定,即关于合同以及合同的修改、终止、要约和承诺可以以书面形式以外的任何形式作出的规定。[1] 而国际惯例的适用,只限于我国法律和我国缔结或者参加的国际条约没有规定的情况。同时,适用国际惯例不得违背中国的社会公共利益。

此外,关于与合同法有关的司法解释,从严格法理意义上讲,我国的《立法法》并未赋予法院立法权,因此最高人民法院的司法解释不具有法律渊源的地位。然而,我们也必须看到,在实践中,司法解释在解决合同纠纷中已经被当作法律渊源援用,其作用类似于学理上所称的"辅助渊源"。[2] 最高人民法院有关合同法的司法解释主要有:《担保制度解释》(2020 年 12 月 31 日发布)、《买卖合同解释》(2020 年 12 月 29 日发布)、《商品房买卖合同解释》(2020 年 12 月 29 日发布)、《民间借贷规定》(2020 年 12 月 29 日发布)、《城镇房屋租赁合同解释》(2020 年 12 月 29 日发布)、《融资租赁合同解释》(2020 年 12 月 29 日发布)、《建设工程施工合同解释(一)》(2020 年 12 月 29 日发布)等。

---

[1] 参见张玉卿、姜韧、姜凤纹编著:《联合国国际货物销售合同公约释义》,辽宁人民出版社 1988 年版,第 8、14~19、64~70 页。

[2] 参见张文显主编:《法理学》,法律出版社 1997 年版,第 83 页。

第 二 章
合同的订立

【本章提要】合同的订立是一个要约、承诺的过程，承诺生效时合同成立，合同成立是合同生效的前提，但合同成立并不意味着合同当然有效。本章重点说明要约和承诺需满足哪些条件才能生效；合同的内容和形式需符合哪些要求才能使合同成立；已成立的合同在什么情况下产生法律拘束力；合同条款不明确或有遗漏时应如何进行解释和补充；如果因当事人的过错使合同不成立，当事人是否应当承担责任以及承担何种责任。

第一节　合同订立概述

【问题】合同成立需具备哪些条件？

【例1】

卢西兄弟（维欧与杰西）诉赞莫夫妇[1]

原告要求被告以5万美元的价格把被告拥有的470英亩佛格森农场如约卖给原告维欧。由于维欧买了农场后，又把其中一半卖给了兄弟杰西，因此杰西也是原告。被告赞莫在弗吉尼亚州麦肯尼镇开设一家餐馆及加油站并拥有这座名为佛格森的农场。

原告维欧称，其与被告相识已有十余年，一直想买下佛格森农场。双方在若干年前曾以2万美元的价格达成口头协议，但因赞莫反悔而未能成交。1952年12月20日，原告维欧专程到被告的餐馆再作尝试。原告出价5万美元，被告当即表示接受，并应原告要求在一张餐馆账单的背面写下"我们谨此同意将佛格森农场以5万美元完整售予维欧，只要买方对产权满意"的字据，赞莫夫妇共同签署后当场交给原告。维欧次日就与杰西商定各出一半价钱，并雇请律师调查产权。原告于1953年1月2日致函被告称产权满意，价款齐备，只待交割。被告却于13日复函声称从未同意出售该农场。原告遂向法院提出诉讼。

---

〔1〕　参见徐罡、宋岳、覃宇：《美国合同判例法》，法律出版社1999年版，第8～11页。

被告认为，这一"交易"是个玩笑，他们夫妇只是想使原告承认拿不出那么多钱。那天晚上，他们喝得醉醺醺的，所谓"交易"其实是两个醉汉对着吹牛皮而已。

问题：如何判断赞莫夫妇是否自愿签署了上述买卖合同？赞莫夫妇的不为人知的意图是否影响该买卖合同的成立？

一、合同订立的概念

合同的订立又称为缔约，是当事人为设立、变更、终止财产性权利义务关系而进行协商、达成协议的过程。合同的订立过程一般包括要约和承诺两个阶段。

合同的订立是合同法上义务及责任成立的前提。合同订立中的洽商阶段可产生先合同义务以及缔约过失责任。合同成立并有效，当事人违约时可产生违约责任；合同成立但尚未生效，不产生履行义务，因而也不产生违约责任。

二、合同订立与合同成立

合同的订立与合同的成立是两个既有联系又有区别的概念。合同的订立是缔约各方自接触、磋商直至达成协议的动态过程，而合同的成立意味着合同订立过程的完成，即当事人就合同条款已经达成合意，合同已成为法律认可的一种客观存在的静态结果。

合同的成立需要具备两个要件：①有两个或两个以上具有相应民事行为能力的订约当事人。合同是双方或多方的法律行为，因此，要有双方或多方的当事人才能成立。②订约各方须为意思表示且意思表示一致，即达成合意。订约当事人须为订约的意思表示，才能进入订约的程序；而意思表示一致是指订约人之间就合同条款达成一致意见。如果仅有当事人间相互为意思表示，但意思表示不能达成一致，合同也不能成立。

前述卢西兄弟（维欧与杰西）诉赞莫夫妇一案中，涉及是以主观标准还是以客观标准判断合同当事人是否有签约合意的问题。审理该案的法院认为：

第一，赞莫先生夸大了自己醉酒的程度，他并没有醉到不能理解自己书就的字据的性质与后果的程度，因为赞莫先生在法庭上曾试图详细地叙述他们当时的言行，而且赞莫夫人证实维欧离开餐厅时，她建议赞莫先生开车把维欧送回家。所以，被告不能主张自己于订约时没有行为能力。

第二，事实表明，合同的签订是严肃的商业交易，并非儿戏。双方为此讨论了40多分钟；维欧不同意赞莫先生起草的第一稿字据，因为它只是以

"我"的名义，没有包括赞莫夫人，维欧要求赞莫夫人也签字，赞莫先生于是重新起草字据，满足了维欧的要求，赞莫夫人也签了字；维欧将字据放进口袋里，当场要给赞莫先生 5 美金，锁定这一交易；这份合同内容完整明确，维欧取得了它，赞莫夫妇当时并没有要求维欧交还；赞莫先生书写合同前后，均未对维欧说明或表明自己并不是真心想卖农场；赞莫夫妇还承认，当赞莫先生让他夫人也在字据上签字时，他对她轻声耳语说这不过是个玩笑，故意不让维欧听见。

"要了解一个人的意图只需要看他的外在表现，而不是他心中暗藏的没有流露的心迹。法律所赋予人的意图是他的言行的合理意义。"因此，应依客观标准判断当事人的定约意图。也许赞莫夫妇假戏真做过了头，但法律也由不得他们"卸妆"了。

为了贯彻鼓励交易原则，我国合同法大大减少了在合同成立方面的不必要限制。当事人未依法定或约定方式订立合同，在当事人一方已经履行主要义务而对方已接受履行的情况下，仍可认定合同成立。当已生效合同的一些条款约定不明而当事人又不能达成补充协议时，应按照合同有关条款或者交易习惯解释或推断合同所隐含的条款；即使无法作出解释或推断，法律也给出了可参照适用的条款（《民法典》第510条、第511条）。

第二节　合同订立的程序

【问题】要约与要约邀请有何区别？

【例1】

艾布拉姆斯诉伊利诺斯足病医学院[1]

1973年，原告艾布拉姆斯成为被告伊利诺斯足病医学院的学生。入学后的第一个学期，原告未能通过哲学课考试，也未能通过补考。第二个学期，原告又有两门课考试不及格。1974年6月14日，学校通知他，由于学习成绩太差，他已被学校除名。

原告对该学院提起诉讼，称该学院违反合同。他要求继续在该学院学习，并由学院在学习上对他提供帮助。原告的理由是：学院曾告诉他，不用为他的学习成绩担忧，学院将尽一切努力帮助他，包括为他提供一些变通的办法；

---

[1] 参见徐罡、宋岳、覃宇：《美国合同判例法》，法律出版社1999年版，第13页。

由于学院作出了这些承诺，他与学院之间发生了有约束力的和有强制执行效力的口头合同关系。

问题：被告是否向原告发出了明确、具体的要约？

【例2】

大成钢厂、前进公司诉建华公司[1]

建华公司因工程急等钢材，向前进公司、清华金刚厂和大成钢厂发出通知，在通知中说明："我公司需要标号为××的钢材1000吨，如贵公司有货，请速与我公司联系。我公司希望购买此类钢材。"建华公司于同一天收到三家钢材公司的复函，都说自己公司备有建华公司所需的钢材并将价格一并通知了建华公司。前进公司在发出复函的第二天，派本公司车队先行运载200吨钢材送往建华公司。建华公司在收到三家公司的复函后，认为大成钢厂提出的价格更为合理，且其质量信得过，所以当天下午即去函称将向其购买1000吨钢材，请其速备货。大成钢厂随即复函建华公司，说其有现货，并于第三天将钢材运往建华公司。在建华公司收到大成钢厂的复函的第二天，前进公司的车队将200吨钢材运到了建华公司，要求建华公司收货并支付货款。建华公司当即函电大成钢厂，请其仅运送800吨钢材。大成钢厂复电表示，全部1000吨钢材已经发往建华公司。建华公司收到大成钢厂的复电后，就告知前进公司，为照顾其损失，只收下其100吨钢材，其余的不收。前进公司对此不服，认为建华公司应当收取其全部钢材。建华公司再次向大成钢厂发函称，本公司仅收其中的900吨钢材，对此造成的损失，如大成公司多运送钢材而造成的损失，由大成钢厂自行承担。第三天，大成钢厂的1000吨钢材运到建华公司，建华公司仅收取了其中的900吨，对剩余的100吨不予收货，为此双方发生纠纷。

大成钢厂和前进公司双双向法院起诉，要求建华公司承担赔偿责任。

问题：建华公司向三家钢材生产厂家发出的通知是否构成要约？前进公司在发出复函的第二天派本公司车队先行运载200吨钢材送往建华公司，此行为是否构成承诺？建华公司致电大成钢厂要求其仅运送800吨钢材，此行为是否属于要约的撤销，又是否属于承诺的撤回？

一、要约

（一）要约的概念

要约是希望和他人订立合同的意思表示。具体是指一方当事人以缔结合

---

[1] 参见王利明主编：《合同法要义与案例析解（总则）》，中国人民大学出版社2001年版，第41页。

同为目的，向对方当事人提出合同条件，希望对方当事人接受的意思表示。商业活动中的一些术语，如发价、报价、发盘、出盘等，即属要约。发出要约的一方当事人为要约人，接受要约的一方当事人为受要约人。[1] 要约的目的在于订立合同，即在当事人之间产生一定的民事权利义务关系。

（二）要约的构成要件

1. 要约必须是特定人所为的意思表示。要约人必须是订立合同的一方当事人或其代理人。要约人必须是特定的、在客观上可以确定的人。否则，受要约人接到要约后将无从承诺。只有要约人特定，受要约人才能通过对要约人承诺而使合同成立。所谓特定的人，不限于某个具体确定的人，只要表意人能够为外界所客观确定，都可以视为特定的人。如自动售货机售货，即使不了解由谁所设，亦不妨碍其成为要约。

2. 要约必须向相对人发出。要约之所以成为合同的必经程序，是由于要约须经受要约人承诺方可成立合同，所以，要约须由要约人向受要约人发出。通常来说，要约相对人为特定的人，但在一些特殊情况下，亦可以为不特定的人。向不特定的人发出要约，不影响要约欲达到的目的时，要约可以成立。譬如商店的商品标价出售，即可视为一种对所有顾客的要约，即对一定范围内不特定人所发出的要约。相对人收到要约并作出承诺后，合同即告成立。

3. 要约必须具有明确的缔结合同的目的。要约人发出要约，其目的在于通过发出要约的行为与相对人订立合同。这种订立合同的目的须在要约中明确表达出来，表明一经受要约人承诺，要约人即受该意思表示约束。即行为人发出要约时须有受到要约拘束的意图，这也是要约的实质特征。

4. 要约的内容须具体、确定。要约人发出要约后，一旦受要约人承诺，合同即告成立，所以，要约内容应具体，应包括合同主要内容；同时，要约内容应确定，即要约包括的主要条款必须是明确的。《联合国国际货物销售合

---

[1] 实践中还存在"交叉要约"，即订约人相互同时向相对方发出了内容相同的要约。例如，甲向乙发出要约，表示愿意以 100 万元出售其拥有的房产；同日，乙也向甲发出了要约，表示愿意以 100 万元购买甲的房产。对于"交叉要约"是否可以成立合同，理论界有两种观点。一种观点认为，"交叉要约"本身并不能成立合同。双方当事人都是同时向对方发出要约，只有当双方当事人正式表示接受要约时，双方当事人的意思表示才能达成合致。因此，即使在"交叉要约"的情形下，当事人也可以拒绝对方所发出的要约。此种观点有利于保护缔约双方当事人的利益，赋予双方当事人撤回要约、撤销要约或者拒绝承诺的权利，更充分地体现合同自由原则。另一种观点认为，"交叉要约"导致合同的成立。"交叉要约"中，双方当事人均有订立合同的意思，双方当事人意思表示一致，发出要约的时间也几乎相同，法律可以推定相互有承诺的效果，从而认定合同成立。参见杨立新：《合同法专论》，高等教育出版社 2006 年版，第 99 页；王利明：《合同法研究（第 1 卷）》，中国人民大学出版社 2018 年版，第 301~303 页。

同公约》[1]第 14 条的规定给出了要约具体、确定的标准，向一个或一个以上特定的人提出的订立合同的建议，如果十分确定并且表明发价人在得到对方接受要约时承受约束的意旨，即构成发价。一个建议如果写明货物并且明示或暗示地规定数量和价格或规定如何确定数量和价格，即为十分确定。根据公约规定，具体、确定的要约内容，需要包括货物的名称、货物的数量以及货物的价格。该公约仅适用于买卖合同，其他合同中要约的内容应由当事人根据法律或者行业的惯例确定。

前述艾布拉姆斯诉伊利诺斯足病医学院一案中，法院认为：除非原告所称的这个协议的条款十分确定和肯定，否则，一个有约束力的和有强制执行效力的口头合同不可能存在。我们发现，该学院对原告所作的陈述是含糊的、不确定的，所以这种合同不可能存在。

原告在起诉书中主张，在 1973~1974 学年，学院没有就他在学业上的进步情况按期发通知给他，或向他书面介绍他在学业上的进展情况，因此，学院方面违反了《学习手册》中关于对学生进行评估的条款。该条款规定："我们希望，教导人员能够定期将学生的进步情况通知学生……期中考试一结束，学生就会收到有关其排名的通知。在必要的时候，学生将得到有关其学习进展的书面情况介绍。"原告认为，违反这一条款等于违反合同。

法院认为，《学生手册》中这一特别条款并不是一项由学院发出的要约或作出的许诺，原告也并不因此拥有对其作出承诺的权利。从性质上说，这一条款只是一种无强制执行效力的关于意愿、希望或期望的表达。

该案判决表明，某种意思表示要构成一项要约，其必须是十分确定的。该案中，学院并没有向原告说明，当他无法通过考试时，为他提供什么样的帮助，以及找出什么变通的办法。因此，学院答应帮助他的话不能作为一项有约束力的诺言。该判决还表明，一项意思表示必须包含订立合同的意图，才能成为要约。该案中的《学生手册》并不是要约，因为它仅表达了学院的一种愿望。

掌握要约的构成要件，需注意区分要约与要约邀请。要约邀请是希望他人向自己发出要约的意思表示。要约邀请是当事人订立合同的预备行为，发出要约邀请时，当事人处于订约的准备阶段。要约邀请人在发出要约邀请后撤回邀请的，一般无需承担法律责任。行为人发出要约邀请时不具有约束自

---

[1] 该公约于 1980 年 4 月 11 日在奥地利首都维也纳通过，是有关国际货物买卖的统一规则。我国为其成员国。参见张玉卿、姜韧、姜凤纹编著：《联合国国际货物销售合同公约释义》，辽宁人民出版社 1988 年版，第 72 页。

身的意图。

以下行为属于要约邀请：①拍卖公告。拍卖指以公开竞价的形式，将特定物品或者财产权利转让给最高应价者的买卖方式。拍卖人应当于拍卖日前发布拍卖公告。由于拍卖公告中仅包含了拍卖的标的及时间、地点等内容，并未规定合同成立的主要条款，如价格条款等，只是希望竞买人参加拍卖，即希望其向拍卖人发出要约。因此，拍卖公告也属于要约邀请。②招标公告。公开招标指招标人以招标公告的方式邀请不特定的法人或者其他组织投标。发布招标公告属于订约前的预备行为，其目的在于吸引相对人提出要约。相对人发出标书的行为属于要约，而发布招标公告的行为属于要约邀请。③招股说明书。招股说明书指拟公开发行股票的人依法在特定日期和证券主管机关指定报刊上刊登的有关股票发行人信息的法律文件。招股说明书意在吸引投资者向发行人发出购买股票的要约，因而招股说明书属要约邀请。④债券募集办法。公司债券募集办法是指公司为了募集公司债券而制定的载有法定内容的书面文件。债券募集办法意在向非特定的公司债券认购人表明公司将以何种条件发行公司债券，以期同意该条件的社会公众在自愿的情况下认购，因此债券募集办法属于要约邀请。⑤商业广告和宣传。商业广告和宣传指商品经营者或者服务提供者通过一定的媒介和形式，直接或间接地介绍自己所推销的商品或者所提供的服务的广告。商业广告和宣传一般属于要约邀请；但商业广告和宣传的内容符合条件的，构成要约。⑥寄送的价目表。价目表通常包含产品名称以及价格条款，而不含数量条款。因此，寄送价目表的行为并不能确定商家具有一经对方承诺即接受承诺后果的意图。

显然，要约与要约邀请是两个既有联系又有区别的概念。两者的联系主要表现为，要约邀请是唤起要约的意思表示。二者的区别在于以下两个方面：①二者目的不同。要约是一方当事人希望和他人订立合同的意思表示，其目的在于与相对人订立合同，即要约需要唤起受要约人的承诺，继而成立合同；而要约邀请是希望他人向自己发出要约的意思表示，其目的在于唤起相对人对自己的注意，希望相对人选择自己作为订约人，即唤起相对人向自己发出要约，继而进入合同订立阶段。②二者性质不同。要约是一种订约的意思表示，一经发出即产生法律效力：要约一经生效，要约人即受到要约的拘束，不得随意撤销；要约人违反有效要约，应当承担相应的法律责任。而要约邀请是行为人订立合同的预备行为，并不具有法律意义；要约邀请人违反其发出的要约邀请，无需承担法律责任。

前述大成钢厂、前进公司诉建华公司一案中，尽管建华公司在向三家钢材生产厂家发出的通知中表明了合同的标的物、数量、规格，但没有明确的订立合同的意思表示，而仅表示"如贵公司有货，请速与我公司联系。我公司希望购买此类钢材"，因此该通知并不构成要约，而只是要约邀请。

（三）要约的效力

要约的法律效力是要约生效后的法律后果，主要包括以下几个方面：

1. 要约的生效时间。要约的生效时间，主要有发信主义、受信主义、了解主义与折中主义四种立法例。[1]《国际统一私法协会国际商事合同通则》[2]、大陆法系的德国和日本等国家的合同法皆采受信主义。我国《民法典》采折中主义，将要约的生效区分为对话形式与非对话形式两种情形：以对话方式作出的要约，相对人知道其内容时生效；以非对话方式作出的要约，到达相对人时生效。即在对话形式中采相对人了解主义，在非对话形式中则沿用合同法上的受信主义。对于数据电文形式的意思表示，则需要区分相对人是否指定特定系统，相对人指定特定系统接收数据电文的，该数据电文进入该特定系统时生效；未指定特定系统的，相对人知道或者应当知道该数据电文进入其系统时生效。同时应当注意，关于数据电文的生效时间规则是一条任意性规范，当事人可以对其生效的时间进行另行约定而排除上述规则。

2. 要约对要约人的效力。要约对要约人的拘束力，是指要约一经生效，要约人即受要约的拘束，不得随意撤销或者对要约进行限制、变更和扩张。这样可以保护受要约人的利益，维护正常的交易安全。

如果要约人在要约中预先声明不受约束，那么要约对要约人是否产生拘束力呢？要约人这一做法并不违反法律的禁止性规定，但该意思表示一般不能构成要约，只能属于要约邀请。

3. 要约对受要约人的效力。受要约人收到要约，要约即对受要约人产生

---

[1] 发信主义主张，要约人发出要约后，只要要约已经处于要约人的控制范围之外，如要约函件的付邮、要约电报的发出等，要约即发生效力；受信主义又称到达主义，受信主义主张，要约只有到达受要约人之时才能发生效力；了解主义主张，只有在受要约人了解要约的内容时要约才生效；折中主义主张应当区分要约的形式，分别确定要约生效的时间。参见王利明：《合同法研究（第1卷）》，中国人民大学出版社2018年版，第251~253页。

[2] 该通则由国际统一私法协会于1994年制定。国际统一私法协会最早成立于1926年，当时为国际联盟的一个辅助性机构，国际联盟解体后又于1940年根据多边协议——《国际统一私法协会章程》重新设立。我国为其成员国。尽管《国际统一私法协会国际商事合同通则》并非国际公约，但由于它尽可能地兼容了不同文化背景和不同法律体系的一些通用的法律原则，同时还总结吸收了国际商事活动中广为适用的惯例和规则，因而对于指导和规范国际商事活动具有很大影响力。此外，它比《联合国国际货物销售合同公约》具有更广泛的适用性，《联合国国际货物销售合同公约》仅适用于一般货物贸易，而该通则可适用于各种国际商事合同。参见对外贸易经济合作部条约法律司编译：《国际统一私法协会国际商事合同通则》，法律出版社1996年版。

拘束力。要约对受约人的拘束力并非限制受要约人为一定行为或不为一定行为，而是赋予受要约人一定的权利，即承诺的自由。这种自由具体表现为：①要约生效后，只有受要约人才享有对要约人作出承诺的资格。如果非受要约人对要约人作出承诺，此承诺只能视为对要约人发出的新要约，而不能产生承诺的效力。②承诺权是受要约人享有的自由。既然是自由，受要约人就可以发出承诺以订立合同，也可以选择拒绝要约，即使要约人在要约中明确表示受要约人不予答复即为承诺，但当事人未就"默示即承诺"达成约定的，该表示也不能对受要约人产生效力。

4. 要约的存续期间。要约的存续期间指要约发生法律效力的期间，即受要约人得以承诺的期间。要约的存续期间应当按照如下方式确定：①当事人约定承诺期限的，按照当事人约定；②当事人没有约定承诺期限，且要约以对话方式作出的，应当即时作出承诺；③当事人没有约定承诺期限，且要约以非对话方式作出的，承诺应当在合理期限内到达要约人。

（四）要约的撤回和撤销

1. 要约的撤回，是指要约人在发出要约后，于要约生效前取消要约。要约撤回的后果是要约不发生效力。要约的撤回，须符合以下要求：①撤回要约只能在要约生效前发出；②撤回要约须以通知受要约人的方式作出；③撤回要约的通知应当在要约到达受要约人之前或者与要约同时到达受要约人，否则不发生要约撤回的效力。

2. 要约的撤销，是指在要约生效后，要约人以自己的意思使要约溯及既往地不发生效力。要约生效后，要约人撤销要约将会对受要约人产生影响。因此，应当尽可能减少撤销要约对于相对人的影响：撤销要约的意思表示以对话方式作出的，该意思表示的内容应当在受要约人作出承诺之前为受要约人所知道；撤销要约的意思表示以非对话方式作出的，应当在受要约人作出承诺之前到达受要约人。另外，有下列情形之一的，要约不得撤销：①要约人确定了承诺期限或者以其他形式明示要约不可撤销；②受要约人有理由认为要约是不可撤销的，并已经为履行合同作了准备工作。

要约撤销的效力溯及至要约生效之时。要约一经撤销，即视为要约自始不生效。

（五）要约的失效

要约失效，是指已经发生效力的要约因一定事由终止效力，对要约人和受要约人均不再有拘束力。有下列情形之一的，要约失效：

1. 要约被拒绝，即受要约人对要约人发出的要约不予承诺。受要约人通过要约人的要约取得承诺权，受要约人可以承诺，也可以不承诺。受要约人拒绝要约后，要约丧失拘束力。受要约人发出的拒绝通知，自拒绝要约的通知到达要约人时起发生拒绝的效力。如受要约人发出拒绝通知后又想撤回，依意思自治原则，应允许其撤回；但撤回的通知应当先于拒绝要约的通知或与拒绝要约的通知同时到达要约人，否则不能发生撤回拒绝的效力，要约仍然失效。

2. 要约依法被撤销。要约依法被撤销的，要约的效力被溯及既往地消灭，应当视为要约不生效。

3. 承诺期限届满。只有受要约人在承诺期限内作出的承诺，才有承诺的效力。承诺期限届满后受要约人接受承诺的，不发生承诺的效力。承诺期限届满，受要约人未作出承诺的，实质上是受要约人以默示的方式拒绝要约，要约失效。

4. 受要约人对要约内容作出实质性变更。受要约人对要约的接受应当是完全同意要约的内容。如果受要约人对要约内容作出实质性变更，则此意思表示不能认定为承诺，应是对要约的拒绝，可视为其向要约人提出的反要约，即由原受要约人作为新的要约人，向原要约人即新受要约人，发出新的要约。

二、承诺

（一）承诺的概念

承诺，是指受要约人按照要约指定的方式，对要约内容表示同意的意思表示。同意要约的受要约人，即承诺人。承诺意味着受要约人完全同意要约人提出的条件，否则该意思表示不能视为承诺，应视为反要约。

（二）承诺的要件

1. 承诺必须由受要约人向要约人作出。要约人选定受要约人，意味着要约人只想与受要约人订立合同。要约生效后，只有受要约人享有承诺的权利。承诺权所对应的义务为要约人必须接受受要约人行使承诺权的结果，即因承诺成立的合同对其有约束力。因此，此种承诺只能由受要约人作出。如果非受要约人代替受要约人作出承诺，则此承诺应视为对要约人发出的新要约，并不产生承诺的效力。

2. 承诺必须在要约有效期内作出。只有在要约规定的期限内到达的承诺才是有效的承诺；承诺未能在合理期限内作出或到达要约人，则不能成为有效承诺。如果要约已经失效，承诺人表达同意要约内容的意思表示，应视为向要约人发出新要约，不能产生承诺的效力。受要约人的承诺期限即要约的存续期间，因此其确定方式与要约的存续期间相同。

3. 承诺的内容应当与要约的主要内容一致，不能改变要约的实质内容。

若受要约人对要约的内容作出实质性变更，则该意思表示为新要约。有关合同标的、数量、质量、价款或者报酬、履行期限、履行地点和方式、违约责任和解决争议方法等的变更，是对要约内容的实质性变更。实际生活中，很难实现受要约人的要求与要约人的要求完全符合，严格一致。因此，受要约人可以对要约的内容作出非实质性变更。承诺对要约的内容作出非实质性变更的，除要约人及时表示反对或者要约表明承诺不得对要约的内容作出任何变更的以外，该承诺有效，合同的内容以承诺的内容为准。

4. 承诺应以要约要求的方式作出。受要约人作出承诺的方式应当符合要约人在要约中所作出的要求。通常而言，承诺作为意思表示，应当以通知的方式向要约人作出，但若要约表明可以通过行为作出承诺，或者通过行为作出承诺系交易习惯，承诺人应当按照要约或者交易习惯要求的方式作出。

（三）承诺的效力

承诺的法律效力在于使合同成立。承诺生效，表示订约当事人之间达成合意。具体来说，承诺的效力包括以下几方面：

1. 承诺生效的时间。同要约生效时间的确定方法一样，对于承诺的生效时间，我国也采取折中主义：以对话方式作出的承诺，相对人知道其内容时生效；以非对话方式作出的承诺，到达相对人时生效。但若承诺不需要通知，则根据交易习惯或者要约的要求作出承诺的行为时生效。采用数据电文形式订立合同的，承诺到达的时间适用有关要约的规定。

2. 承诺的延迟。包括逾期承诺和承诺迟到两种情况。

（1）逾期承诺，是指受要约人超过承诺期限发出承诺，或者在承诺期限内发出承诺，按照通常情形不能及时到达要约人的情形，也可以称之为过期承诺。过期承诺原则上为新要约，但是，在要约人及时通知受要约人该承诺有效的情形下，该过期承诺仍然有效。

（2）承诺迟到，是指受要约人在承诺期限内发出承诺，按照通常情形能够及时到达要约人，但是因其他原因致使承诺到达要约人时超过承诺期限的情形。有别于逾期承诺，承诺迟到并非受要约人的主观原因造成的，所以，承诺迟到所带来的不利后果不应当由受要约人承担。迟到的承诺原则上有效，但是，在要约人及时通知受要约人因承诺超过期限而不接受承诺的情形下，承诺无效。

3. 承诺的撤回。承诺的撤回，是指受要约人在发出承诺通知以后，在承诺正式生效之前撤回其承诺。承诺的撤回是承诺人阻止承诺发生法律效力的意思表示。承诺撤回应当适用意思表示撤回的相关规则，即撤回承诺的通知应当在承诺通知到达要约人之前或者与承诺通知同时到达要约人。撤回承诺的通知在承诺已经到达要约人后到达的，承诺已经生效，则撤回承诺的通知就不能发生撤回的效力，合同已经成立。

前述大成钢厂、前进公司诉建华公司一案中，前进公司在发出复函的第二天即派本公司车队先行运载 200 吨钢材送往建华公司，此行为不构成承诺。尽管前进公司在运送钢材之前已经复函至建华公司，但该复函应视为其在收到建华公司的要约邀请后向建华公司发出的要约，其运送钢材的行为也只能被视为一种事实的要约行为，建华公司没有义务接受这 200 吨钢材。但是，由于建华公司同意接收其中的 100 吨钢材，在前进公司与建华公司之间仅就这 100 吨钢材的买卖成立了合同，建华公司仍可拒收另 100 吨钢材，而不产生违约责任。

建华公司致电大成钢厂要求其仅运送 800 吨钢材，此行为既不属于要约的撤销，也不属于承诺的撤回。如前所述，大成钢厂给建华公司的复函构成对建华公司的要约，而建华公司又致函大成公司要求按照大成公司的报价向其购买 1000 吨钢材，则构成了对大成公司的承诺，双方的买卖钢材的合同自大成公司收到该函时已经成立。所以，建华公司已没有机会撤回承诺。其要求大成公司仅运送 800 吨钢材的要求只能被视为变更合同的请求，但该请求并未得到大成公司的同意，因此建华公司拒收大成公司 100 吨钢材的行为构成违约，应当承担违约责任。

第三节　合同的内容与形式

【问题1】如果合同内容未包含合同一般应包含的主要条款，是否影响合同成立？

【问题2】未采用法定或约定的形式的合同是否必然不成立或无效？

【例1】

某建筑公司诉某建材公司

某建筑公司（下称原告）因建造大楼急需黄沙，与某建材公司（下称被告）签订了一份合同，合同约定原告从被告处购买黄沙 30 车，每吨价格 300 元，合同订立 1 个月以后，由被告送货，货到付款。合同订立后，黄沙价格开始上涨，市场价格从 300 元/吨涨到 350 元/吨。被告经理李某见价格上涨，不愿如数供货并致电原告的经办人张某，提出因货源紧张，要求变更货物数量，减少供货，遭到原告拒绝。次日，李某安排两辆"130"型货车，装了 2

车黄沙（每车装载 2 吨）送到原告处，并要求以"130"型货车单车装载量为标准计算交货数量。原告提出被告的做法是不合理的，尽管合同规定交货数量为 30 车，但按当地交易习惯，应以"东风牌"大卡车单车装载量作为计算标准，即每车装载 4 吨，共 120 吨。为此，双方发生争议，协商未果，原告向法院起诉。原告认为被告的行为已构成故意违约，应承担违约责任。被告认为，双方对交货数量的计算标准发生重大误解，应当撤销该合同。

问题：1. 被告有关"双方对交货数量的计算标准发生重大误解"的主张是否成立？

2. 被告的行为是否符合诚实信用原则？

【例 2】

乔利诉克莱[1]

1964 年 1 月，根据一项口头协议，克莱将一所房子卖给了她的女儿和女婿——乔利夫妇，售价是 1 万美元，买方"可分期付款"，无需付利息，并且可立即住进这所房子，不动产税由买方支付。上述协议达成后，乔利夫妇作为所有人在这所房子里居住了 15 年，并向克莱分期支付了 5500 美元，为修缮这所房子共花了 1 万美元，并从 1964 年到 1975 年一直向他们所在的卡西亚县缴纳赋税。1976 年 9 月 9 日，克莱去世。她在死前没有把该项不动产转移给乔利夫妇。克莱的财产的个人代表拒绝接受乔利夫妇向他支付的 4500 美元的该房款的余额，并拒绝按上述口头协议把这所房屋转让给他们。乔利夫妇向法院起诉，请求实际履行该口头协议。

问题：克莱与乔利夫妇之间的口头房屋买卖合同是否成立？

【例 3】

柯蒂兹公司诉梅森[2]

1978 年 4 月，梅森打电话给柯蒂兹公司，了解该公司在当地一家报纸上所发布的广告的内容。电话中，梅森与受雇于这家公司的谷物经销商鲍勃·梅进行了交谈。双方讨论了大豆市场的行情，之后，话题由大豆转到了梅森种植的春小麦。鲍勃·梅把当时的小麦市场价格和与柯蒂兹公司订立经销合同的程序告诉了梅森。梅森说，他可能会与柯蒂兹公司签合同，向该公司出售他的小麦。在询问了梅森种植的小麦的面积之后，鲍勃·梅起草了一份合同，其中包括梅森可能出售的小麦的价格，买方支付运费和把小麦运往波特

〔1〕　参见王军编著：《美国合同法判例选评》，中国政法大学出版社 1995 年版，第 69～71 页。

〔2〕　参见王军编著：《美国合同法判例选评》，中国政法大学出版社 1995 年版，第 20～22 页。

兰、俄勒冈的义务，在 8 月和 9 月交货的日期等，交货数量是 9000 公斤。这次电话交谈后，鲍勃·梅与他人签订了一个出售 9000 公斤小麦的合同。

几周后，梅森收到了一份经鲍勃·梅签字的合同确认书。当发现交货数量是 9000 公斤时，他认为自己交不出这么多小麦，遂决定不与柯蒂兹公司签合同。此后，他就把这件事抛到了脑后。当柯蒂兹公司派人来要求他履行合同时，他回答说，他从没有认为他与柯蒂兹公司订立了一个合同。

柯蒂兹公司寄来的合同确认书的结尾部分有一个条款约定，对该确认书予以保留，而不就其中的不妥之处提出异议，就等于承认和接受该合同。柯蒂兹公司据此认为，梅森以默示方式确认了这份合同，因而要求梅森支付4140 美元作为其违反合同的损害赔偿。

问题：柯蒂兹公司与梅森之间的小麦买卖合同是否成立？

合同的内容指合同当事人享有的权利和承担的义务，即根据法律规定或者当事人约定而产生的权利义务。合同的形式，即合同的方式，是当事人意思表示一致的外在表现形式，是合同内容的外部表现方式。合同的形式和内容关系密切，合同的形式是合同内容的载体，合同内容通过合同的形式反映出来。

一、合同的内容

（一）合同主要条款

合同的内容通过合同条款表现出来，合同条款是确定当事人权利义务的依据。合同的内容由当事人约定，一般包括以下条款：

1. 当事人的名称或者姓名和住所。当事人是合同权利的主体和合同义务的承受者，没有当事人，订立合同就无从谈起，因此合同首先应明确当事人。明确当事人的名称或姓名，可使当事人特定化、固定化；明确当事人的住所，有助于确定合同履行地、诉讼管辖地、合同适用的法律以及法律文书的送达地等。

2. 标的[1]。标的是合同权利义务指向的对象，是合同关系的客体。没有标的，当事人无从建立合同关系，因此标的条款是一切合同的必备条款。标的条款应当清楚地写明标的的名称。合同标的不具体、不明确的，合同不能成立。合同标的不合法的，合同无效。

3. 数量与质量。标的物的数量与质量是确定合同标的物的依据，也是合

---

[1] 通说认为合同的标的是给付行为，而《民法典》第 470 条第 1 款所规定的标的，并非通说意义上的"标的"，而指标的物。

同标的物的具体化。数量和质量直接决定着双方当事人的基本权利义务。如果数量和质量不确定或者无法通过其他方式确定，当事人就无法履行合同。

4. 价款或者报酬。价款是取得标的物应支付的代价，报酬是获得服务应支付的代价。合同一般应具有价款或者报酬条款。价款或者报酬条款除约定价金的数额外，有时还需要约定价金的币种、支付方式，以及保险费、运费等费用的支付问题。

5. 履行期限、地点和方式。履行期限是指当事人履行合同的时间，即债务人向债权人履行合同义务的时间。履行期限直接关系到合同义务完成的具体时间，涉及当事人的期待利益，也是判定违约与否的重要因素之一。履行地点是指合同约定的一方当事人履行义务和对方接受该义务的地点，它是确定标的物验收地点、运输费用负担、风险承受、标的物所有权移转、诉讼管辖、涉外合同纠纷法律适用的重要依据。履行方式是指当事人履行合同义务的具体方式和要求。

6. 违约责任。违约责任是指合同当事人不履行或者不完全履行合同约定的义务所引起的法律后果。违约责任是促使当事人履行债务，使守约方免受或者少受损失的法律措施，对当事人利益关系具有重大影响，合同对此应予以明确。

7. 解决争议的方法。解决争议的方法是指当事人运用何种方式解决争议。当事人可以在合同中约定选择仲裁或诉讼方式解决合同争议，也可选择解决其争议所适用的法律及管辖地等，法律另有规定的除外。

出于鼓励交易的原则，即使合同就质量、价款或者报酬、履行期限、地点、方式等没有约定或者约定不明确，合同的成立和生效也并不一定受到影响，因为这些遗漏或不明确的内容可以通过合同解释的规则予以填补和确定。《民法典》第510条至第514条规定了具体的补充、确定方法。当然，如果当事人在合同中作出特别约定——当合同缺失某一条款或某些条款时合同不能生效，则从其约定。

前述某建筑公司诉某建材公司一案中，双方争议的标的物数量条款确实没有明确约定，单纯以"车"为单位显然不能确定数量要求。但是，这一数量条款不明确，并不必然导致合同不成立，也不当然构成"重大误解"而使当事人获得合同撤销权。虽然合同部分条款不明确，但其内容可以按照该合同中其他条款或者交易惯例来确定。该案中，如果可以查实当地有以"东风牌"大卡车作为计算标准的交易习惯，就可参照该惯例推定合同的数量条款。况且，被告曾在市场价格上涨后与原告协商减少供货，可以看出被告使用违反当地惯例的"130"型货车系故意，也有违诚实信用原则。所以，本案中的合同已经成立，不明确的数量条款在合同履行中应借助法律原则及交易惯例予以解释。

（二）格式条款

1. 格式条款的概念。格式条款[1]是指由一方当事人为了重复使用而预先拟定的，并在订立合同时未与对方协商的条款。

格式条款可能形成一个固定化的完整书面合同，也可能以一个合同的某一条款或者数个条款的形式表现出来。我国《民法典》中的格式条款既包括形成了完整书面合同的格式合同，也包括一个合同中的某一个或某些格式条款。例如，保险合同、供电合同、交通运输合同等是较典型的格式合同，而通知、声明、店堂告示等为较典型的格式条款。因此，从概念上并不需要严格区分格式合同与格式条款。

许多格式条款印刷于一定文件（如车船票、飞机票、电报稿、保险单）上，也可能通过"价目表""使用须知""通知""说明"等形式张贴于一定的营业场所，还可以通过简单的告示表现出来（如"货物出门，概不退换"的告示）。这些情况下，格式条款大多只是作为整个合同（如买卖合同、运输合同、保险合同等）的组成部分，即作为合同中的部分条款存在。

格式合同主要有两类：第一类是将经常发生的商事交易条款进行罗列的合同，如提单、租船合同、保单、商品市场中的各种买卖合同等。这类条款由商业利益的各方代表经过多年的谈判固定下来，并被广泛采用。因为这类格式合同通常被交易能力相近的当事人广泛采用，因而这些合同条款一般是公平的。第二类是具有优势地位的一方当事人单方确定的合同条款，对方要么接受，要么拒绝，没有其他选择余地。此类条款不是双方当事人协商的产物，而是由交易能力较强的一方单方拟定的，因而这类合同条款中常含有不公平的内容。

2. 格式条款的价值及弊端。格式条款之所以出现、发展，是因为其具有的不同于普通合同的价值：①格式条款可以节省交易时间，降低缔约成本，提高交易活动的效益。在交易频繁的商品、服务、运输等行业中，格式条款内容上的格式化、特定性，精简了缔约的程序，避免了服务方分别与单个消费者协商订立合同所带来的高成本。②由于格式条款具有确定性与连续性，其不会因当事人的合同地位、履行能力以及社会地位的不同而有所差异，这

---

[1] 格式条款在不同国家和地区法律上的称谓有所不同，在德国法上称为一般交易条款，法国法上称为附和合同，英国法上称为标准合同，我国台湾地区称为定型化契约。参见王利明：《合同法研究（第1卷）》，中国人民大学出版社2018年版，第403~404页。

样就为不同条件的人提供了自由交易的公平机会，体现了法律的公平，但也可能带来一些负面影响，即在一定程度上限制当事人的合同自由。在使用格式条款的合同中，相对人往往没有与提供格式合同一方协商的机会，只能作出完全接受或者拒绝的选择。这就在事实上形成了对相对人的强制，使缔约地位在法律上的平等掩盖了事实上的不平等。当格式条款的提供方在经济上具有绝对的优势或垄断地位时，格式条款通常包含许多有利于提供方的"霸王条款"以及免责条款，直接损害相对人的利益，造成利益失衡，违背合同法上公平、诚实信用等基本原则，因而有可能损害相对人的正当权益。

正是由于格式条款既有其存在的价值，又会带来一些负面影响，法律通常在允许使用格式条款的前提下对其作出特别的规制，以趋利避害。如采用格式条款订立合同时，提供格式条款的一方应当遵循公平原则确定当事人之间的权利和义务，并采取合理的方式[1]提示对方注意免除或者减轻其责任等与对方有重大利害关系的条款，按照对方的要求，对该条款予以说明。若提供格式条款的一方未履行提示和说明义务，导致对方没有注意免除或者限制其责任的条款，对方当事人可以主张该条款不构成合同内容，由此导致部分内容没有约定或约定不明的，适用《民法典》第510条至第514条之规定对合同内容进行填补。

此外，出于对交易相对人的保护，除合同无效的一般事由外，格式合同还有一些特殊的无效事由：①提供格式条款一方不合理地免除或者减轻其责任、加重对方责任、限制对方主要权利；②提供格式条款一方排除对方主要权利。

对格式合同交易相对人的保护还体现在合同的解释中。当事人对格式条款的理解发生争议时，应当按照通常理解予以解释。对格式条款有两种以上解释的，应当作出不利于提供格式条款一方的解释。格式条款和非格式条款不一致的，应当采用非格式条款，因为非格式条款更能体现出当事人的真意。

二、合同的形式

(一) 合同的形式概述

合同的形式，是指当事人合意的表现形式，是合同内容的外在表现，是合同内容的载体，包括法定或约定的订立合同的特殊形式要求。因此，合同的形式有广义和狭义之分。狭义的合同形式仅指合同内容的表现形式，包括

---

[1] 至于何为"合理的方式"，一般认为提供格式条款一方应当在合同订立时采用足以引起对方注意的文字、符号、字体等特别标识，并按照对方的要求对该格式条款予以说明。

书面形式、口头形式和其他形式；广义的合同形式除包括合同内容的表现形式外，还包括法律规定和当事人约定应采取的特殊形式，[1]如法律要求一些特殊的合同须办理登记或审批手续，当事人约定合同经公证方生效等。

从合同法的发展过程可以看出，法律一直努力在交易安全与交易效率之间寻求平衡。反映在合同的形式上，则是兼采法定形式与约定形式、要式与不要式。我国《民法典》坚持了"不要式为主，要式为辅"的原则。除法律、行政法规规定采用书面形式的应当采用书面形式外，多数情形下当事人有选择合同形式的自由。即使在法律、行政法规要求应当采用法定形式的合同中，也进一步区分了此类要求对合同效力的不同影响，即有些合同未满足法定的形式要求并不绝对导致合同不生效。如我国《城市房地产管理法》第15条第1款规定，"土地使用权出让，应当签订书面出让合同"，但并未规定采用书面形式是土地使用权出让合同的生效要件。因此，对法律、行政法规中要求"应当"采用书面形式的规定，不应一律推定为影响合同效力的强制性规定，否则就扩大了合同无效的范围，不利于鼓励交易。此外，即使是依照法律、行政法规的规定经批准或者登记才能生效的合同，应当办理申请批准等手续的当事人未履行义务，也不影响合同中履行报批等义务条款以及相关条款的效力，对方可以请求审批义务人承担违反该义务的违约责任。

《民法典》第490条第2款规定："法律、行政法规规定或者当事人约定合同应当采用书面形式订立，当事人未采用书面形式但是一方已经履行主要义务，对方接受时，该合同成立。"由此反推可知，如果法律、行政法规明确规定了合同的书面形式要求，当事人未采用书面形式，且一方未履行主要义务的，视为合同未成立。也就是说，在这种情况下，合同的形式要求被视为合同的成立要件。但需注意的是，这一结论并不能扩大适用于对所有的合同的书面形式要求的理解。本条规定仅适用于实际履行的缔约方式，并不代表所有未满足法定的书面形式要求的合同都必然不成立或不生效。

前述乔利诉克莱一案中，法院认为：只要部分的履行依照合同发生了，法院就有强制实际履行的裁量权——尽管当事人的协议缺少书面证据。证据表明，初审法院也发现，乔利夫妇占有该财产，并作为所有者在该房屋内居住了15年；他们支付了1万美金对该财产进行修缮；从1964年到1975年，他们一直缴纳财产税；他们已经支付了5500美元的购房款。所有这些无疑构

---

[1] 有学者认为这些规定不属于合同形式的范畴，而是影响合同成立或生效的实体因素。参见王利明：《合同法研究（第1卷）》，中国人民大学出版社2018年版，第476页。

成了部分履行，足以使该合同符合《英吉利欺诈行为法》的规定。[1]

因此，法院判决合同成立并有效，应予实际履行。

此判决引起较大的争议。美国法学家认为，上述解释是不能令人满意的。比如，当事人一方让另一方占有自己的财产并收取费用，可能是为了出售这一财产，也可能是为了出租这一财产。这说明，部分履行在某些情况下不能成为证明某种合同存在的证据。进一步说，防止当事人一方不当得利的最好办法，也不一定是要求当事人实际履行合同义务。在许多情况下，令未履行合同义务的一方返还其所得利益，是更为合理的救济方式。

《美国统一商法典》第 2－201 条第 3 款 c 项的规定是，如果一个买卖协议在形式上不合乎该法的要求，但"货款已支付且已被接受，或货物已收到且已被接受"，该合同就有关部分仍可进行强制执行。

根据上述规则，美国法学家认为如果合同在形式上不合乎法律的规定，就只有在当事人一方实际上完全履行了其合同义务时，法院才能强制另一方履行其合同义务。

（二）合同的主要形式

1. 口头形式。口头形式，是指当事人之间用语言对话为意思表示订立合同，而不用文字表达协议内容的形式。法律没有特殊规定、当事人之间没有明确约定的，当事人均可以采取口头形式订立合同。口头形式简便易行、效率高、成本低，在实践之中被广泛应用于即时清结合同和消费合同。口头合同的缺陷在于，一旦当事人发生纠纷，由于缺乏文字证明，难以证明合同的存在。即使可以证明合同成立，也难以确定当事人的具体的权利义务。因此，对于不能即时清结的合同以及数额较大、交易复杂的合同，不宜采取口头形式。前述乔利诉克莱一案所引起的争议，足以说明口头合同的不确定性。

2. 书面形式。书面形式，是指以文字等有形方式表现当事人之间的意思表示，即当事人的意思表示具有书面的载体，包括合同书、信件、电报、电传、传真等可以有形地表现所载内容的形式。以电子数据交换、电子邮件等方式能够有形地表现所载内容，并可以随时调取查用的数据电文，视为书面形式。书面形式合同的优点在于举证便利，当事人的权利义务比较明确，在

---

[1]　1776 年《英吉利欺诈行为法》第 17 条要求，当货物的价格超过 10 英镑时，买卖合同须采取书面形式，除非"买方同意并且已收到部分货物或者真诚地给付了某物以便使该交易具有约束力，或者已经支付了部分货款"。作出上述规定的理由可以归纳成两种：①部分履行具有证据的作用，从而弥补了缺少证据的不足；②当一方当事人部分地履行了合同之后，不承认合同的效力，就会使另一方当事人不当得利。

商务活动中被广泛采用。在不能即时清结、合同关系复杂、交易数额较大的交易中通常会采取书面形式，以避免举证上的困难和双方当事人的权利义务难以确定等弊端。

出于尽可能避免纠纷和保护交易安全以及维护公共利益的需要，法律规定一些合同应当采用书面形式，且规定有些合同以法定的书面及登记、审批形式为其生效要件。如《城镇国有土地使用权出让和转让暂行条例》第45条规定，国有土地使用权转让、出租、抵押合同须经市、县人民政府土地管理部门和房产管理部门批准后生效。

3. 其他形式。其他形式通常主要指推定形式，即当事人未用语言、文字等表达其意思表示，仅用行为向对方发出要约，对方接受该要约，以一定的行为作为承诺，则合同成立；亦即当事人以积极行为（作为）进行意思表示，从而使合同成立。例如，租赁合同期满后，尽管双方当事人并未通过口头或书面形式延长租期，但承租人继续交纳租金，而出租人继续接受租金，则可以推定当事人之间的租赁合同继续有效。此外，还有默示形式，即当事人用沉默的方式（不作为）进行意思表示，以使合同成立。但是，需特别注意的是，不作为的默示只有在法律有规定或者当事人双方有约定的情况下，才可以视为意思表示。因此，原则上不作为的默示不构成意思表示，沉默只有在有法律规定、当事人约定或者符合当事人之间的交易习惯时，才可以视为意思表示。[1]

前述柯蒂兹公司诉梅森一案中，法院认为：当事人一方不能依据自己提出的条件确定一个购买货物的协议的内容，从而单方地订立一个合同。出售货物必须经卖方同意，除非双方事前达成能得到确认的口头协议；否则，寄送一个确认购货的备忘录不能使一个有强制执行效力的合同由此产生。尽管当事人在合同确认书中申明，不寄还这张确认书等于对合同的接受，上述原则也不会因此而改变。一份确认合同的备忘录中的任何语言都不能创造出一个本来不存在的合同。

以上两种方式的共同之处在于当事人双方或一方未用口头或书面方式为意思表示，因此，二者可合称为"默示形式"。又因为二者都是从当事人的作为或不作为中推定其意思，也可合称为"推定形式"。

---

[1] 各国法或判例在一般原则下均承认某些例外。参见李永军：《合同法》，中国人民大学出版社2021年版，第63页。

第四节 合同成立的时间与地点

【问题】 确定合同成立地点有何法律意义？

一、合同成立的时间

合同的成立，须经要约与承诺两个环节，而承诺环节最终确定合同的成立。因此，除法律规定或当事人另有约定外，承诺生效的时间即合同成立的时间。

具体而言，应根据不同的合同形式确定合同成立的时间。

1. 采用合同书形式订立合同的，应当以当事人均签字、盖章或者按指印的时间为合同成立的时间。例外的情形是，采用合同书形式订立合同，在签字、盖章或者按指印之前，当事人一方已经履行主要义务，对方接受的，该合同成立。所以，此类合同的成立时间为对方接受履行主要义务的时间。

2. 当事人要求在合同成立之前签订确认书的，应当将签订确认书的时间作为合同成立的时间。确认书，是指一方应对方的要求对要约所作出的最终的、明确的、肯定的承诺。在要求签订确认书的情形下，合同自签订确认书时成立，确认书的签订时间即合同的成立时间。

3. 当事人一方通过互联网等信息网络发布的商品或者服务信息符合要约条件的，对方选择该商品或者服务并提交订单成功就意味着作出承诺并且承诺到达要约人，因此合同自对方选择该商品或者服务并提交订单成功时成立，但是当事人另有约定的除外。

4. 依交易习惯或者要约人的要求，承诺无需通知的，根据客观事实认定受要约人有承诺的意思，即受要约人通过一定的行为实现其承诺的意思。此类合同自根据交易习惯或者要约人的要求作出承诺的行为时成立。

二、合同成立的地点

合同成立的地点，也就是双方达成合意的地点。确定合同成立的地点可能关系到诉讼管辖以及法律适用等方面的问题，因此，合同成立的地点具有重要意义。承诺生效的地点为合同成立的地点。具体而言，根据不同的合同形式，依如下规则确定合同成立的地点：

1. 采用数据电文形式订立合同时，收件人的主营业地为合同成立的地点；没有主营业地的，其住所地为合同成立的地点。当事人另有约定的，从其约定。

2. 采用合同书形式订立合同时，双方当事人签字、盖章或者按指印的地点为合同成立的地点。合同约定的签订地与实际签字或盖章地点不符的，应以约定的签订地为合同成立的地点；合同没有约定签订地，如果双方不在同一地点签字或盖章，应以最后一方签字或盖章的地点为合同成立的地点。

3. 一方接受另一方履行主要义务而成立合同的，应当以接受对方履行的地点为合同成立的地点。

第五节　合同的解释

【问题】合同的解释应依据哪些规则？

一、合同解释概述

合同的解释，是指确定当事人在合同中所用语句的含义，从而明确当事人权利义务的过程。广义的合同解释泛指任何人对合同的内容和含义所作出的理解和说明；狭义的合同解释应仅指法院或者仲裁机构对有争议的合同内容的含义的确定。在对合同进行解释的过程中，应当按照所使用的词句，结合相关条款、行为的性质和目的、习惯以及诚信原则确定其含义。

合同解释的目的在于确定合同的内容，以正确地确定当事人的权利和义务，合理地解决合同纠纷。合同的解释可以分为阐释性解释和补充性解释。阐释性解释是指对有争议的合同条款所作出的解释，目的在于探究合同当事人的真实意思。补充性解释是指在合同某些条款欠缺或不完备致使无法确定当事人的权利义务时对欠缺或不完备条款的解释，目的在于填补合同的漏洞。

二、合同解释的规则

（一）文义解释

文义解释指按照合同所使用的语句解释有争议的合同条款。由于合同条款是由语言文字构成的，对合同条款的争议经常表现为合同当事人对合同条款中的词句有不同理解，所以需要对合同条款中的用语作出解释。当事人对合同条款的理解有争议的，应当按照合同所使用的词句等确定该条款的真实意思。

对合同条款中的用语进行解释，首先要按照词句的通常含义进行解释，而不能按照当事人一方的理解进行解释。如果当事人在订立合同时赋予某一词句特定含义，主张该词句有特定含义的当事人应负举证责任。如果通过对合同所使用的词句进行解释仍不能确定该合同条款的真实意思，就还需要结合其他的解释规则，以准确地确定合同条款的真实意思。

（二）整体解释

整体解释指将合同的全部条款作为一个整体，从各个条款及各个部分之间的关系上分析、判断有争议的合同条款的真实含义。合同通常是由全部条款组成的一个相互联系的有机整体，因此，在对有争议的合同条款进行解释时，应考虑该条款在整个合同中的地位及其与其他条款间的联系，从整体上理解合同条款的含义。

（三）目的解释

目的解释指对于合同中有争议的条款，应根据合同目的解释该争议条款或用语的含义。合同是当事人为达到一定目的而订立的，合同条款及其用语都是实现这一目的的手段，因此，在当事人就合同条款或其用语发生争议时，应依当事人订立合同的目的来确定该条款或用语的真实含义，使解释的结果符合当事人订约时的意思。

（四）习惯解释

习惯解释指在当事人对合同使用的文字或条款有不同理解时，按照交易习惯或惯例来确定该文字或条款的真实含义。以下情形一般可以认定为"交易习惯"：①在交易行为当地或者某一领域、某一行业通常采用并为交易双方订立合同时所知道或者应当知道的做法；②当事人双方经常使用的习惯做法。

（五）诚实信用原则解释

诚实信用原则解释指在当事人对合同条款有不同理解时，应依诚实信用原则进行解释，以确定该条款的真实含义。作为合同法中的一项基本原则，诚实信用原则一般是在以其他解释规则不足以确定争议条款的真实意思的情况下才适用。

第六节　缔约过失责任

【问题】缔约过失责任的构成要件及表现形式是什么？

【例1】

准空姐诉某航空公司[1]

8名原告称：某航空公司在其网站上发布了招聘空乘的广告，于是8名原

---

[1] 本案例改编自"准空姐诉'马航'及外航服务公司"一案。参见侯毅君："通知录用又弃用，准空姐告赢'马航'"，载《北京商报》2008年6月20日，第A10版。

告前去应聘，先后通过初试、复试和体检，并被确认录用。随后，应公司要求，她们辞去原有的工作，并办理了政审手续。其间，她们多次向公司询问情况，公司均称正在办理手续。然而直至一年后，她们才被告知，航空公司放弃了此次招聘，并要求她们在已经拟好的内容为"我自愿放弃聘用，自愿放弃索赔的权利"的"放弃书"上签字。8 名原告拒绝签字，并要求两被告连带赔偿每人经济损失 3.8 万~6.6 万元不等。

被告航空公司否认招聘一事，称公司对招聘信息并不知情，也从未向原告发出订立合同的要约，更没有作出任何承诺，因而不应承担赔偿责任。

问题：被告是否应承担赔偿责任？

一、缔约过失责任的概念

缔约过失责任是指在缔结合同的过程中，一方当事人过失地违反基于诚实信用原则而产生的相互保密、通知、协助等义务（即先合同义务），致使他方当事人遭受损害，过失者对此应当承担的赔偿责任。

《民法典》规定了缔约过失责任的几种主要类型：①假借订立合同，恶意进行磋商；②故意隐瞒与订立合同有关的重要事实或者提供虚假情况；③有其他违背诚信原则的行为，如当事人泄露或者不正当使用其在订立合同过程中知悉的商业秘密或者其他应当保密的信息，造成对方损失的，无论合同是否成立，其均应当承担赔偿责任。

二、缔约过失责任的构成要件

（一）缔约当事人有违反先合同义务的行为

为了促成合同最终订立并且生效，在自要约生效时起至合同生效时止的缔约过程中，缔约双方依法承担互守信用、谨慎注意、防止对方遭受损害的义务。缔约当事人违反了这种先合同义务时，就需要承担缔约过失责任。

（二）缔约当事人存在过错

缔约过失责任属于过错责任，只有在缔约当事人一方有过错时才会发生；如无过错，则无需承担责任。如果违反缔约义务的当事人主张自己没有过错，其应当负举证责任。

（三）违反先合同义务给对方当事人造成了损失

当事人承担缔约过失责任，应当以损害事实的存在为成立要件。这种损失是因缔约当事人一方过失违反缔约义务的行为给缔约相对人一方造成的，主要表现为与缔约有关的费用的支出，如订立合同的各种花费，准备履行合同所支出的费用等。

前述准空姐诉某航空公司一案中，法院经审理确认航空公司进行空乘招聘的事实存在，8 名原告对于已被航空公司录用的事实形成合理信赖。应聘者基于合理信赖从事相应的行为导致损失的，招聘单位应对该损失承担赔偿责任。尽管聘用合同与一般的民事合同有不同之处，但合同当事人在签订合同的过程中均应遵从诚实信用原则，因此应当参照《民法典》第 500 条判令被告承担缔约过失责任。

三、缔约过失责任与其他相关责任的区别

缔约过失责任是既不同于普通的侵权责任，也不同于违约责任的一种特殊的责任。它的出现就是为了解决普通的侵权责任和违约责任均不能解决的损害赔偿问题。[1]

（一）缔约过失责任与违约责任的区别

1. 二者的产生基础不同。缔约过失责任产生于订立合同的阶段，是基于订立合同中的过失产生的，是违反先合同义务的结果；违约责任产生于合同成立之后，是基于有效的合同产生的，是违反合同义务的结果。

2. 二者的性质不同。缔约过失责任是一种法定责任，当事人不能对其加以约定；违约责任具有约定性，当事人可以就违约责任的一些具体问题通过协商的方式进行变更。

3. 二者的主观要件不同。缔约过失属于过错责任，若无过错，则无需承担责任；我国的违约责任以无过错责任为原则，过错责任为例外。只有法律明文规定违约责任适用过错要件时，守约方才需要证明违约方的违约行为具有过错。

4. 二者的责任承担方式不同。缔约过失责任的承担方式只限于赔偿损失，不包括其他责任形式；违约责任的承担方式除赔偿损失外，还包括支付违约金、继续履行合同以及其他补救措施等方式。

（二）缔约过失责任与侵权责任的区别

1. 二者的产生基础不同。缔约过失责任产生于为缔结合同而互相接触并且产生信赖关系的当事人之间，是违反基于诚实信用原则的积极注意义务而

---

[1] 缔约过程中的当事人之间的注意义务比一般人之间的注意义务要求更高，侵权法上的"注意义务"不能完全涵盖缔约过程中当事人的"注意义务"，因此侵权责任并不能完全解决缔约过失责任的问题；而合同成立、生效前，当事人也无法基于合同主张违约责任，因此缔约过失责任的出现就是为了解决普通的侵权责任和违约责任均不能解决的损害赔偿问题。参见李永军：《合同法》，中国人民大学出版社 2021 年版，第 67~70 页。

产生的责任，同时，当事人一方因此种信赖关系而遭受了损失；侵权责任的发生不需要当事人之间存在信赖关系，当事人违反的是不得侵害他人财产或人身的一般义务。

2. 二者的责任方式不同。缔约过失责任的承担方式只限于赔偿损失；侵权责任除赔偿责任外，还包括其他责任形式，如停止侵害、赔礼道歉、消除影响等。

3. 二者的归责原则不同。缔约过失责任仅适用过错责任原则；侵权责任既适用过错责任原则，也适用无过错责任原则。

第 三 章

合同的效力

【本章提要】合同的效力，即已成立的合同所产生的法律后果。其狭义的概念指依法成立的合同所产生的法律拘束力。因此，合同的效力状态实际上反映的是法律对当事人之间的合意的评价。依据已成立的合同对生效要件的不同满足程度，合同的效力状态可分为四种：合同生效；合同无效；合同效力待定；合同效力可撤销。对确定合同效力状态的条件的宽严把握，体现着合同法的平等、公平、诚实信用及鼓励交易等原则，以及对社会公共利益、国家利益和第三人利益的保护。

第一节　合同的效力概述

【问题】区别合同成立与合同生效的意义何在？

一、合同效力的概念

合同效力的概念有广义与狭义之分，广义的概念是指已成立的合同所产生的法律后果；狭义的概念是指依法成立的合同在当事人各方之间产生的法律拘束力。不同场合下，上述广义和狭义的概念在学理上均被使用。《民法典》合同编中专章规定的"合同的效力"使用了广义的合同效力概念，其包含四种状态：合同生效、合同无效、合同效力待定、合同效力可撤销。但一般情形下使用的是合同效力的狭义概念。甚至有些学者认为，合同的效力仅指合同在依法成立后所应当产生的法律拘束力。[1]本书中如无特指，依惯例采其狭义概念。

广义的合同的效力状态反映了法律对当事人之间合意的评价，即是否允许以及在多大程度上允许依当事人意思表示一致的内容在当事人之间产生法律拘束力，取决于当事人的合意是否以及在多大程度上符合法定的条件。

二、合同效力的内容

合同的效力体现在合同对当事人各方的拘束力上。在法律有特别规定的

---

〔1〕　参见王利明：《合同法研究（第1卷）》，中国人民大学出版社2018年版，第527～528页。

情况下，还体现在对合同以外的第三人的拘束力上。合同生效后，当事人根据合同享有相应的权利，履行相应的义务。根据合同的相对性原则，合同的权利人一般只能向特定的合同义务人行使权利，而不能请求第三人履行合同上的义务。特殊情形下，合同的效力也可以约束合同以外的第三人，这种合同相对性的例外情形被称为合同效力的扩张，但这种扩张的合同效力只有在法律有明确规定的情形下才发生。在法无明文规定的情况下，仅依当事人的约定不产生对第三人的拘束力。

合同对当事人的拘束力体现在两个方面：①当事人享有依法律规定和合同约定产生的权利，并受法律的保护。合同的权利包括请求给付的权利、接受给付的权利、抗辩权、代位权、撤销权、处分债权的权利、在一方违约时获得救济的权利等。②当事人负有全面适当履行合同的义务，不得擅自变更或解除合同。违反合同义务的当事人应当承担违约责任。

特殊情况下，合同的效力也可以约束合同以外的第三人。具体体现在：①真正的利益第三人合同。法律规定或者当事人约定第三人可以直接请求债务人向其履行债务，第三人未在合理期限内明确拒绝，债务人未向第三人履行债务或者履行债务不符合约定的，第三人可以请求债务人承担违约责任。②在合同债权人行使撤销权或代位权时，合同对第三人发生效力。撤销权是指债权人对债务人滥用其财产处分权而损害债权人债权的行为，请求法院予以撤销的权利；代位权是指债务人怠于行使其债权而对债权人造成损害时，债权人以自己的名义代债务人行使其债权的权利。除此之外还包括，当合同债权受到第三人侵害时，债权人请求排除妨害并要求赔偿损失的权利。③第三人在合同的履行过程中非法干预债权，或者恶意串通损害债权人的利益等情况发生时，合同当事人可以依法排除第三人对合同权利的不法侵害。

三、合同成立与合同生效

合同成立与合同生效是两个既有联系又有区别的概念。二者的联系表现在：当事人订立合同，目的在于实现基于合同产生的权利和利益。要达到这一目的，就要使合同发生效力。合同的成立是合同生效的前提，只有合同成立了，才可以谈及合同的效力问题。合同成立解决的是合同存在与否的事实问题，而合同成立后是否发生效力则是法律价值的判断问题。原则上，合同自成立时生效。

合同成立与合同生效的区别主要表现在以下几个方面：

（一）性质不同

合同成立是指合同订立过程的完成，当事人通过协商就合同的主要条款达成合意，合同即成立。而合同生效是指合同符合法律的规定，从而产生法律拘束力。合同成立之后，是否发生效力取决于法律对当事人合意的评价。如果合同不符合法律规定的生效要件，则合同不能发生法律效力。合同成立与否主要体现当事人的意志，体现了合同自由原则，以当事人的合意为基础。合同的生效与否则表明法律对合同关系肯定或否定的评价，反映的是国家对合同关系的干预，以法律规定为基础。

（二）要件不同

合同成立与否主要取决于当事人的意志，只要当事人就合同的主要条款意思表示一致，合同即告成立。合同的生效以合同的成立为前提，除了当事人之间达成合意以外，还应当符合法律规定的生效要件，即合同当事人需要具有相应的民事行为能力，意思表示真实，不违反法律或者社会公共利益等。此外，合同生效有时还须满足法律规定的形式要件。

（三）法律后果不同

合同成立与否主要取决于当事人之间是否存在合意，因此，合同不成立只能产生缔约过失责任、返还不当得利等民事责任。而合同的无效是由于其违反了相应的法律规定，不仅会产生民事责任，还可能引起行政责任或者刑事责任。

（四）解释方法和意义不同

在合同的条款有遗漏或者不清楚的情况下，如果当事人已经就合同的主要条款达成了协议，法院仍可以认为合同已经成立，并依解释规则补充合同的遗漏，确定合同内容。但是如果合同的内容不符合法律规定的生效要件，就意味着当事人的意志不符合法律的规定，法院无权通过合同解释的方法使其有效，只能依法认定其无效。

第二节　合同效力的四种状态

【问题】区分无效合同与可撤销合同及效力待定合同有何意义？

【例1】

某银行诉借款人及保证人

某银行因某个购房贷款合同的借款人未依借款合同偿还到期贷款，保证人也未依担保合同承担担保责任，将借款人和保证人诉至法院，请求法院判令借款人清偿所欠贷款本息，并承担约定的违约责任；请求判令保证人承担连带清偿责任。保证人辩称：因借款人是外国人，该银行违反中国人民银行发布的《贷款通则》的规定[1]与外国人订立的借款合同无效，作为借款合同的从合同，保证合同也因此无效，保证人不应承担担保责任。一审法院查明：银行与借款人之间的借款合同、抵押担保合同以及银行与保证人之间的保证合同真实；借款人确具有外国国籍，但其使用了伪造的身份证，以中国自然人身份与银行订立了借款合同。

问题：银行违反部门规章是否会导致贷款合同无效？借款人使用虚假身份证与银行订立的合同是否绝对无效？

【例2】

奥斯卡雀麦股份公司诉威廉 (1957)[2]

被告卖给原告公司一辆汽车，在汽车出售前他告诉原告公司的代表，该车为1948年生产的莫利斯牌汽车，并出示了该车于1948年首次注册的注册证书，但实际上该车是被告的母亲于1948年基于误解而购买的二手车，该车事实上生产于1938年，而注册证也是他人伪造的，因此被告也并不知情。后双方涉诉。

问题：被告人是否具有欺诈故意？

【例3】

帕特森诉沃克·托马斯家具公司 (1971)[3]

1968年，帕特森太太从沃克·托马斯家具公司购买了数件商品，包括电视机、吃饭间里用的小型家具等，全部商品总价值为597.25美元。在以分期付款的方式向该店支付了248.40美元后，帕特森没有继续付款。于是，家具公司向法院起诉。帕特森在答辩状中声称，她所支付的款项已经超过了她从该商店购买的商品的公平价值，这些商品的定价实在是太高，使这些合同的条件显失公平。因此，这些合同不应得到强制执行。

初审法院判被告败诉。其理由是，该司法管辖区从未支持过单纯以价格过高为理由主张合同显失公平的辩护。帕特森太太不服，提起上诉。

问题：帕特森与沃克·托马斯家具公司之间的合同是否显失公平？

---

[1] 《贷款通则》由中国人民银行于1996年6月28日发布，其中第17条第1款规定："借款人应当是经工商行政管理机关（或主管机关）核准登记的企（事）业法人、其他经济组织、个体工商户或具有中华人民共和国国籍的具有完全民事行为能力的自然人。"

[2] 参见董安生等编译：《英国商法》，法律出版社1991年版，第108页。

[3] 参见王军编著：《美国合同法判例选评》，中国政法大学出版社1995年版，第124页。

【例4】

张某诉北京誉满家科技发展公司[1]

2015 年 3 月 17 日，张某通过淘宝账号在誉满家公司于天猫商城开设的"誉满家电器专营店"在线购买了 3 台索尼超高清智能液晶电视机，单价为人民币 3199 元，并于同日以在线支付方式将货款 9597 元（含运费 0 元）付至誉满家公司的支付宝账户，付款后页面提示"预计 3 月 20 日送达"。次日，张某在线提醒卖家发货，誉满家公司通过淘宝旺旺表示电视机单价过低系其电子数据输入错误，并回复"如需配送请补邮费 9 万元"，张某对此不予认可。誉满家公司拒绝继续履行合同，张某遂提起诉讼。

问题：誉满家公司可否依据显失公平请求撤销合同？

一、合同生效

合同生效，是指已经成立的合同在具备了法律所规定的生效要件时产生法律效力的一种状态。合同生效需要具备的法定要件可分为一般要件和特殊要件。合同生效的一般要件是指合同发生效力普遍应具备的要件。合同生效的特殊要件是指合同生效除需满足一般有效要件外，还需要具备的法律特别规定或当事人特殊约定的要件。

（一）合同生效的一般要件

我国《民法典》总则编规定了民事法律行为生效的基本要件。民事法律行为的基本要件为：①行为人具有相应的民事行为能力；②意思表示真实；③不违反法律、行政法规的强制性规定，不违背公序良俗。由于订立合同属于民事法律行为，当然应当具备民事法律行为的一般条件：

1. 签约的合同当事人须具有相应的缔约能力。合同系典型的法律行为，因此订立合同要求当事人具有相应的权利能力和行为能力。以下对自然人和法人的缔约能力分别进行讨论：

（1）自然人的缔约能力。法律之所以对于自然人的缔约能力加以限制，要求订立合同的自然人必须具有相应的民事行为能力，一方面是为了保护无民事行为能力人和限制民事行为能力人的利益，另一方面也是基于保障交易安全、维护社会经济秩序的需要。

根据民事行为能力的不同状态，《民法典》将自然人区分为完全民事行为

---

[1]　参见国家法官学院案例开发研究中心编：《中国法院 2017 年度案例（买卖合同纠纷）》，中国法制出版社 2017 年版，第 80 页。裁判书案号：广东省东莞市第一人民法院（2015）东一法东民二初字第 588 号民事判决书。

能力人、限制民事行为能力人和无民事行为能力人三种。当事人在订立合同时，应当能够正确理解自己行为的性质，能够预料到行为可能带来的后果，因此完全民事行为能力人具有完全的缔约能力，法律对其不予限制。限制民事行为能力人可以成为订立合同的主体，但只能订立与其年龄、智力、精神健康状况相适应的合同或者纯获利益的合同，而订立其他合同，须由法定代理人代理或者征得法定代理人的同意。无民事行为能力人不具备缔约能力，须由法定代理人代理实施民事法律行为，因此其订立的合同应属无效。

（2）法人的缔约能力。法人是具有民事权利能力和民事行为能力，依法独立享有民事权利并承担民事义务的组织。法人的缔约能力受其经营范围限制。尽管法律规定企业法人应当在核准登记的经营范围内从事经营活动，但是法人超越其经营范围而订立的合同并非当然无效。从立法目的上看，法律上要求企业法人在核准的经营范围内从事经营活动，主要有两方面的原因：①经营范围是由企业法人的投资人在企业的章程中确定的，是全体投资人意志的体现，因此要求企业法人在其核准登记的经营范围内从事经营活动是为了保护投资人的利益；②从国家对经济的管理、调控角度看，企业法人并非可以任意确定其经营范围，法律、法规规定了国家限制经营、特许经营以及禁止经营的领域。从前一个立法目的中，显然不能得出超越经营范围订立的合同均属无效的结论。超越经营范围订立合同有可能损害企业法人的投资人的利益，受到损害的投资人只能请求致害人——企业法人中的相关责任人承担责任，而不能请求宣告合同无效而损害第三人的利益。后一个立法目的才是超越经营范围订立的合同被宣告无效的直接原因，即其违反了国家法律、行政法规的强制性规定。因此，当事人超越经营范围订立的合同的效力，应当依照相应规定进行判断，不得仅以超越经营范围确认合同无效。

（3）非法人组织的缔约能力。非法人组织是指不具备法人资格，但是能够依法以自己的名义从事民事活动的组织，包括依法登记取得经营资格的合伙企业、个人独资企业、不具有法人资格的专业服务机构等组织。尽管这些非法人组织不具备独立法律人格，但只要其依法领取营业执照，其仍具有缔约能力，不同之处在于非法人组织不能独立承担民事责任。

2. 意思表示真实。当事人意思表示真实是合同生效的重要构成要件。意思表示是指行为人将其设立、变更、终止民事权利义务的内在意思通过可被认知的方式表达于外的行为；意思表示真实则是指订约者的意思表示与其真实的内在意思一致，并且其意思完全是基于自己的正确认识自愿形成的，未受到他人的不法干预或者不当影响。由于合同在本质上就是当事人的合意，所以是否真正形成合意是考察合同效力至关重要的条件。判断当事人的意思表示是否真实，不能仅以行为人表示于外的意思为根据，因为行为人有可能因胁迫、欺诈、不利地位被利用等而不能表达真实的内心意思。关于判断意思表示是否真实的标准，我国采用客观主义标准，除当事人的意思表示是在他人欺诈或胁迫或存在重大误解的情况下作出的之外，其余均认定为意思表示真实。

3. 不违反法律、行政法规的强制性规定，不违背公序良俗。强制性规范是当事人必须遵守的规范，不允许当事人协议改变。违反强制性规范会导致合同无效或不生效。需要特别强调的是，违反法律、行政法规并非泛指违反所有规范性文件，而是仅指违反全国人大及全国人大常委会所制定的法律和国务院制定的行政法规，违反地方性法规、行政规章并不会导致合同无效。有必要说明的是，并非所有法律、行政法规的条款都会影响合同的效力，只有违反效力性强制性规范才会导致合同无效。此外，部分条款违反法律、行政法规只会导致部分条款无效，并不影响其他条款的效力。

（二）合同生效的特殊要件

有些合同虽然已经成立，但是尚未生效，该合同的生效还须具备一些特殊条件，这些特殊条件即合同生效的特殊条件。这些条件既有法律规定的，也有当事人约定的。

法律规定应当具备特殊生效要件的合同，主要包括办理批准、登记手续后才生效的合同和实践合同。法律规定应当办理批准、登记手续的合同，在办理法定手续后生效。此外，在实践合同中，交付标的物为合同生效要件。

当事人约定应当具备特殊生效要件的合同，主要包括附条件的合同以及附期限的合同。附条件合同是指当事人在合同中特别规定一定的条件，以条件是否成就来决定合同效力的发生或消灭的合同。附生效条件的合同，自条件成就时生效。附解除条件的合同，自条件成就时失效。附期限合同是指当事人在合同中设定一定的期限，并以此决定合同效力的发生或消灭的合同。附生效期限的合同，自期限届至时生效。附终止期限的合同，自期限届满时失效。

二、无效合同

（一）无效合同的概念

无效合同，是指已经成立，但因违反法律、行政法规的强制性规定，或其内容违背了公序良俗而被认定为不具有法律约束力的合同。

（二）无效合同的法律特征

1. 无效合同是已经成立的合同。如前所述，合同已成立是合同产生法律拘束力的前提，未成立的合同则谈不上依法判定其效力的问题。但合同无效与合同未生效不同，尽管二者的前提都是合同已成立，但合同未生效只是一种暂时状态，而不是对合同的最终法律判断，因此当合同未生效时，可以通过效力补正使合同生效；合同无效则是因为合同违法而当然无效、自始无效，不能补正。

2. 无效合同是不产生法律约束力的合同。当事人无法通过无效合同产生其所期待的法律后果。但是无效合同仍会产生一定的法律效力，当合同被确认无效后，同样会产生债的关系，如赔偿损失、返还财产等责任，这些债的关系不因合同无效而消灭。

3. 无效合同是自始无效的合同。合同之所以被确认为无效，是因为它违反了法律、行政法规的强制性规定或者损害了社会公共利益。合法性要求和保护社会公共利益的要求是对当事人意思自治的限制。合同一旦被确认为无效，将产生溯及力，使合同从订立时起就不具有法律约束力，已经履行的无效合同，应当采取返还财产、赔偿损失等措施使当事人的财产恢复到合同订立前的状态。但继续性合同的特性使其在履行后往往无法恢复原状，因此该类合同被确认无效应当向将来发生效力，不溯及既往。

4. 无效合同是当然无效的合同。无效合同是当然不能发生效力的合同。对于无效合同，任何人都可以主张其无效。[1] 即使当事人不主张，法院在处理合同纠纷时，也应依职权主动审查，在合同符合法定无效的要件时宣告合同无效。但是，合同无效并不一定是全部无效，如果无效的原因仅存在于合同的一部分，而该部分无效又不影响其余部分时，其余部分仍然有效。

（三）无效合同的类型

无效合同主要有以下几种类型：

1. 无民事行为能力人订立的合同。无民事行为能力人不具有缔约能力，因此其订立的合同当然无效。

2. 当事人以虚假的意思表示订立的合同。虚假意思表示，是指当事人之间串通，实际上并无意受所订之合同约束的行为。既然当事人并无意受其约束，合同自然不应受到法律的保护。但需要注意的是，被隐藏的民事法律行为的效力应当依照有关法律规定处理。如对"阴阳合同"进行效力判断时，

---

〔1〕 有学者认为，违法合同的当事人在客观情况于己不利的情况下，违反诚实信用原则，主动承认自己违法，并主张合同因违法而无效，属"恶意抗辩"，不应予以支持。在有些情况下，不应允许违法合同当事人主张合同无效。参见王利明：《合同法研究（第1卷）》，中国人民大学出版社2018年版，第611~612页。

应当区分对待：当事人虽在形式上成立了合同，但由于双方意思表示均不真实，因而无效。如甲赠与乙一辆汽车，为了防止被他人嫉妒，双方在形式上订立买卖合同，此时买卖合同并非当事人的真实意思表示，属于通谋虚伪行为，故买卖合同无效；赠与合同作为被隐藏的法律行为也并非当然有效，而是需要依据合同的效力要件作出判断。

3. 恶意串通、损害他人合法权益的合同。恶意串通，是指合同当事人在明知或者应当知晓某种行为将会对他人合法权益造成损害的情况下故意订立合同的行为。恶意串通的构成要件包括：①当事人在主观上具有恶意。恶意串通行为的当事人在主观上表现为故意，而且是双方当事人皆具有故意，即当事人都有牟取非法利益的意愿，从而对于损害他人合法权益的后果持积极追求的态度。任一当事人过失都不能构成恶意串通。②当事人之间互相串通。所谓串通，是指当事人之间为实现共同的非法目的，通过相互串联沟通，使当事人之间在行为的动机、目的以及结果上达成一致。③合同的履行产生损害他人合法权益的后果。为最大限度保护第三方合法权益，法律对恶意串通致第三人利益受损的合同作出了负面评价，即判定该类合同无效。

4. 违反法律、行政法规的强制性规定的民事法律行为无效。需要注意的是，应当区分法律法规中的效力性强制性规定和管理性强制性规定对合同效力的不同影响，只有违反效力性强制性规定才会导致合同无效。至于效力性强制性规范的认定，应从法律、法规是否对效力有明确规定、是否涉及公共利益的侵害、是针对一方当事人行为还是针对双方当事人的行为方式、是否存在例外情形的规定等方面进行综合判断。[1]

5. 违背公序良俗的民事法律行为无效。公序，是指公共秩序，即国家、社会的存在和发展所需要的一般秩序，一般包括国家利益、社会经济秩序、社会公共利益；良俗，是指善良风俗，即国家、社会的存在和发展所需要的一般道德，一般包括社会公德、商业道德、社会的良好风尚。违背公序良俗的民事法律行为无效，是社会主义核心价值观作为立法宗旨的重要体现之一。

---

〔1〕《九民纪要》对效力性强制性规范进行了类型化，第30条第2段规定，人民法院在审理合同纠纷案件时，要慎重判断"强制性规定"的性质，特别是要在考量强制性规定所保护的法益类型、违法行为的法律后果以及交易安全保护等因素的基础上认定其性质，并在裁判文书中充分说明理由。下列强制性规定，应当认定为"效力性强制性规定"：强制性规定涉及金融安全、市场秩序、国家宏观政策等公序良俗的；交易标的禁止买卖的，如禁止人体器官、毒品、枪支等买卖；违反特许经营规定的，如场外配资合同；交易方式严重违法的，如违反招投标等竞争性缔约方式订立的合同；交易场所违法的，如在批准的交易场所之外进行期货交易。关于经营范围、交易时间、交易数量等行政管理性质的强制性规定，一般应当认定为"管理性强制性规定"。

前述某银行诉借款人及保证人案中，即使银行明知借款人是不具有中国国籍的自然人而仍与其订立借款合同，也只是因为违反了《贷款通则》而应依该通则受到相应的行业内的处理，并不能因此认定借款合同无效。因为确认合同无效的依据只能是法律、行政法规，而《贷款通则》属于中国人民银行发布的部门规章，所以法院不能因为合同违反了该规章而确认其为无效。

6. 免责条款无效。免责条款是指当事人以协议排除或者限制其未来责任的合同条款。根据民法和合同法的基本原则——自愿原则，当事人自愿承担不利后果或抛弃自己的利益是其自由，法律原则上不予干涉。但是，为了保护弱者的利益，维护诚实信用原则，尽量避免和减少损害，法律一般会禁止或限制当事人预先免除责任，即禁止或限制的一般只是当事人预先对未来的责任的免除，而当事人在损害发生后免除责任的表示，法律一般不予干涉。之所以如此，主要是考虑到当事人在订立合同时所处的地位及交易双方对未来风险的预测能力的实际差别，给弱势一方当事人提供更充分的保护。至于事后的免责，即在危险和损害已经发生的情况下，若受到损害的一方当事人自愿放弃对责任方的追究，法律通常不予干涉。

《民法典》第506条规定了两类无效的免责条款：①免除造成对方人身伤害的责任的条款无效。这一规定体现了法律对人身权的特别保护，是对人的生命和健康的不同于财产的特别尊重。②免除因故意或者重大过失造成对方财产损失的责任的条款无效。显然，法律对财产权与对人身权的保护态度有所不同，对于财产权，法律只是不允许当事人预先约定免除一方因"故意"或者"重大过失"而给对方造成的损失。

上述规定是无效的免责条款的基本类型，但无效的免责条款并不仅限于这两种情形。如果免责条款以格式条款的方式定入合同，则还要受到法律对于格式条款的特别规制。

7. 格式条款中的无效条款。法律对以格式条款形式表现出来的免责条款持有更严格的态度。因此在具体适用时，应首先区分免责条款是格式条款还是当事人双方自由协商确定的条款。相较于一般条款，格式条款无效的特别情形有：①提供格式条款一方不合理地免除或者减轻其责任、加重对方责任、限制对方主要权利；②提供格式条款一方排除对方主要权利。同时，需要特别指出的是，提供格式条款的一方负有采取合理方式提示缔约方注意免除或减轻其责任等与对方有重大利害关系的条款并进行说明的义务，由于未履行该义务导致缔约方没有注意或者理解条款内容的，缔约方可以主张该条款不构成合同的内容，无需进行条款效力的判断。

在其他民事特别法中，也有规制格式条款的规定。如《海商法》第126

条规定，海上旅客运输合同中含有下列内容之一的条款无效：①免除承运人对旅客应当承担的法定责任；②降低《海商法》第五章规定的承运人责任限额；③对《海商法》第五章规定的举证责任作出相反的规定；④限制旅客提出赔偿请求的权利。又如《消费者权益保护法》第 26 条第 2、3 款规定："经营者不得以格式条款、通知、声明、店堂告示等方式，作出排除或者限制消费者权利、减轻或者免除经营者责任、加重消费者责任等对消费者不公平、不合理的规定，不得利用格式条款并借助技术手段强制交易。格式条款、通知、声明、店堂告示等含有前款所列内容的，其内容无效。"此外，《劳动法》《商业银行法》《保险法》《民用航空法》等，对其所调整的交易领域中的格式条款合同问题也作出了规定。

（四）无效合同的法律后果

合同被确认无效后，合同自始无效，即自合同成立时起无效。当事人应当依法承担以下责任：

1. 返还财产。合同当事人在合同被确认无效前已经履行或部分履行的，受领给付的人有返还财产的义务。返还财产旨在使财产关系恢复到订约前的状态，无论接受财产的一方有无过错，均应返还。财产为特定物的，应原物返还；原物有孳息的，还应当返还孳息。当财产不能返还或者没有必要返还时，应当折价赔偿。

2. 赔偿损失。合同被确认无效后，有过错的一方给对方当事人造成损失的，应当承担损害赔偿的责任。这种损害赔偿必须符合以下条件：①当事人因合同无效而实际遭受损失；②赔偿义务人有过错；③损失与过错之间有因果关系。

三、可撤销合同

（一）可撤销合同的概念

可撤销合同，是指合同虽已经成立，但是由于存在着法定的可撤销因素，经一方当事人请求，法院或者仲裁机构确认后予以撤销的合同。合同在被撤销后，当事人之间的合同法律关系自始归于消灭。当事人一方有权请求人民法院或者仲裁机构撤销的合同包括：①因重大误解订立的合同；②以欺诈手段订立的合同；③以胁迫手段订立的合同；④显失公平的合同。

（二）可撤销合同的特征

1. 可撤销合同已经成立，但是缺乏法定的有效要件。有效要件的缺乏，主要体现在当事人的意思表示存在瑕疵，即当事人的意思表示不自由或不真实，如重大误解，显失公平，欺诈、胁迫等。由于因当事人意思表示不真实而订立的合同只涉及当事人的利益，在不涉及合同合法性以及社会公共利益的情况下，为了鼓励交易，体现意思自治原则，法律并不直接否认其效力，而是赋予当事人撤销权。

2. 可撤销合同在撤销之前为有效合同。可撤销合同自成立之时起就发生效力，只是因为存在可以撤销的事由，经撤销后才自始无效。如果撤销权人在规定时间内不行使撤销权，合同仍有效。

3. 可撤销合同的撤销应通过权利人主动行使相应权利而实现。可撤销合同的缺陷是当事人的意思表示不真实，因此当事人可以自愿选择是否承受该行为的后果。根据意思自治原则，法院没有必要对此进行主动干涉。如果当事人不主张撤销，法院不得主动撤销。

可撤销合同与无效合同的区别主要在于：可撤销合同由意思表示不真实引起，法律允许当事人自己决定是否主张撤销；而无效合同是由违反法律强制性规定或者社会公共利益导致的，因其行为具有明显的违法性，法院可以依职权主动宣告合同无效。另外，可撤销合同在被撤销前是已经生效的合同，撤销权的行使必须在法定的期限之内，一旦经过法定期限，撤销权将自动消灭，合同也就成为有效合同；而在无效合同中，因其违法因素一直延续，因而主张合同无效不受诉讼时效限制。[1]

可撤销合同与效力待定合同的区别在于：效力待定合同实际上是未发生效力的合同，在经权利人承认后，才能转化为有效合同；而可撤销合同属于具有不完全效力的合同，它可能继续保持合同效力，也可能转化为无效合同。此外，效力待定合同中权利人行使的是追认权，一旦被追认，效力待定合同就成为合法有效的合同；可撤销合同中权利人行使的是撤销权，一旦撤销，可撤销合同就自始无效。

（三）可撤销合同的类型

1. 重大误解的合同。重大误解的合同，是指行为人因对合同的重要内容产生错误认识而使意思与表示不一致的合同，即合同当事人对决定合同所设定的权利义务的重要事项在认识上存在着明显缺陷，进而严重影响到该当事人所期待的合同权利义务，甚至不能实现缔约目的。此种误解影响当事人意思表示的真实性，并影响到合同成立及其效力。

因重大误解而订立的合同，应当符合以下条件：①当事人对合同的内容发生了重大误解。重大误解应当是指对涉及合同效果的主要事项发生了错误

---

〔1〕 对于请求确认合同无效是否适用诉讼时效，学理上尚有争议。参见王利明：《合同法研究（第 1 卷）》，中国人民大学出版社 2018 年版，第 663~666 页。

认识，从而导致误解人受到重大损失。一般认为，行为人因对行为的性质、对方当事人、标的物的品种、质量、规格和数量等的错误认识，使行为的后果与自己的意思相悖并造成较大损失的，可以认定为重大误解。而对于合同中的非主要事项产生误解，且不影响当事人的主要权利义务的，不构成重大误解。②当事人因误解作出了意思表示。重大误解必须以意思表示为前提，即当事人的重大误解与其作出的意思表示之间存在着因果关系，当事人正是由于错误的认识，才作出了与其真实意思不符的意思表示。③误解是由于误解方自己的过失造成的。在重大误解之中，误解的原因在于误解方自己的过失，而非合同相对方或者第三人的责任；如果造成误解的原因为他人对其进行欺骗或者不正当影响，则应当构成欺诈或胁迫等。

2. 显失公平的合同。显失公平的合同是指，一方当事人利用对方的危困状态或者缺乏判断力等不利地位订立合同，致使双方的权利义务明显违反公平、等价有偿原则的情形。

显失公平的构成要件有三：①双方当事人在合同中的权利义务明显不公平。②造成显失公平的原因是受害人在订立合同时处于显著不利的地位，如危困状态以及缺乏判断力的情形。由此可见，显失公平的衡量标准并非是单一的，即不以客观上当事人之间的利益是否严重失衡作为判断的唯一标准，而是辅之以造成利益失衡的原因。③是否显失公平应当根据订立合同时的情况判断。合同订立后，市场发生变化，致使合同当事人的权利义务不公平的，不属于可撤销的显失公平合同。

前述帕特森诉沃克·托马斯家具公司一案，法院认为，一定情况下的定价过高可以作为显失公平的一种因素在答辩中提出。然而，价格不合理只是证明存在显失公平的证据的诸种因素中的一种。该案中，该合同是否公平不能单纯通过考察有关价格的规定或者其他的合同条件来衡量，而应同时考虑上诉人在签订合同之时是否作了有意义的选择。上诉人并没有主张合同的其他条件显失公平，也没有提出她没有作出有意义的选择。显失公平的构成要件有两个，即未作出有意义的选择及合同的条件不合理地有利于另一方。在要求一个商人公布其定价政策之前，对于这两项条件的存在必须详细地加以说明。因此，该案初审法院的判决应得到确认。

显然，美国判例法也是从"原因"和"结果"两个方面确定显失公平的构成要件。其中的"原因"即当事人在订立合同时是否能够作出"有意义的选择"。如果当事人在订立合同之时处于显著的不利地位，则有可能无法作出"有意义的选择"。

而前述张某诉北京誉满家科技发展公司案中，对于网购合同中卖家以电子数据输入错误导致货品单价过低而主张显失公平，法院认为，网络销售这种非面对面的交易与传统的交易模式不同。在网络销售中，不乏由于促销活动，如特惠、打折或秒杀而产生的极为低价的商品，这也正是网购吸引消费者的原因之一。故不能仅以价格差距判断合同成立的合法性。本案中，被告以存在电子数据输入错误主张撤销合同于法无据，本案案情不符合显失公平的要件，即显失公平的原因是受害人在订立合同时处于显著不利的地位。本案中被告在电子数据输入错误后并未及时纠正并采取相关补救措施，产生的不利后果应由其自身承担。

广义上讲，欺诈、胁迫、重大误解等都有可能导致显失公平的后果，因此也可以说，欺诈、胁迫、重大误解是因，显失公平是果。从中也可以看出，可撤销合同的制度目的是使当事人有权撤销因意思表示不真实而造成的不公平的合同。但是，欺诈、胁迫、重大误解这些情形并不能完全涵盖所有导致显失公平的原因，因此，显失公平更像是一个兜底的规定，试图解决因其他原因导致的合同不公平的问题。

3. 以欺诈手段订立的合同。欺诈，是指一方当事人故意告知对方虚假情况，或者故意隐瞒真实情况，诱使对方当事人在违背真实意思的情况下实施民事法律行为的行为。因欺诈而订立的合同，是在受欺诈人因欺诈行为产生错误认识而作出意思表示的基础上产生的。

欺诈行为的构成要件通常包括：①欺诈行为人具有欺诈的主观故意，这是欺诈与误解的主要区别；②欺诈行为人客观上实施了欺诈的行为，即欺诈人故意陈述虚假事实或者故意隐瞒事实真相，使对方陷入错误认知；③欺诈的行为与合同的成立有因果关系，即受欺诈方是基于错误的认知而订立合同。

实施欺诈行为的人并不限于合同相对人，还可能是合同当事人以外的第三人。在第三人欺诈情形下，除上述构成要件外，还要求对方知道或者应当知道第三人的欺诈行为。在此举例作简单说明：丙使用诈术欺骗甲，使甲相信乙店有古董花瓶。甲因此与乙签订买卖合同，购买乙店普通花瓶一樽。如果乙知道或应当知道丙有欺诈行为，则甲可以援引《民法典》第149条主张撤销买卖合同；若否，甲不能主张自己因受欺诈而撤销合同。

前述奥斯卡雀麦股份公司诉威廉案中，法庭最终裁定：被告的陈述不构成合同条款，同时被告的错误陈述[1]也不是基于故意，因此原告无权请求赔偿。然而，我国对另一起与此案似乎有类似情形的案件却有着完全不同的认

---

[1] 欺诈在英美法系国家属于"错误陈述"中的一种情形，即欺诈性陈述。

定。在胡某诉某旧机动车经纪有限公司一案中，旧机动车经纪公司出售给胡某一辆汽车，并在合同中称该车产于 1990 年。后胡某发现，该车实际上产于 1988 年，遂将机动车经纪公司诉至法院，请求撤销汽车买卖合同，并要求经纪公司承担赔偿责任。机动车经纪公司辩称，该车是他们受让自原车主的，原车主声称该车产于 1990 年。因此，机动车公司也属受骗，因而没有欺诈胡某的故意，故不同意撤销合同，也不应承担赔偿责任。法院认为，机动车经纪公司是专业的二手机动车买卖公司，应当具有高于普通人识别交易的机动车的基本状况的能力，因此，其自称对该车的实际生产时间不知情的理由不充分，推定其在此次交易中有欺诈的故意。显然，上述两个案件在事实基本一样的情况下，对当事人是否存在欺诈故意的判断有着不同的标准。

4. 以胁迫手段订立的合同。胁迫，是指一方当事人或第三人对合同当事人施加威胁，使其产生恐惧，并违背真实意思与之订立合同的行为。

胁迫行为的构成要件包括：①行为人实施胁迫行为是出于故意。胁迫行为必须是故意实施的，过失不构成胁迫，即胁迫人意识到自己的行为将给对方造成心理上的恐惧而故意进行威胁，并希望通过胁迫使对方作出某种意思表示。②行为人有实施威胁的事实，包括以恐吓为手段，以将要发生的损害相威胁；以不法行为为手段，以直接面临的损害相威胁。③受胁迫方因受到胁迫而实施订立合同的行为，行为人实施威胁的行为与双方订立合同之间具有因果关系。

同以欺诈手段订立合同一样，实施胁迫行为的人并不限于合同相对人，还可能是合同当事人以外的第三人。但与第三人欺诈不同的是，在第三人实施胁迫的情况下，合同对方当事人无需知道或应当知道，只要导致对方违背真实意思作出缔约行为即可。

（四）撤销权的除斥期间

除斥期间是指法律对某种权利规定的存续期间。在除斥期间经过后，形成权消灭。形成权人可以依其单方意思而改变相对人的权利义务，因此应当将形成权人行使权利的时间限定在一段时间内，以降低不确定性对相对人的影响，也防止形成权人"躺在权利上睡觉"。撤销权作为形成权，自然也遵循以上规则。

除斥期间的时长与起算点视撤销原因的不同而有所不同：①当事人原则上应当自知道或者应当知道撤销事由之日起 1 年内行使撤销权，但需要注意的是，当事人受胁迫的，除斥期间的起算点为胁迫行为终止之日；②重大误解的当事人应当自知道或者应当知道撤销事由之日起 90 日内行使撤销权。

此外，当事人自民事法律行为发生之日起 5 年内没有行使撤销权的，撤销权消灭。

四、效力待定的合同

（一）效力待定合同的概念

效力待定合同，是指合同虽然已经成立，但因为欠缺合同生效要件，其能否发生效力尚未确定，有待于其他行为或者事实使其效力确定的合同。效力待定合同缺乏的要件并非合同有效的实质要件，可以通过一定的行为或事实予以补正。效力待定合同的效力既非完全无效，也非完全有效，而是处于一种效力不确定的中间状态。

效力待定合同与可撤销合同以及无效合同的区别在于：可撤销合同已经生效，在撤销权人行使撤销权之前对双方当事人具有法律约束力；撤销权人行使撤销权之后，合同归于无效，而且自始无效。无效合同已经成立，但是由于违反实质性的生效要件，因此不得生效，自始、确定地不能发生法律效力。效力待定合同是否能够发生效力处于不确定状态，取决于权利人的态度及相关事实。区分效力待定合同与无效合同的目的在于，使那些并非欠缺"实质性"要件的合同有机会通过补正生效，以鼓励交易，实现当事人的订约目的。

（二）效力待定合同的特征

1. 合同已经成立。效力待定合同是已经成立的合同，即当事人已经就合同的主要条款达成一致，而且合同的内容不违反法律的强制性规定和公序良俗。如果合同的内容违反法律的强制性规定或违背公序良俗，合同当事人或第三人均无权通过协商、追认使合同生效，合同会被确认为无效。例如，未成年人与他人订立的买卖毒品的协议，即使未成年人的法定代理人希望通过追认使合同生效而从中获利，该合同也因为其交易内容违反法律的禁止性规定而属无效。

2. 合同效力未定。效力待定合同成立以后，合同是否发生效力尚未确定，即合同既存在着发生效力的可能，也存在着不发生效力的可能。

3. 合同的效力取决于享有追认权、撤销权的人是否行使权利以及相关事实。确定效力待定合同的效力的法律事实有两类：一类是权利人的行为，另一类是相关的事实。其中，权利人的行为包括两种：一种是权利人行使追认权，即权利人事后承认限制行为能力人或者无权代理人所订立合同的效力；另一种是权利人行使撤销权，即与限制行为能力人或者无权代理人订立合同的另一方当事人，依法行使撤销合同的权利，但前提是须在追认权人承认合同的效力之前以通知的方式行使，而且撤销权人须为善意，即在订立合同时对对方的行为能力、代理权、处分权等事实不知情。一般认为，效力待定的合同订立后，某些特定事实可以补正其效力。此外，为避免效力待定合同的不确定状态不合理地持续而给相对人造成损失，相对人依法享有催告权和有条件的撤销权，即相对人在得知其与对方所签订的合同存在效力待定的事由以后，有权催促追认权人在一定期限内作出是否追认的表示，或者可以主张撤销合同。

（三）效力待定合同的类型

1. 限制民事行为能力人依法不能独立订立的合同。限制民事行为能力人是指 8 周岁以上的未成年人和不能完全辨认自己行为的成年人。限制民事行为能力人可以从事与其年龄、智力和健康状况相适应的民事活动，其可以独立订立的合同包括日常生活必需的合同与纯获利益的合同；而超出此范围之外订立合同的，需要经过其法定代理人的同意。未经法定代理人同意，限制民事行为能力人订立了依法不能独立订立的合同的，就产生了缔约资格上的瑕疵，该合同就属于效力待定的合同。

2. 无权代理人订立的合同。无权代理是指行为人不具有代理权而以他人的名义进行的代理行为。无权代理可以分为广义的无权代理和狭义的无权代理。狭义的无权代理是指无权代理人以被代理人的名义订立合同，该合同对被代理人不能发生有权代理的法律后果，而应当由无权代理人自己承担。广义的无权代理包括狭义的无权代理和表见代理，其中狭义的无权代理人所订立的合同属于效力待定的合同。无权代理主要存在三种形态：行为人没有代理权、超越代理权或者代理权终止后仍然实施代理行为。实施无权代理未获被代理人追认的，对被代理人不发生效力。相对人可以催告被代理人予以追认。被代理人未作表示的，视为拒绝追认。行为人实施的行为被追认前，善意相对人有撤销的权利。

第四章

合同的履行

【本章提要】合同履行制度是合同法的核心内容，依法成立并生效的合同是合同履行的前提，只有全面、适当地履行合同，才能实现合同当事人订立合同的目的。合同的担保制度、保全制度以及违约责任制度等，都是促使、保障合同履行的制度。合同履行除须遵循合同法确立的平等、公平、诚实信用等基本原则外，还要遵守适当履行、协作履行、经济合理等特别的履行原则。同时，合同法中还规定了一些履行规则（其中多数是任意性、补充性规范）作为合同履行的依据，并弥补合同本身的不确定内容，以最大限度地鼓励交易，减少合同争议，促使合同全面、适当履行。此外，合同履行抗辩权制度还为合同当事人提供了积极保护自身利益的手段。

第一节　合同的履行概述

【问题】合同履行具有哪些特征？

一、合同履行的概念

合同的履行，是指合同义务人严格依照合同的约定或法律的规定，全面、适当地履行其合同义务，使合同权利人的利益得以实现的行为。合同签订并生效后，双方当事人应当根据合同的约定享有权利、承担义务。对于当事人而言，合同的履行才是缔约的真正目的。

二、合同履行的特征

（一）合同的履行是合同的基本法律效力

合同履行是合同效力的集中体现和主要内容，是"契约必须严守"原则的基本要求。合同是双方当事人的合意，合同的履行是当事人尊重自己意思的表现，是当事人实现合同利益的基本途径。

（二）合同的履行是合同当事人所为的特定行为

当事人的履约行为是合同债权得以实现的一般条件，这也是债权与物权在实现方式上的基本区别。物权的实现方式是不特定人的不作为，而债权的实现方式是相对人的作为。履行合同的主体应当既包括债务人，也包括债权人。虽然履行行为的主体主要是合同债务人，但是履行行为也需要债权人的配合，因此合同的履行主体应当包括债权人与债务人。

（三）合同的履行应当是给付行为与给付结果的统一

债权的实现需要借助债务人积极的给付行为，因此合同的履行实际上就是债务人依约所为的给付行为。债务人实施给付行为的目的在于使债权人的债权得以实现，使债权人得到给付的结果。因此，合同的履行应当是给付行为与给付结果的统一。

（四）合同的履行是合同权利义务关系终止的一种原因

合同得到全面、适当履行，当事人订立合同的目的得以实现后，合同关系也因此正常消灭。合同的履行是合同权利义务关系消灭的正常原因。但合同的终止原因并非仅有履行一种，合同的解除、抵销、免除、混同等都可以导致合同的终止。因此，合同履行是合同终止的原因之一。

需要注意的是，作为合同权利义务关系终止的一种原因时，合同履行与债的清偿在一定程度上具有相同的意义。所谓债的清偿，是指依照合同约定实现债权目的的行为。合同履行后，其债权因目的实现而消灭，在此情况下清偿与履行的意义相同。但是二者还是有区别的：履行通常指履行债务的行为，不包括对行为结果的评价，其本身并不必然导致合同关系终止；而清偿是履行的结果，只有达到完全、适当履行的状态，合同目的可以完全实现时，履行才能构成清偿。因此，履行未必可以导致清偿的结果。

第二节　合同履行的原则

【问题】合同履行中的经济合理原则的意义何在？

【例1】

弗图诉伯德（1677）[1]

原告按照合同约定将货物送到被告指定的地点，但被告延迟了6个小时才到达其指定的交货地点。由于天气很热，原告的马驮着货物，长时间站在一个不合适的地方，很快就死掉了。原告为此请求被告赔偿损失。

问题：被告是否应赔偿原告因马死亡而受到的损失？

---

〔1〕　参见孔祥俊：《合同法教程》，中国人民公安大学出版社1999年版，第488～489页。

【例2】

马里库帕县诉沃而什公司、奥伯格建筑设计公司 (1972)[1]

原告曾雇用被告公司为其一座综合建筑制订建设计划和具体方案，被告公司将这一计划和方案交给了原告。此后，该建筑完成。该建筑工程包括在地下停车场上面铺设一块约400英尺长、200英尺宽、9～19英寸厚、用钢加固的水泥板块。被告提供的具体方案上写明，该板块是不透水的。该板块上铺设了人行道，种上了草坪，栽上了灌木，还放置了长凳，安装了照明设备。总之，这个地下停车场上面已经被绿化了。在这个水泥板块的夹层里，还装有铝制的管道，管道内是电路设备。

对该综合建筑进行验收后，原告发现该水泥板块的底层出现了裂缝，裂缝所在处恰恰是地下停车场的顶棚。这样会导致湿气渗漏到停车场。该工程的承包商为改变这种状况进行了几次尝试，但均未奏效。最后，该承包商拒绝对此承担责任。原告同时向该承包商和被告公司提起诉讼。

法院查明，造成裂缝的原因主要有两个：①被告公司指定的堵塞该裂缝的材料不能起到防止渗漏的作用；②被告公司起草的施工具体方案指定了一种掺入水泥的防水材料，但这种材料中含有的氧化钙腐蚀了铝制电路管道，使铝制管道的体积比原来膨胀了数倍。这种膨胀造成了水泥板块中的裂缝。证据表明，要绝对保证该地下停车场的顶棚不再发生渗漏，需把上面的设施全部搬走，然后在上面加一个防水层，再重新装设上面的绿化设施，为此原告预计需花费498 169美元，其中70%将被用来搬走及重建地下停车场上的绿化设施。此外，原告证明中的开支还包括在该水泥板块的底部安放接水盘、重新铺设电路系统、维修被损坏的车辆等，以及对该综合大楼使用年限可能会缩短而应给予的补偿，共计107 358美元。

问题：应如何确定违约赔偿的范围及确定方法？

合同履行除须遵循平等、公平、诚实信用等民法基本原则外，还要遵守适当履行、协作履行等特别履行原则。

一、适当履行原则

适当履行原则，又称为正确履行原则或者全面履行原则，是指当事人按照合同规定的标的及其质量、数量，由适当的主体在适当的履行期限、履行地点，以适当的履行方式，全面完成合同义务的履行原则。适当履行原则包

---

[1] 参见王军编著：《美国合同法判例选评》，中国政法大学出版社1995年版，第225～227页。

含以下要求：

1. 合同须全面履行。合同是双方当事人意思表示一致的产物，依法成立的合同在当事人之间已经产生法律效力，因此，当事人必须严格按照合同内容全面履行合同规定的义务，部分履行合同则可能导致违约责任的产生。

2. 当事人须适当履行。当事人应适当履行合同规定的全部义务，包括依合同约定或法定的质量、数量、履行方法、履行地点、履行期限等适当履行，也包括依合同约定的主体履行，即合同债务人应向合同债权人履行义务。除法律另有规定或者当事人另有约定外，不得由第三人代为履行或者接受履行，否则也会产生违约责任。

二、协作履行原则

协作履行原则，是指合同当事人应当本着协作、互助的精神履行合同义务，实现合同目的。合同履行不仅是债务人的义务，债权人对此也负有一定的义务。如果只有债务人为给付行为，而债权人不受领，合同目的将无法实现。因此，债务人实施给付行为也需要债权人的积极配合；只有双方当事人在合同履行过程中相互配合，相互协作，合同才能得到适当履行。

协作履行是诚实信用原则在合同履行方面的具体体现。协作履行原则的具体内容包括：

1. 债务人履行合同债务，债权人应当适当受领给付。如果债权人无正当理由拒绝受领债务人的给付，则标的物的毁损灭失等风险应当由债权人承担。

2. 债务人履行合同债务，需要债权人提供必要协助时，债权人应当按照债务人的要求创造必要的条件，为其履行提供方便。

3. 债务人因故不能履行或不能完全履行时，债权人应当积极采取措施来避免或减少损失，否则应当就扩大的损失自负其责。

4. 与债务履行相关的情况发生变化时，合同当事人应及时通知对方，对方也应当及时答复，共同协商。

前述弗图诉伯德（1677）一案中，法院驳回了原告的赔偿请求，理由是"让马站着是原告的蠢行"，因为他本来可以将马解开，或者将货物卸在任何地方。因此，即使在被告违约的情况下，由于原告没有积极采取措施避免或减少损失，因马死亡造成的损失应由其自负。

三、经济合理原则

经济合理原则是对当事人履行合同的行为在效益方面的要求。依据经济合理原则的要求，在履行合同义务过程中，各方当事人都应讲求经济效益，维护对方利益，以最小、最合理的成本实现最大的合同利益。市场经济中，理性经济人的假设认为，市场主体作为一个理性的人，其从事的行为就是为了追求自己利益的最大化；这一假设体现在合同履行原则中，即经济合理原则。经济合理原则主要体现在以下几个方面：

1. 就债务人履行债务方面而言，债务人履行债务的时候，应当讲求经济效益，充分维护自己及对方的利益。例如，在保管合同中，保管人发现入库仓储物发生变质或者其他损坏，危及其他仓储物的安全和正常保管的，应当催告存货人或者仓单持有人作出必要的处置。因情况紧急，保管人可以作出必要的处置；但是，事后应当将该情况及时通知存货人或者仓单持有人。

2. 就债务人选择履行方式、履行时间方面而言，债务人应当选择最经济合理、最有利于实现合同目的的方式来履行合同。特别是当合同中对债务履行方式、时间等没有约定或约定不明时，当事人应当综合考虑交易习惯等因素，选择最经济合理的履行时间或履行方式来履行合同。《民法典》第511条规定的法定履行方式、履行地点、履行期限等，都充分考虑到了经济、便利的因素。

3. 提存标的物制度。法律规定提存制度就是为了维护经济合理原则，保护债务人的合法利益，使其不因债权人不受领而遭受更多的经济损失。所以债务人提存标的物，应当符合经济合理原则，避免因提存不当造成更多社会资源的浪费。如标的物不适于提存或者提存费用过高的，债务人依法可以拍卖或者变卖标的物，提存所得的价款。

4. 违约的补救方式。《民法典》在规定承担违约责任的方式时，也同样考虑到了经济合理性。例如，当事人一方不履行非金钱债务或者履行非金钱债务不符合约定的，对方可以请求履行，但债务的标的不适于强制履行或者履行费用过高的除外。显然，在以继续履行作为违约补救方式时，如果"费用过高"，会造成经济上的极不合理，不仅对违约方有害，对社会资源也是一种浪费，因此在这种情况下可不适用强制履行方式。

前述马里库帕县诉沃而什公司、奥伯格建筑设计公司（1972）一案中，法院援引了美国1932年《合同法第一次重述》第346（1）条的规定："金钱赔偿的目的是使受损失的一方处于合同得到充分履行时他本来应处的地位。但这并不意味着他应切实地处于同样的特定地位……在许多情况下……在违约发生之后，完成的产品的价值比生产该产品的成本低。有时，不将一座已完成的建筑物拆掉并重新建筑，该建筑物中的瑕疵就无法得到切实的补救，支出这样的成本将是轻率和不合理的。法律并不要求以一种导致经济上的浪费的方式衡量损失。"如果使该建筑符合合同的规定会导致经济上的损失，计算损害赔偿金的依据应当是，合同规定的完成建筑的价值与实际建造该建筑的价值之间的差额，而不应把为使该建筑完全符合合同规定而支出的成本作为计算赔偿金的基础。尽管从审美的角度看，在地下车库的顶棚上加上电力管线的接水盘后，该车库可能不像计划所期待的那样美观。然而，为了把这个屋顶花园移走就要支出如此高昂的费用是不公正的，是经济上的浪费。相比车库的用途，美观上的缺陷就不是特别重要了。

5. 减损规则。减损规则是指，当事人一方违约后，对方应当采取适当措施防止损失的扩大；没有采取适当措施致使损失扩大的，不得就扩大的损失请求赔偿。减损规则的目的也是在于避免扩大的、不必要的损失。

四、情势变更原则

（一）情势变更的概念

情势变更，是指合同有效成立后，非因当事人双方的过错，合同赖以成立的客观环境或基础发生了当事人在订立合同时无法预见的、不属于商业风险的异常变化，使得合同如果履行会显失公平。

《民法典》没有对不可抗力和情势变更作特别区分，一方面是考虑到二者在多数情形下往往难以准确区分，例如无法准确断定"新冠肺炎"的发生究竟是不可抗力还是情势变更；另一方面，二者在适用上存在交叉关系，引起情势变更的原因可能是不可抗力，此时究竟是主张情势变更还是不可抗力，应当交由当事人自行选择，因此没有必要人为地进行区分。

（二）情势变更的构成要件

适用情势变更原则应符合以下条件：①合同订立时作为合同基础的情况发生异常变化；②该异常变化发生在合同成立以后，履行完毕以前；③发生的异常变化不可归责于合同当事人；④当事人不能预见到这种异常变化；⑤合同不能履行或继续履行会显失公平。

（三）情势变更的法律效果

1. 当事人的再协商义务。当合同赖以存在的客观基础发生变化时，基于诚实信用原则，当事人有义务与对方重新协商，根据情势的变化对原有的权利义务进行变更和调整。

2. 在合理期限内协商不成的，当事人可以请求人民法院或者仲裁机构变更或者解除合同，人民法院或者仲裁机构应当结合案件的实际情况，根据公平原则变更或者解除合同。

五、绿色原则

绿色原则，是指当事人在履行合同过程中，应当有利于节约资源、保护生态环境，避免浪费资源、污染环境和破坏生态的基本原则。绿色义务作为一种法定义务，即使是在当事人没有约定的情况下，也不得违反，如：在供电合同中，用电人负有安全、节约和计划用电的法定义务，用电人违反该义务，给供电人造成损失的，应当依法承担赔偿责任。

第三节　合同履行的规则

【问题】如何在合同履行中补充和解释约定不明的合同？

【例1】

"果仁张"食品部诉北京某食品厂[1]

1986年8月6日，某食品厂与"果仁张"签订了一份技术转让协议。协议约定："果仁张"向食品厂转让生产传统名小吃"果仁张"食品的技术，半年内先上两个系列，5~10个品种；协议生效后1个月内，"果仁张"将原料配方、工艺方法交给食品厂并派技术人员和技术顾问到食品厂进行生产指导；在指导生产期间，食品厂每月提供指导费和顾问费300元，免费为技术顾问提供三居室住房一套；"果仁张"在食品厂所在地区不再转让该技术；食品厂向"果仁张"支付技术转让费总计3.2万元，协议生效后先付1/3，其余2/3从销售额中按7%提取；食品厂对该生产技术予以保密；食品厂人员应认真执行食品配方和操作方法，不符合质量标准的食品不能使用"果仁张"食品的品牌包装。如有违反以上条款或任何一方终止协议，均应赔偿对方的经济损失；协议有效期为5年。

协议签订后，食品厂向"果仁张"支付了第一笔技术转让费1.1万元。"果仁张"派出技术顾问到食品厂进行生产前准备工作的指导，并派两名技术人员于1986年9月~1987年1月在食品厂传授生产技术。食品厂支付了同期技术指导费和顾问费共计1500元，并按协议约定提供了三居室住房一套。食品厂自1987年6月开始对外销售"果仁张"食品，但未按约定在食品销售后

---

〔1〕 参见国家科委政策法规司编：《科技案例评析（一）》，中国人民公安大学出版社1990年版，第56~59页。

支付其余部分技术转让费。在几次交涉未果的情况下，"果仁张"向法院起诉，要求食品厂支付所欠技术转让费2.1万元，顾问费5700元，并支付违约金，并要求食品厂停止使用该技术。

被告辩称："果仁张"未按协议约定转让、传授技术，仅传授了挂霜系列花生仁、蚕豆两个品种的生产技术，依据协议约定，还差一个系列、3~8个品种的生产技术未转让，按比例推算，已支付的1.1万元技术转让费已经超出所应承担的费用；并称"果仁张"始终未交任何技术资料和配方，派出的技术人员也不认真传授技术，还有将花生炒煳的现象。因此，不同意按协议约定的数额支付转让费。

问题：1. 原被告双方对合同中约定的"系列""品种"等名词有不同理解时，该如何进行解释？

2. 原告是否完全履行了其合同义务？

一、履行的主体

合同履行的主体是指合同中的债权人与债务人。当事人也可以约定债务由第三方履行。

（一）合同原则上应当由债务人向债权人履行

合同是当事人意思自治的产物，而意思自治的范围是有边界的，当事人只能处置自己的事务而不能随意干涉他人的事务，因此合同原则上只能约束合同当事人，合同原则上应当由债务人向债权人履行。

（二）例外情况下合同也可以由第三人履行

1. 当事人可以约定由第三人代为履行合同义务。需要注意的是，当第三人不履行债务或者履行债务不符合约定时，仍由债务人向债权人承担违约责任。

2. 当事人没有约定第三人代为履行的情形下，也并不意味着第三人毫无履行可能性。若第三人代债权人履行合同义务，此时债权人的债权可以获得清偿，且通常情况下不会因此遭受不利益，法律也不禁止第三人代为履行。但第三人代为履行是在未经合同当事人同意的情况下直接介入合同的履行进程，终究是对他人事务的干预，因此法律也对第三人代为履行的条件作了些许限制。第三人代为履行的构成要件有三：①债务人不履行债务。若债务人适当履行了债务，便失去了第三人履行的必要。②第三人对履行该债务具有合法利益。第三人代为履行是在未经合同当事人同意的情况下直接介入合同的履行，是对他人事务的干预，因此，将第三人履行限制在具有合法利益情形下是为了维持"尊重当事人意思自治"与"保护债权人债权实现"之间的平衡。③债务性质允许第三人代为清偿，且债权人与债务人未约定债务只能由债务人履行。有些债务，如提供劳务，只能由债务人本人履行，不能由第三人代为履行。第三人代为履行合同义务，且债权人接受第三人履行后，产生的法律效果有：①债权人的债权因清偿而消灭；②债权人对债务人的债权转让给第三人，但是债务人与第三人另有约定的除外。

（三）债权人也是履行合同的主体

如前所述，只有在债权人受领履行时才可以实现合同的履行。此外，在利他合同中债权人应当向第三人履行义务，第三人也需要受领债务人的履行，在此情况下，第三人也是履行合同义务的主体。

二、约定不明的合同之补充和解释规则

合同履行主体应依合同约定全面、适当地履行合同。但实践中的种种因素使得合同约定不明的情形大量存在，致使合同当事人在履行中产生争议，进而导致合同目的无法实现。为此，出于促进交易、避免和减少纷争的目的，合同法规定了对约定不明的合同的补充和解释规则。

（一）约定不明的合同之补充规则

《民法典》第510条规定："合同生效后，当事人就质量、价款或者报酬、履行地点等内容没有约定或者约定不明确的，可以协议补充；不能达成补充协议的，按照合同相关条款或者交易习惯确定。"

如前所述，合同的质量、价款或报酬、履行地点等虽然也是合同中重要的条款，但缺失这些条款或者这些条款约定不明，并不导致合同不成立，也不影响合同生效，只是会影响合同的履行。因此，当出现此种情形时，允许当事人通过协商补充缺失的条款，来确定合同中不明确的内容。但事实上，在合同履行中，合同内容的补充与确定直接关系到当事人各自的利益，因此很难达成一致意见。如果当事人无法达成补充协议，需要通过合同的其他条款或者根据交易习惯推断当事人订立合同时的本意。

前述"果仁张"食品部诉北京某食品厂一案中，法院认为：原、被告之间签订的技术转让合同合法有效，双方争执的焦点在于协议未对食品"系列"和"品种"等名词、术语作出明确解释，造成双方理解上的不同。经查，"果仁张"在履行合同过程中，已派人传授了花生挂霜的8个品种（如咖喱花生、奶油花生、可可花生、番茄花生等）和蚕豆挂霜的8个品种技术，不应把以花生为主要原料的挂霜与以蚕豆为主要原料的挂霜归为一个系列。因为二者不仅所用原料不同，而且附配料比、工艺流程也不同。食品厂在对食品"系列"与"品种"含义有不同理解的情况下，拒付剩余的技术转让费，属于违约行为，对纠纷的产生有一定责任。"果仁张"生产技术是祖传秘方，本身无

复杂工艺，主要依靠实际操作。双方在协议中约定，"果仁张"负责提供原料配方、工艺方法等，但在实际履行中未提供，还私自更换了双方约定的技术人员，属于未全部履行合同义务，也应承担相应的违约责任。

可见，处理该案中因合同条款不明确而产生的争议时，法官参考了交易习惯来确定合同中不明确的内容，即以果仁加工行业的惯例确定"系列""品种"的含义，传统小吃因味道不同而分成不同的品种，因原料或制作工艺不同而分成不同的系列。

（二）约定不明的合同之解释规则

当事人就有关合同内容没有约定或约定不明确，依照上述补充规则仍不能确定的，根据《民法典》第 511 条至第 512 条及第 514 条的规定，适用下列规则确定：

1. 质量要求不明确的，按照国家标准、行业标准履行；没有国家标准、行业标准的，按照通常标准或者符合合同目的的特定标准履行。

2. 价款或者报酬不明确的，按照订立合同时履行地的市场价格履行；依法应当执行政府定价或者政府指导价的，按照规定履行。

3. 履行地点不明确，给付货币的，在接受货币一方所在地履行；交付不动产的，在不动产所在地履行；其他标的，在履行义务一方所在地履行。

4. 履行期限不明确的，债务人可以随时履行，债权人也可以随时要求债务人履行，但应当给对方必要的准备时间。

5. 履行方式不明确的，按照有利于实现合同目的的方式履行。

6. 履行费用的负担不明确的，由履行义务一方负担；因债权人原因增加的履行费用，由债权人负担。

7. 以电子方式订立的合同，电子合同的标的为提供服务的，生成的电子凭证或者实物凭证中载明的时间为提供服务时间；若该凭证没有载明时间或者载明时间与实际提供服务时间不一致的，应当以实际提供服务的时间为准。电子合同的标的物为采用在线传输方式交付的，合同标的物进入对方当事人指定的特定系统且能够检索识别的时间为交付时间。

8. 对于以支付金钱为内容且支付币种不明确的，债务人原则上应当以实际履行地的法定货币履行。

三、政府定价变化时之履行规则

对于执行政府定价或者政府指导价的合同，在合同约定的交付期限内遇政府价格调整时，应当按照交付时的价格计价。逾期交付标的物的，遇价格上涨时，按照原价格执行；价格下降时，按照新价格执行。逾期提取标的物或者逾期付款的，遇价格上涨时，按照新价格执行；价格下降时，按照原价格执行。

政府定价或政府指导价是经营者必须执行的价格，因此，上述规定首先体现了政府定价的强制性，当事人必须执行。在合同约定的交付期限内，无论政府定价上涨还是下降，也无论价格变化对合同哪方当事人有影响，都必须执行调整后的价格。但是，在当事人违反合同约定逾期交付或逾期提取、逾期付款时，则不适用这一规则，应执行对违约方不利的价格。这一规则既体现了对违约行为的否定态度，又补偿了守约方因对方逾期履行导致价格变化而承受的损失。

四、债权人重大事项的通知义务

一般而言，债权人自身情况发生变化并不影响合同的履行，因而不必告知债务人。但是，当债权人自身发生一些重大变化，而且这些变化会影响到债务的履行时，债权人就负有通知债务人的义务。例如，由于债权人分立、合并或者变更住所有可能导致合同履行主体、履行地点发生变化，如不及时通知债务人，会造成债务履行困难。债权人未尽通知义务时，债务人可以选择中止履行或将标的物提存。

债权人未履行此项义务的，债务人不能请求其承担违约责任，只能使债权人遭受一定的不利益，如合同债务不能按时履行、承担提存费用等。

五、合同当事人自身变动对合同的影响

合同生效后，当事人不得因姓名、名称的变更或者法定代表人、负责人、承办人的变动而不履行合同义务。通常情况下，合同当事人自身的变动并不影响合同的履行，债务人也不得以此为由拒绝履行合同义务。当事人姓名、名称的变更或者法定代表人、负责人、承办人的变动，不会引起当事人的实质变化，也即合同主体实质上没有发生变更，合同中的权利义务也不因此发生任何改变，当然更不影响合同的履行。这一规定似乎略显多余。但以往实践中确实经常发生当事人以此为借口拒绝履行合同义务的案例，所以这一规定具有提示意义。

第四节　合同履行中的抗辩权

【问题1】 抗辩权制度有哪些价值？

【问题2】 不安抗辩权制度与预期违约制度有什么关系？

合同履行中的抗辩权，是指双务合同的当事人在符合法定条件时，暂时拒绝履行其债务的权利，包括同时履行抗辩权、后履行抗辩权、不安抗辩权。这些抗辩权是合同效力的表现，在性质上属于延期的抗辩权，而不是消灭的抗辩权，其只能延缓或阻止对方请求权的发生，而不能变更或消灭相对人的权利。

正如本书在"合同分类"中所述，只有在双务合同中，当事人才享有履行抗辩权。因为在单务合同中，享有权利的一方当事人没有对待给付的义务，所以不存在抗辩权的问题。

履行抗辩权的理论基础是双务合同的牵连性，即双方当事人的给付与对待给付具有不可分离的关系。一方当事人的履行意味着对方权利的实现，而一方不履行义务，对方的权利就无法实现。最典型的是买卖合同，买方有支付价金的义务和请求交付标的物的权利；卖方有交付标的物的义务和请求支付价金的权利。买方支付价金的义务因获得对方交付的标的物而生，卖方交付标的物的义务因获得对方支付的价金而生。赋予当事人合同履行中的抗辩权，目的在于避免合同当事人履行后得不到相对人履行的风险，同时也促使相对人及时履行或提供履行担保，因此抗辩权是债权保障的重要制度。

赋予当事人履行抗辩权是合同法的公平原则和诚实信用原则在合同履行中的具体体现。如果一方当事人不履行或不能履行合同义务时，他却有权要求对方履行义务，显然有悖诚实信用原则和公平原则。履行抗辩权制度的确立，是为了避免"双方违约制度"不公平地适用于一些特殊情形。在合同的履行原则中，首要的是适当履行原则，即当事人在合同成立、生效后，应全面、适当地履行合同义务，否则将产生违约责任。同时，《民法典》还规定了双方违约制度，即当事人双方都违反合同的，应当各自承担相应的责任。因此，可以设想，如果没有履行抗辩权制度，即使合同一方当事人违约，对方当事人也必须履行自己的合同义务，否则将承担违约责任。而按照双方违约制度，当事人双方须分别对自己违约给对方造成的损害承担赔偿责任。假如违约在先一方当事人的损失大于对方当事人的损失，对方当事人将面临两难选择：如果对方当事人不履行合同义务，按照双方违约制度，对方也须承担相应的违约责任。显然，在这种情况下，即使在确定责任后可以适用抵销制度，在后违约的当事人仍会不公平地负担未能抵销部分的赔偿责任；如果对方当事人履行合同义务，或许会因为违约一方当事人已无实际赔偿能力而使其赔偿责任只停留于"判决书上的责任"，即使对方当事人事前可以预料到这种结果，但为了避免自己承担违约责任，也很难作出不履行的选择。因此，法律上赋予合同当事人在某些情况下的履行抗辩权，实际上是一定情况下的违约免责，以避免上述不公平的结果出现。

一、同时履行抗辩权

(一) 同时履行抗辩权的概念

同时履行抗辩权，是指双务合同未约定债务履行的先后顺序时，一方当事人在对方未为对待给付前，可以拒绝履行自己债务的权利；在对方履行给付义务不符合约定时，也可以拒绝其相应的履行要求。同时履行抗辩权的行使不以明示方式为限。对方如果未为给付，一方即可以暂时拒绝履行自己的义务，即使一方未明确表示行使同时履行抗辩权，未为给付的一方，也不负违约责任。

(二) 同时履行抗辩权的构成要件

1. 双方当事人须因同一双务合同而互负债务。同时履行抗辩权的主张必须以双方当事人因为同一个双务合同而承担债务为前提，即同时履行抗辩权基于合同当事人的权利义务的牵连性，一方履行与他方对待履行互为条件、互相依存。如果双方当事人不是因为同一个合同而是基于两个或者多个合同相互承担债务，那么即使当事人事实上具有密切联系，也不能据此主张同时履行抗辩权。

2. 双方互负的债务没有先后履行顺序，且均已届清偿期。同时履行抗辩权制度的价值，在于督促合同当事人及时履行自己的合同义务，从而使双方的债务同时履行，双方的债权同时实现。因此，只有在双方当事人互负的债务有效存在且没有先后履行期限时，才可以行使同时履行抗辩权。如果双方债务有先后履行顺序，则可能产生后面将要讲述的先履行抗辩权或不安抗辩权。

3. 一方未履行债务或其履行不符合规定。一方当事人向对方请求履行债务时，须自己已为履行或已经提出履行，否则，对方可行使同时履行抗辩权，拒绝履行自己相应的债务。但是，一方未履行的债务或者未提出的债务与对方所负的债务无对价关系时，对方不得主张同时履行抗辩权。原告的履行不适当时，被告也可以行使同时履行抗辩权，拒绝其相应的履行请求。但是如果原告已为部分履行，依其情形，被告若拒绝履行自己的债务违背诚实信用原则时，不得主张同时履行抗辩权。例如，房屋买卖合同的卖方已向买方交付房屋，若已交付的房屋中一个无关紧要的设施不符合质量要求，买方不得以此为由拒付全部购房款，否则将承担延期支付的违约责任。然而，在司法实践中，问题的关键是如何把握"相应的"抗辩权的程度。

二、后履行抗辩权

（一）后履行抗辩权的概念

后履行抗辩权，又称先履行抗辩、顺序抗辩权，是指当事人互负对待给付义务，且有先后履行顺序，应先履行一方未履行的，后履行一方可以拒绝其履行要求；先履行一方履行给付义务不符合约定的，后履行一方可以拒绝其相应的履行要求。因为此种权利是后履行一方所享有的抗辩权，所以称为后履行抗辩权。如果从后履行一方有权要求先履行一方在先履行的角度看，也可称为先履行抗辩。法律规定后履行抗辩权的目的在于维护诚实信用原则，保障履行顺序在后的债务人的正当顺序利益、期限利益。

与同时履行抗辩权相同的是，后履行抗辩权也属于延期的抗辩权，不具有消灭对方请求权的效力，只能暂时阻止先履行方请求权的行使，以保护自己的顺序利益。如果先履行方完全履行了合同义务，则后履行抗辩权消灭，后履行方应当恢复履行其债务。后履行一方因行使后履行抗辩权致使合同履行迟延的，不承担迟延履行的责任。

（二）后履行抗辩权的构成要件

1. 双方当事人须基于同一双务合同互负债务。与同时履行抗辩权一样，后履行抗辩权只能适用于同一双务合同中。如果双方当事人基于两个或者多个合同相互承担债务，即使一方当事人未履行其中一个合同约定的在先的合同义务，相对方也不能因此而拒绝履行另一个合同约定的在后的合同义务，即不能基于不同的合同主张后履行抗辩权。

2. 双方互负的债务有先后履行顺序，且均已届清偿期。区别于同时履行抗辩权，后履行抗辩权只能在双方互负的债务有先后履行顺序的合同中适用。当事人的债务履行顺序应当按照法律规定、当事人约定或交易习惯确定。与同时履行抗辩权相同，后履行抗辩权须在双方互负的债务均已届清偿期的情况下方可适用。如果先履行方的履行期限未到，则其无履行的必要；如果先履行方的履行期限已到，而后履行方的履行期限未到，则后履行方无需使用后履行抗辩权对抗先履行方。因此，只有在双方当事人的债务均已届清偿期的情况下，后履行抗辩权方可成立。

3. 先履行一方未履行或其履行不符合约定。合同履行存在先后顺序时，负有先履行义务的一方应当先履行，若先履行义务方的债务已届清偿期而不履行，则属于违约，后履行一方有权拒绝先履行一方的履约要求。如果先履行一方的履行不符合约定，则后履行方有权拒绝先履行一方相应的履行要求。

三、不安抗辩权

（一）不安抗辩权的概念

不安抗辩权，是指在双务合同之中，应当先履行债务的当事人，有确切证据证明对方当事人已经或可能丧失履行债务的能力，可以中止履行并要求对方提供担保的权利。

不安抗辩权制度同样是平衡合同当事人各方利益的制度。双务合同中，在约定一方当事人应当先履行的情况下，如果有确切证据表明后履行一方难为对待给付，此时，若仍然要求先履行一方继续履行显然有悖公平。尽管在先履行一方履行债务而对方未为对待给付时，可以要求对方承担违约责任，但对方往往已经不具备承担赔偿责任的能力。不安抗辩权给在先履行一方提供了积极的避免风险的手段，使其免遭先履行后得不到对待给付的损失。

（二）不安抗辩权的构成要件

1. 双方当事人须基于同一双务合同而互负债务。尽管有关不安抗辩权的规定并没有像同时履行抗辩权和后履行抗辩权的规定那样明确地将"当事人互负债务"作为不安抗辩权适用的条件之一，但从不安抗辩权的内容来看，它必须适用于同一双务合同。与同时履行抗辩和后履行抗辩不同的是，行使不安抗辩权的原因并非合同一方当事人不履行债务，而是有丧失或者可能丧失履行债务能力的情形。

2. 双方互负的债务有先后顺序，且先履行方的债务已届履行期。合同债务有先后履行顺序的，先履行方应当先为给付。但是，如果后履行方难以作出对待履行，先履行方履行义务后，则有可能使自己的利益受损。因此，为保护先履行一方的利益，在符合法律规定的条件下，法律赋予先履行的一方拒绝履行到期债务的权利，以防止其利益受损。

3. 后履行一方有丧失或可能丧失履行债务能力的情形。只有后履行一方的履行能力明显降低、有难为对待给付之虞，且先履行一方可以证明的，先履行一方才可以行使不安抗辩权。履行能力明显降低通常表现为以下情形：①经营状况严重恶化；②转移财产、抽逃资金，以逃避债务；③丧失商业信誉；④有丧失或者可能丧失履行债务能力的其他情形。

（三）不安抗辩权的适用及其效果

为防止先履行一方滥用不安抗辩权，公平保护合同当事人利益，先履行一方行使不安抗辩权时负有两项义务：①举证的义务。先履行一方必须有确切的证据证明对方具有法律规定的丧失或可能丧失履行债务能力的情况。没有确切证据而中止合同履行的，属于先履行一方无正当理由而中止履行自己的义务，应当承担违约责任。②通知的义务。不安抗辩权的行使无需对方同意，但须通知对方，否则可能给对方造成损失。因此，如果先履行一方未及时通知对方，将可能构成违约。

行使不安抗辩权可能发生三种效力：①中止履行合同，即暂停履行或延期履行合同；②恢复履行，即在中止履行并通知对方后，对方提供适当担保时，先履行一方应当恢复履行；③若对方不提供担保，则转化为预期违约，先履行一方可以解除合同。

在我国《民法典》中，还有一项制度与不安抗辩权制度非常类似，即预期违约制度。预期违约是指，在履行期限届满之前，当事人一方明确表示或者以自己的行为表明不履行主要债务，对方当事人有权解除合同。依据原《合同法》的规定，不安抗辩权的法律效果之一系当事人获得合同解除权，这使得不安抗辩权制度与预期违约制度的关系不明确，混淆了解除合同的规范基础。而在《民法典》中，不安抗辩权的法律效果并不包含当事人获得合同解除权，当后履行一方出现丧失或可能丧失履行债务的能力之情形时，先履行一方可以中止履行并要求对方提供担保，后履行一方拒绝提供担保的，视为"以自己的行为表明不履行主要债务"，即默示的预期违约，先履行一方因此获得解除权，由此实现了不安抗辩权制度到预期违约制度的衔接。

第五章

合同的保全

【问题】债的保全制度有哪些价值？该制度与债的担保、违约责任制度的关系是什么？

【例1】

戴某诉王甲[1]

王甲欠戴某借款未偿还。戴某于2011年8月16日向法院申请对王甲所有的新沂市惠隆商贸有限公司房产进行查封，后应王甲要求于8月22日对该房产予以撤销保全。解除查封后当天，王甲即与王乙在工商行政部门办理了新沂市惠隆商贸有限公司的股权变更手续，将其无偿转让给王乙。后王甲未提交可供清偿戴某债权的其他财产。戴某认为王甲转让股权的行为损害其合法权益，请求法院撤销王甲与王乙之间的股权转让协议。

问题：戴某的请求是否可以得到支持？

一、合同的保全概述

合同的保全，又称为合同履行的保全或合同债权的保全，是指为防止因债务人的财产不当减少而给债权人的债权带来危害，允许债权人代债务人之位向第三人行使债务人的权利或者请求法院撤销债务人与第三人的法律行为的法律制度。其中，债权人代债务人之位向第三人行使债务人的权利，称为债权人的代位权；债权人请求法院撤销债务人与第三人的法律行为的权利，称为债权人的撤销权。

合同之债中，债权人债权的实现是整个合同制度赖以维持的中心。为保证债权的实现，法律通过债权的担保制度使债权人获得双重保障，并在债务人不履行债务时通过违约责任制度强制债务人履行债务。但即便如此，债权人债权的实现仍不能得到充分保障。因为，即使设定了担保，受到保护的也仅是那些有特殊担保的债权人，对于无担保的债权人来说，仍旧无保障。而且在追究债务人违约责任的情况下，债务人承担违约责任的财产仅为其现有财产。所以，法律还规定了债的保全制度，使债权人在有可能受到债务人行

---

[1] 参见李建伟主编：《案例导读：合同法及配套规定 e 本通（总则）》，法律出版社 2017 年版，第149 页。裁判书案号：（2012）徐民终字第 1284 号民事判决书。

为侵害时，以债权人的代位权来保持债务人的财产，以债权人的撤销权来恢复债务人的财产，以此保护作为债权的一般担保的责任财产，进而更有力地保障债权实现。其中，"一般担保的责任财产"是相对于基于担保制度担保个别债权的特别的财产而言的，它构成对全体债权人的共同担保。

债的保全制度是债权法的重要内容，既包括对合同之债的保全，也包括对其他类型的债的保全。债的保全制度虽然规定在《民法典》合同编，但《民法典》第468条规定，非因合同产生的债权债务关系，适用有关该债权债务关系的法律规定；没有规定的，适用合同编通则的有关规定，但是根据其性质不能适用的除外。因此，其他类型的债权也可以适用保全制度。

二、债权人的代位权

（一）代位权的概念

债权人代位权，是指当债务人怠于行使其对第三人享有的权利而危及债权人的债权时，债权人为保全其债权，可以自己的名义代位行使债务人对第三人之债权的权利。所谓对第三人享有的权利，除债权外，还包括与该债权有关的从权利。因此，"第三人"既包括次债务人（即债务人的债务人），也包括该债务的担保人。

债权人代位权不同于代理权。代理权基于本人委任而产生，代理人以本人的名义行使权利、履行义务，代理的效果直接归于本人。而债权人代位权的发生是基于法律直接规定，债权人以其自身名义行使原属于债务人的权利，旨在保护自己的债权。

（二）债权人行使代位权的法律要件

代位权的成立通常应当具备以下要件：

1. 债务人须享有对第三人的到期债权。债权人代位权为涉及第三人的权利，债务人对于第三人享有的到期债权为债权人代位权的标的。债务人对第三人享有合法债权，且该债权已届清偿期，是行使债权人代位权的前提条件。至于债务人对于第三人的债权发生在债的关系成立之前或之后，不影响代位权的成立。

2. 债务人怠于行使其权利。债务人怠于行使其权利，是指债务人应当行使且能够行使而不行使其权利。其中，"应当行使"是指若不及时行使，该权利将有可能消灭或者丧失。"能够行使"是指不存在行使权利的任何障碍，债务人在客观上有能力行使该权利。"不行使"是指客观上消极地不行使权利，即不以诉讼方式或者仲裁方式向其债务人主张权利。次债务人不认为债务人有怠于行使其到期债权情况的，应当承担举证责任。

3. 债务人怠于行使其债权的行为影响债权人到期债权的实现。只有当债务人怠于行使其债权的行为可能致使债权人的到期债权不能实现时，债权人才能通过行使代位权来保全自己的债权。

4. 债务人的到期债权，不应当是专属于债务人的债权。专属于债务人的债权，通常是指基于扶养关系、抚养关系、赡养关系、继承关系产生的给付请求权和劳动报酬、退休金、养老金、抚恤金、安置费、人寿保险、人身伤害赔偿请求权等权利。此外，一般认为，该债权应当具有金钱给付内容，对于非金钱债权，原则上不得行使代位权。

需要说明的是，以上为一般情况下行使债权人代位权的要件。在某些特殊的情况下，债权人也可以代位行使债务人的债权：债务人的债权或者与该债权有关的从权利存在诉讼时效期间即将届满或者未及时申报破产债权等情形，且影响债权人的债权实现的，即使债权人的债权尚未到期，债权人也可以代位向债务人的相对人请求其向债务人履行、向破产管理人申报或者作出其他必要的保全行为。

（三）代位权的行使

1. 债权人以自己的名义行使。债权人代位权的行使主体是债权人。债务人的各个债权人在符合法律规定的条件下，均可代位行使债务人的权利。各债权人可以独立行使债务人的权利，也可以共同行使。债权人应当以自己的名义行使代位权，并且应当尽到善良管理人的注意义务。否则，给债务人造成损失的，应负损害赔偿责任。

2. 通过诉讼的方式行使。债权人代位权必须通过诉讼程序行使。国外立法例中，有的国家规定，债权人可以选择直接行使方式或者诉讼行使方式行使其代位权。在我国，债权人可以向人民法院请求以自己的名义代位行使债务人的债权。只有通过裁判方式，才能保证某个债权人行使代位权所获得的利益能够在各个债权人之间合理分配。同时，通过裁判方式也可防止债权人滥用代位权。

3. 代位权行使的范围。代位权行使的范围，以保全债权人的债权为限度，在必要的范围内可同时或顺次代位行使债务人的数个债仅。

（四）代位权行使的效力

债权人行使代位权后，是否可请求次债务人直接向自己履行债务，在理论上是个颇有争议的问题。传统民法理论认为，因行使代位权而使债务人增加的财产，应当作为全体债权人的共同担保，行使代位权的债权人不得从中优先受偿，即债权人不能直接受偿于次债务人，以维护债权人平等原则。而现代民法理论认为，债权人行使代位权后有权按其债权份额就因次债务人清偿而归属于债务人的利益优先受偿。我国《民法典》采用了后者，即债权人可以接受履行并且优先受偿，其与债务人、债务人与相对人之间相应的权利义务终止。

若债务人对相对人的债权或者与该债权有关的从权利被采取保全、执行措施，或者债务人破产的，应当依照相关法律的规定处理。

此外，债权人行使代位权的必要费用，如律师费、差旅费等，应当由债务人负担。

三、债权人的撤销权

（一）撤销权的概念

债权人的撤销权，是指债务人实施处分其财产的行为，危及债权人的债权实现时，债权人可以通过向法院提出申请撤销其行为，恢复债务人财产的权利。

债权人的撤销权适用于债务人与他人实施某种行为，使其作为债务担保的责任财产不当减少，因而危及债权人的利益，使债权不能实现的情形。撤销权与代位权同为保护债务人财产一般担保力的制度，二者的不同之处在于，代位权是对债务人消极不行使权利使财产减少而危及债权人的行为的救济，而撤销权是对于因债务人的积极行为使财产减少而危及债权人的行为的救济。

（二）撤销权的构成要件

债权人撤销权的构成要件，包括客观要件与主观要件。

1. 客观要件。客观上须是债务人实施了危害债权人债权的行为，包括放弃债权或放弃债权担保、恶意延长到期债权的履行期、无偿转让财产、以明显不合理的低价转让财产、以明显不合理的高价收购财产或者提供担保等。这些行为并不当然产生债权人的撤销权，只有当这些行为影响债权人的债权实现时，才允许债权人行使撤销权。所谓有害于债权，是指债务人的责任财产减少，清偿能力降低，致使债权人的债权不能实现，进而对债权人造成损害。

前述戴某诉王甲案中，王甲将其责任财产无偿转让给案外人王乙，且其后未提交可供清偿债权人戴某的其他财产，该无偿转让行为明显损害债权人对债权的实现。因此，法院支持了戴某行使撤销权撤销股权转让协议以保全其债权的请求。

2. 主观要件。债务人以无偿行为影响债权实现时，债权人的撤销权不以债务人和受益人的主观因素为构成要件；只有当债务人以有偿行为影响债权实现时，才要求债务人与受益人均为恶意，即债务人知道自己的行为损害债权人的债权而故意为之，受益人也知道或者应当知道该情形的，债权人方可行使撤销权。我国对于债务人恶意的判断，采取的是客观推定标准，即只要债务人存在"以明显不合理的低价转让财产"的行为，即可以推定其主观上具有恶意。对于何为"明显不合理"，通常认为应当以交易当地一般经营者的判断，并参考交易当时交易地的物价部门指导价或者市场交易价，结合其他相关因素综合考虑予以确认。转让价格达不到交易时交易地的指导价或者市场交易价70%的，一般可以视为明显不合理的低价；转让价格高于当地指导价或者市场交易价30%的，一般可以视为明显不合理的高价。

（三）撤销权的行使

1. 撤销权的主体。撤销权的行使，必须由享有撤销权的债权人以自己的名义，向法院提起诉讼，请求法院撤销债务人不当处分财产的行为。如果债权为连带债权，则所有的债权人可连带地行使撤销权，也可以由连带债权人中的一人提起诉讼。如果数个债权人因同一债务人的行为而受到损害，则各个债权人均有权提起诉讼，请求撤销债务人的行为。

2. 撤销权的行使范围。撤销权的行使范围以债权人的债权为限。对债务人不当处分财产的行为超出债权保全必要的部分，不应当发生撤销的效力。否则，将对债务人的正当处分行为造成不当干涉。

3. 撤销权的行使期间。撤销权自债权人知道或者应当知道撤销事由之日起1年内行使。自债务人的行为发生之日起5年内没有行使撤销权的，该撤销权消灭。

（四）行使撤销权的效力

1. 对债务人的效力。债务人的行为在被撤销以前，并非当然无效。一旦债权人行使撤销权，则该行为自始没有法律约束力。此外，债权人行使撤销权产生的律师代理费、差旅费等必要的费用，应当由债务人承担。

2. 对受益人的效力。债务人的行为被撤销后，受益人已受领债务人财产的，应负返还的义务；原物不能返还的，应折价赔偿；受益人已经支付了对价的，对债务人有不当得利返还请求权。受益人有过错的，应当适当分担债权人行使撤销权的必要费用。

3. 对行使撤销权的债权人的效力。行使撤销权的债权人有权请求受益人返还所得利益，并有义务将收取的利益归入债务人的责任财产。受领的财产作为全体一般债权人的共同担保，撤销权人无优先受偿权。行使撤销权产生的一切费用系管理事务的费用，有权向债务人或其他债权人请求偿还。

4. 对其他债权人的效力。撤销权的行使是为了实现全体债权人的利益，因撤销债务人的行为而取回的财产或替代原财产的损害赔偿，归属于债务人的责任财产，作为全体一般债权人的共同担保，各债权人可按照债权额比例分别受偿。

第六章

合同的变更、转让和终止

【本章提要】依合同自由原则，合同成立并生效后，允许当事人在履行合同前或履行合同中协商变更合同内容、转让合同权利义务甚至解除合同关系，但当事人的合意仍须以不违反法律、行政法规，不损害第三方利益为生效要件。由于合同债务承担和债权让与以及合同权利义务的概括移转对合同当事人的影响不同，因此相应的法律要求也不同。订立合同的目的在于实现合同利益。合同被全面、适当履行后，合同中的权利义务当然终止。除此之外，在不同的情况下，当满足法定或约定的条件时，合同还有可能因解除、抵销、提存、免除而终止。

第一节　合同的变更

【问题】合同变更产生什么法律效力？

【例1】

某银行诉保证人[1]

A 食品公司准备向某银行贷款 1000 万元，银行提出 A 公司应提供担保。A 公司以自有的一幢三层楼房作抵押，估价为 500 万元，并办理了抵押登记。应银行的要求，A 公司又请另一公司 B 为其提供担保，银行与 B 签订了保证合同，约定保证期为借款期限届满后 6 个月。

借款合同期满后，A 公司因资金紧张无法按时向银行还款。双方协商推迟还款期限 6 个月。A 公司与银行达成协议后，征求 B 公司意见，请其继续提供担保。B 公司表示同意，但三方未重新订立合同，也未在原合同上签字。6 个月届满时，因市场发生变化，A 公司经营陷入困境，资不抵债，被宣告破产。银行遂要求 B 公司代 A 公司清偿贷款。

问题：B 公司是否应承担保证责任？

---

[1]　本案例改编自"建设银行诉兴源大厦"一案。参见王利明主编：《合同法要义与案例析解（总则）》，中国人民大学出版社 2001 年版，第 314～316 页。

一、合同变更概述

合同的变更可以分为广义的合同变更和狭义的合同变更两种。广义的合同变更是指合同内容和主体的变化；狭义的合同变更仅指合同内容的变化，不包括合同主体的变化。我国《民法典》中所规定的合同变更属于狭义的合同变更。合同主体的变化属于合同法中所规定的合同转让。因此，以下述及的合同变更，仅指狭义的变更。

合同的变更具有以下特征：

（一）合同的变更仅指合同的内容发生变化，而合同当事人保持不变

如前文所述，我国合同法规定的合同变更属狭义的合同变更，即仅指合同内容的变化，不包括合同主体的变化。合同内容的变化，可以表现为合同标的物的数量或质量、规格、价金数额或计算方法、履行时间、履行地点、履行方式等合同内容的某一项或者数项发生变化。

（二）合同的变更是合同内容的局部变更，是合同的非根本性变化

合同的变更只是对原合同内容进行某些修改和补充，而不是对合同内容的全部变更。如果合同内容全部发生变化，实际上已经导致原合同关系的消灭，新合同关系的产生。

（三）合同的变更通常依据双方当事人的约定，也可能基于法律的直接规定

合同可以根据当事人之间的约定进行变更，即约定的变更；也可以由当事人依据法律规定请求法院或仲裁机构进行变更，即法定的变更。《民法典》合同编通则第六章所规定的合同变更属于约定的变更。

（四）合同的变更只能发生在合同成立之后，尚未履行或尚未完全履行之前

在合同未成立之前，当事人之间根本不存在合同关系，因此也不可能发生合同的变更；合同履行完毕以后，当事人之间的合同关系即告消灭，也不存在合同的变更问题。所以，合同的变更只能发生在合同成立之后，尚未履行或尚未完全履行之前。

二、合同变更的要件

（一）原有合同关系有效存在

合同变更是对已有合同的改变，因此合同关系的有效存在是合同变更的首要条件。只有对有效合同的变更才产生合同法上合同变更的效果，无效的合同自始不发生法律效力，因此也无进行合同变更的必要。

（二）具有变更合同的根据

变更合同的根据是指合同的变更应当基于一定的法律事实而发生。对于

已经存在的合同关系进行变更，必须有合法的根据，即符合合同法规定的能够引起合同关系变更的客观事实。具体而言，合同变更的根据包括当事人双方协商一致和法律规定的事由两种。

1. 以双方当事人协商一致为基础。根据合同自由原则，当事人有权依法订立合同，也有权变更合同，因此，当事人协商一致，可以变更合同。协商变更合同的情况下，变更合同的协议也应当符合民事法律行为的有效要件，任何一方不得采取欺诈、胁迫手段变更合同或强制他方当事人变更合同。

2. 基于法律的规定变更合同。包括两类：一类是法律效果可以直接发生，不以法院裁决为必经程序的变更，如国家定价变化导致的合同履行价格的变化；另一类是不能直接发生法律效果，须经法院裁决程序才可发生的变更，如情势变更。

（三）合同内容的变化

合同的内容须发生变化，否则不能构成合同的变更。合同内容的变化一般包括：标的物数量的增减；标的物品质的改变；价款或酬金的增减；履行期限的变更；履行地点的改变；履行方式的改变；结算方式的改变；所附条件的增添或除去；单纯债权变为选择债权；担保的设定或消灭；违约金的变更；利息的变化等。

需要特别注意的是，无论变更哪些内容，均须由合同当事人明确约定，否则推定为未变更。

三、合同变更的效力

（一）当事人应当按照变更后的合同内容履行

合同的变更是在保持原合同关系的基础上，对合同的部分内容进行的变更，因此，在合同发生变更后，当事人应按照变更后的合同内容履行，任何一方违反变更后的合同内容，都将构成违约。

（二）合同的变更没有溯及力

合同的变更只对合同未履行的部分有效，对合同已经履行的内容不发生效力。已经履行的债务不因合同的变更而失去法律依据，双方当事人亦不得以合同发生变更为由，单方面要求已经履行的部分归于无效或者要求返还。

（三）合同的变更对从权利的影响

合同的变更使合同的内容发生了实质上的变化，必然影响双方当事人的权利义务。为合同提供担保的第三人对原合同债务负保证责任，是附属于主合同的从合同义务，该义务是由第三人与合同债权人协商确定的，因此，合同债权人和债务人之间变更合同的协议不应对提供担保的第三人当然发生效力，变更时双方当事人应取得担保人的同意，且此种同意应通过书面的形式作出，否则变更对第三人不发生效力。减轻债务的，担保人仍对变更后的债务承担保证责任；加重债务的，担保人对加重的部分不承担保证责任。债权人和债务人变更主债权债务合同的履行期限，未经担保人书面同意的，保证期间不受影响。[1]

前述某银行诉保证人一案，审理过程中有两种不同观点：第一种观点认为，A公司与银行达成延期还款协议，已经取得B公司的同意，所以B公司应当对银行承担保证责任。第二种观点认为，原借款合同到期后，A公司与银行就还款期限进行变更，达成新的还款期限，为主合同的变更，B公司与银行的保证合同是从合同，主合同变更时，需要B公司的书面同意，保证合同才能继续有效，而B公司与银行未就担保期限的延期订立书面合同，所以保证合同对变更后的借款合同不再有效。

处理此案的关键在于正确认定合同的变更，以及主合同变更对从合同的效力。《民法典》第695条规定："债权人和债务人未经保证人书面同意，协商变更主债权债务合同内容，减轻债务的，保证人仍对变更后的债务承担保证责任；加重债务的，保证人对加重的部分不承担保证责任。债权人和债务人变更主债权债务合同的履行期限，未经保证人书面同意的，保证期间不受影响。"本案中主合同变更后，未取得保证人B公司的书面同意，因此保证期间不受影响，B公司不再承担保证责任。

第二节　合同的转让

【问题1】　合同债务承担与合同债权让与的有效条件有何不同？因何不同？
【问题2】　合同债权让与及债务承担对保证人的责任有何影响？

一、合同转让概述

（一）合同转让的概念

合同转让，是指合同当事人一方依法将其合同中的权利或义务，全部或

---

[1] 需要注意的是，《民法典》第695条仅对合同变更时保证人的保证责任作了规定，而未涵盖物上担保人，但二者的原理是相同的，因此《担保制度解释》第20条规定，人民法院在审理第三人提供的物的担保纠纷案件时，可以适用民法典第695条第1款、第696条第1款、第697条第2款、第699条、第700条、第701条、第702条等关于保证合同的规定。下文中的"担保人"与此情况相同。

部分转让给第三人的法律行为。合同转让实质上是合同的主体发生变更，即合同权利的受让人成为合同之债的新债权人，或者合同义务的受让人成为合同之债的新债务人。依转让的权利义务的不同，合同的转让可以分为合同权利的转让（即债权让与）、合同义务的转让（即债务承担）以及合同权利义务的概括转让（即合同承受）。

（二）合同转让的特征

1. 合同的转让是合同的主体变更。合同的转让通常导致第三人替代原合同当事人一方，或者加入到合同关系之中，成为合同当事人。由于主体的变更是合同实质要素的变更，属于合同的根本性变化，因此，合同主体的变化将导致原合同关系的消灭和新合同关系的产生。可见，合同的转让的目的并非在于保持原合同关系继续有效，而是通过转让终止原合同，同时产生新合同。因此，合同的转让与一般的合同变更在性质上是不同的。

2. 合同的转让并不改变原合同的权利义务内容。合同的转让只是当事人一方将合同的权利或义务全部或者部分地转让给第三人，合同的权利义务本身并没有发生变化。转让后的合同内容与转让前的合同内容具有同一性。

3. 合同的转让通常涉及两个相关的法律关系。合同的转让涉及原合同当事人双方之间的关系，以及转让人与受让人之间的关系。合同转让主要是在转让人和受让人之间完成，但因其涉及原合同当事人利益，所以法律要求义务的转让应取得合同另一方当事人的同意，权利的转让应及时通知另一方当事人。

（三）合同转让的要件

1. 须有合法有效的合同关系。合同的有效存在是该合同中的权利义务能被让与或承担的基本前提。如果合同根本不存在，或者无效，或者已经被撤销、被解除，则不可能发生合同的转让。以不存在、无效或者已经被撤销、被解除的合同为转让标的之转让合同亦无效，转让人应对善意受让人因此所遭受的损失承担赔偿责任。

2. 当事人须就合同转让事宜达成有效的协议。合同转让本身需要由转让人与受让人达成合意才能完成。当事人间签订的转让合同，必须符合民事法律行为的有效要件。如果没有协议甚至没有转让的合意，合同的转让也不可能发生。转让合同被撤销的，受让人已经接受的债务人的履行，应作为不当得利返还给原债权人。

3. 合同的转让应符合法律规定的程序。由于合同权利义务的转让涉及原合同当事人的利益，因此，法律要求在转让合同的权利或义务时，应当取得原合同对方当事人的同意或者及时通知对方当事人。

4. 合同的转让不得违背法律规定，且不得违反社会公共利益。法律禁止转让或者当事人特别约定不得转让的权利，权利人不得转让。如果合同的转让违反社会公共利益，应被宣告无效。有过错的当事人应当承担相应的法律责任。

二、合同债权让与

（一）合同债权让与的概念

合同债权让与，是指在不改变合同内容的前提之下，合同债权人通过协议将其债权全部或部分地转让给第三人的法律行为。

（二）合同债权让与的构成要件

1. 须有合法有效的合同债权存在。合同债权的有效存在是该合同中的权利能够被让与的基本前提。将不存在或者无效的债权让与他人，或者将已经消灭的债权让与他人，属于标的不能，其转让行为无效。如果受让人因此遭受损失，让与人应予以赔偿。因可撤销法律行为所发生的债权以及诉讼时效已经届满的债权，也可以成为债权让与的标的。但是，如果撤销权人行使撤销权而使债权归于无效，或者债务人以诉讼时效已经届满为由拒绝履行债务，受让人可因此主张债权让与行为无效。

2. 合同权利须通过协议转让。合同债权的转让人和受让人之间达成的转让合同债权的协议，是合同权利转让的法律依据。

3. 让与的债权须具有可转让性。并非所有的债权都是可以转让的，不得转让的债权有三类：①依照合同的性质不可转让的。此种权利只能在特定的当事人之间有效，否则会违反当事人订立合同的目的。②当事人特别约定禁止转让的债权。当事人约定禁止转让的债权，按照意思自治的原则，不得转让。③依照法律规定不得转让的。需要特别指出的是，当事人约定非金钱债权不得转让的，不得对抗善意第三人。当事人约定金钱债权不得转让的，不得对抗第三人。之所以规定禁止转让的约定不得对抗善意第三人，是因为债权不同于物权，他人很难得知当事人之间的约定，若该约定对第三人有效，对于第三人而言是不公平的；至于区分金钱债权与非金钱债权的原因，则是保障金钱债权的流通性，防止金钱债权因缺乏流动性而导致价值贬损。[1]

4. 债权让与须通知债务人。严格而言，这一要件属于债权让与的对抗要

---

〔1〕 参见李永军：《合同法》，中国人民大学出版社 2021 年版，第 190～191 页；最高人民法院民法典贯彻实施工作领导小组主编：《中华人民共和国民法典合同编理解与适用（一）》，人民法院出版社 2020 年版，第 562～563 页。

件，而非构成要件。债权让与中，经让与人和受让人达成一致协议即可以移转权利于受让人，但如果债权人不通知债务人，债务人在不知情的情况下仍然会对让与人履行合同。若债权让与在让与合同成立时也对债务人发生效力，则意味着债务人因不知道债权已经让与的事实而对让与人实施履行的行为无效，这显然对债务人不公平。合同法所确立的原则是让与通知主义，即只要让与人将让与事实通知了债务人，债权让与便对债务人发生法律效力。需要指出的是，除非经受让人同意，否则债权转让的通知原则上不得撤销。

（三）债权让与的效力

1. 债权让与的对内效力，即债权让与对让与人和受让人双方当事人的效力。①在债权全部让与的情况下，让与人脱离原债权债务关系，受让人取代原债权人的地位，享有原合同债权；债权部分让与的，原债权人就转让的部分丧失债权，与受让人一起就各自的部分享有独立的债权。②主债权转让的，相关从权利也随之转让给受让人，且受让人取得从权利不因该从权利未办理转移登记手续或者未转移占有而受到影响，但该从权利专属于债权人自身的除外；③债权转让而增加的额外费用由让与人负担。

2. 债权让与的对外效力，即债权让与对让与合同当事人之外关系人的效力。

（1）对债务人的效力。①债权全部转让的，让与人与债务人完全脱离关系，债务人成为受让人的债务人；债权部分转让的，让与人就转让的部分与债务人脱离关系，受让人有权要求债务人就其受让部分履行债务；②债务人接到债权转让通知后，债务人对让与人的抗辩可以向受让人主张；③债务人对让与人享有债权，并且债务人的债权不晚于转让的债权到期，或者债务人的债权与转让的债权是基于同一合同产生的，债务人可以向受让人主张抵销。

（2）对担保人的效力。债权让与一般不增加担保人的风险和负担，所以原则上担保人的担保责任并不受债权让与的影响，但是，如果债权人与担保人事先有担保责任仅限于特定债权人或者债权不得转让的约定，那么担保人可不再承担发生债权让与后的担保责任。

（3）对诉讼时效的影响。债权转让发生时，债务人的诉讼时效并不中断。但是，当债权转让通知到达债务人时，诉讼时效中断。

三、合同债务承担

（一）合同债务承担概述

合同的债务承担，是指在不改变合同内容的前提下，合同债权人、债务人通过与第三人订立协议，将合同债务全部或者部分地移转给第三人承担的法律行为。债务承担可以分为免责的债务承担和并存的债务承担。免责的债务承担是指债务人将自己的合同债务完全移转给第三人，债务人退出原合同关系，并不再承担合同债务的法律行为；并存的债务承担，又称债务加入，是指债务人仅将自己的部分债务让与第三人，自己仍然承担部分合同债务的法律行为。

合同债务承担与第三人代为履行不同。第三人代为履行，是指合同当事人约定由第三人代替债务人履行合同债务的行为。表面看来，二者都是通过合同约定使合同当事人以外的第三人承担合同债务的履行行为，但二者有着本质的区别：原债务人和第三人的法律地位不同。在代为履行的情况下，合同债务人的地位没有因第三人的加入而受到任何影响，债务人仍然要对债务承担全部责任，第三人没有取得合同当事人的地位。在债务承担场合，如果属于免责的债务承担，则原债务人退出原合同关系，不再承担与原合同有关的任何义务，而第三人取得合同当事人的法律地位；如果属于并存的债务承担，当事人约定原债务人与第三人承担按份债务的，则原债务人的债务范围因此缩小，第三人也取得合同当事人地位。基于这样的本质的区别，合同债务承担与第三人代为履行还有两个重要的不同之处：①违约责任的承担不同。在第三人代为履行的情况下，第三人不履行或不适当履行合同时，仍由债务人向债权人承担违约责任；在债务承担场合，第三人应当就其违约行为承担违约责任。②是否享有抗辩权不同。在第三人代为履行的情况下，第三人不享有任何对债权人的抗辩权，抗辩权由合同债务人行使；而在债务承担的情况下，新债务人可以主张原债务人的一切抗辩权。③法律效果不同。在第三人代为履行的情况下，债权人接受第三人履行后，其对债务人的债权原则上转让给第三人，但在债务承担中并不当然发生法定债权转让的效果。

（二）债务承担的构成要件

1. 须有合法有效的债务。债务承担的前提就是债务的有效存在。债务自始无效或承担时已经消灭的，当事人就此订立的合同不能发生法律效力。

2. 债务具有可移转性。一般认为，并非所有债务均可移转，法定的或约定的不具有移转性的债务不得转让。以下债务具有不可移转性：①性质上不可移转的债务，主要指与债务人的人身有密切关系的债务，该债务须由债务人亲自履行，不得移转；②当事人在合同中特别约定不得移转的债务；③依法不得移转的债务[1]。

---

[1] 例如，《民法典》第 894 条第 1 款规定，除当事人另有约定外，保管人不得将保管物转交第三人保管。

3. 债务承担须征得债权人的同意。债务人的履行能力对债权人权利能否实现至关重要。免责的债务承担实际上发生原债务人退出合同关系的法律效果，在承担人无足够的能力和信用履行债务时，债权人的利益极可能遭受损失，因此债权人的同意是免责的债务承担对债权人的生效要件。此时，债务人或者第三人可以催告债权人在合理期限内予以同意，债权人未作表示的，视为不同意。而并存的债务承担，实际上起到了进一步保障债权实现的效果，因此在债权人未明确表示接受和拒绝时，推定第三人加入债务的意思表示发生效力。

（三）债务承担的效力

1. 第三人取得债务人的法律地位。免责的债务承担合同生效后，第三人取代原债务人成为新的债务人，原债务人脱离合同关系，由第三人直接向债权人承担合同义务。并存的债务承担合同生效后，第三人加入到合同关系中，成为新债务人，同原债务人一起对债权人承担连带或按份的合同义务。

2. 新债务人取得抗辩权，即新债务人可以主张原债务人对债权人的抗辩。但应当注意的是，原债务人对债权人享有债权的，新债务人不得向债权人主张抵销。

3. 从债务一并转移，即新债务人应当承担与主债务有关的从债务，但该从债务专属于原债务人自身的除外。

4. 对担保人的影响。免责的债务承担中，未经担保人书面同意，担保人不再承担担保责任，但债权人和担保人另有约定的除外；并存的债务承担中，担保人的担保责任不受影响。

5. 对诉讼时效的影响。债务承担情形下，构成原债务人对债务的承认的，应当认定诉讼时效从债务承担意思表示到达债权人之日起中断。

四、合同权利义务的概括移转

（一）合同权利义务的概括移转概述

合同权利义务的概括移转，又称债权债务的概括承受，是指合同当事人一方将其权利义务一并转移给第三人，第三人一并接受其转让的权利义务。

鉴于权利义务的概括移转实际上包含了债权让与和债务承担，因此，对于债权让与和债务承担共同适用的规则同样适用于概括移转。

（二）合同权利义务概括移转的类型

根据产生原因的不同，合同权利义务的概括移转可以分为意定的概括承受与法定的概括承受。

1. 意定的概括承受，又称合同承受，是指根据当事人之间的协议发生的概括承受，即当事人一方经对方同意，可以将自己在合同中的权利和义务一并转让给第三人。

2. 法定的概括承受，是指依据法律规定产生的合同权利义务的概括承受。如《民法典》第67条规定："法人合并的，其权利和义务由合并后的法人享有和承担。法人分立的，其权利和义务由分立后的法人享有连带债权，承担连带债务，但是债权人和债务人另有约定的除外。"

第三节　合同的终止

【问题1】合同终止的原因有哪些？

【问题2】法定解除的事由有哪些？

【问题3】解除权与合同中附解除条件条款有何不同？

【例1】

服装厂诉棉纺厂[1]

1999年6月30日，某服装厂接受一批外商订货，标的为纯棉睡衣5000件，交货日期为8月底。合同约定，一方违约，应向对方给付货款的30%作为违约金。为履行这份合同，7月1日，该服装厂与某棉纺厂签订了一份棉布供货合同，合同约定：7月15日，棉纺厂向服装厂提供棉布1.8万米，并约定一方不履行时，应向对方支付违约金，数额为未履行部分价值的10%。

7月10日，棉纺厂向服装厂表示，由于机器检修等原因，15日交货有相当困难，请求将交货日期改为30日。服装厂表示该布料系为加工外商所订睡衣原料，交货日期短，不能推迟，否则外商会拒绝收货，所以棉纺厂必须按时交货。

7月15日，棉纺厂未按期交货，服装厂供销科遂四处联系棉布供应。7月16日，服装厂得知某纺织品商店存有棉布，即前往购回1.5万米。与在棉纺厂订货价格相比，服装厂多支付1.5万元。同日，服装厂派人以书面形式向棉纺厂声明解除供货合同。第二天，棉纺厂也以书面形式拒绝接受解除合同，并于7月25日将1.8万米棉布送到服装厂。服装厂拒收，双方由此发生纠纷。服装厂向法院起诉，要求棉纺厂支付违约金3000元，赔偿差价损失

---

[1] 参见王利明主编：《合同法要义与案例析解（总则）》，中国人民大学出版社2001年版，第351～354页。

1.5万元及其他合理支出500元。棉纺厂则要求追究服装厂的违约责任，要求服装厂收货付款并赔偿自己的损失5000元。

问题：棉纺厂的延迟履行是否使服装厂获得了合同解除权？

一、合同终止概述

合同的终止，又称合同的消灭，是指一定法律事实的发生使合同设定的权利义务归于消灭，合同关系在客观上不复存在。合同关系反映财产流转关系，其自身的性质决定它不能永远存续，而是一种动态的关系，有着从发生到消灭的过程。

合同的终止不同于合同的变更。合同的变更是合同关系中内容要素的变化，合同关系仍然存在；而合同终止是消灭既存的合同权利义务关系。合同的终止也不同于债的消灭。合同终止后，合同不再有履行效力，但由合同引起的债权债务关系并不必然消灭。如在发生违约的情形下，负有违约责任的一方仍有可能承担赔偿损失、支付违约金等义务；守约方也仍有可能承担返还财产的义务。所以，合同的终止并不等于债的终止。

合同权利义务终止的原因有：①合同债务已经按照约定履行；②合同解除；③合同债务抵销；④债务人依法将标的物提存；⑤债权人免除债务；⑥债权债务同归于一人；⑦法律规定或者当事人约定终止的其他情形。其中，债务按照约定履行，即清偿，是合同终止的常态，是最普遍、最正常的合同终止原因。

合同的权利义务终止后，除主合同的权利义务消灭外，从合同的权利义务也一并终止。但合同当事人还须承担后合同义务，即根据交易习惯履行通知、协助、保密、旧物回收等义务。

二、合同因解除而终止

（一）合同解除概述

合同解除，是指在合同有效成立之后、履行完毕之前，合同当事人依照法律规定或者合同约定的条件和程序，终止合同效力，结束合同确定的权利义务关系的一种民事法律行为。合同解除，可以分为法定解除和约定解除。合同有效成立后，由于主客观情况变化，使合同履行成为不必要或不可能，如果要求继续履行合同，可能对其中一方当事人甚至双方当事人造成不必要的损害，而且，有时在客观上也无法实现。因此，有必要在符合一定条件的情况下使有效的合同归于消灭。

合同解除具有以下法律特征：

1. 合同解除适用于有效成立的合同。依法成立的合同对当事人有约束力，订约双方必须依据合同享受权利、承担义务。未成立或已成立但未生效的合同无需解除。

2. 合同解除必须具备一定条件。只有在主客观情况发生变化使合同履行成为不必要或不可能，合同继续存在已经失去积极意义，可能造成不适当结果的情况下，才允许解除合同，禁止当事人在没有任何法定或约定根据的情况下任意解除合同。

3. 合同的解除必须有解除行为，包括当事人双方协商同意或解除权人一方作出解除的意思表示。解除事由出现后，合同并非自动解除，需要由解除权人向对方作出解除的意思表示。双方在合同中约定附解除条件的条款属于附停止条件的法律行为，一旦条件成就，合同自动解除，无需当事人作出解除的意思表示。

（二）意定解除、法定解除与司法解除

意定解除是最普遍适用的一种合同解除方式，包括约定解除与协商解除两种。约定解除是指当事人事先约定解除合同的条件，当解除合同的条件成就时，合同得以解除。协商解除是指当事人通过协商订立新合同以解除原合同，因此新合同也被称为"反对契约"。[1]约定解除与协商解除的不同之处在于：约定解除属于事前的约定，而协商解除属于事后约定；约定解除的条款或协议的作用是确认解除权，该行为不必然导致合同解除，只有当事人实际行使解除权后方可导致合同解除，而协商解除本身就是确认合同的解除问题，一旦达成协议，即可导致合同解除；约定解除只需有解除权的一方单方行为即可解除合同，无需双方共同行使解除权，而协商解除是双方的解除行为，是双方确认的结果。

法定解除是指在具备法定事由时，因当事人一方行使法定解除权而使合同效力消灭的法律行为。与约定解除不同的是，法定解除合同的条件是由法律直接规定的。当条件成就时，享有法定解除权的一方可行使法定解除权，以其单方意思即可解除合同，而不必征得对方当事人的同意。《民法典》规定了五种法定解除事由：①因不可抗力致使不能实现合同目的；②在履行期限届满之前，当事人一方明确表示或者以自己的行为表明不履行主要债务，即预期违约；③当事人一方迟延履行主要债务，经催告后在合理期限内仍未履行；④当事人一方迟延履行债务或者有其他违约行为致使不能实现合同目的；

---

〔1〕 参见李永军：《合同法》，中国人民大学出版社 2021 年版，第 262 页。

⑤法律规定的其他情形，如《消费者权益保护法》第 25 条第 1 款规定，经营者采用网络、电视、电话、邮购等方式销售商品，除法律明确规定的商品类别外，消费者有权自收到商品之日起 7 天内退货，且无需说明理由。此外，《民法典》第 563 条第 2 款还规定，对于不定期的继续性合同，当事人可以随时解除合同，但是应当在合理期限之前通知对方。

从上述法定的合同解除条件中可以看出，在一时性合同中，只有当合同当事人严重违约或有其他原因导致合同目的无法实现时，才赋予当事人解除权，这样的规定充分体现了合同法的公平、效率原则。因为，如果轻微的违约即可导致合同解除，则违约方可能遭受重大损失，显然对违约方不公平，也在一定程度上破坏了交易的稳定性。由于上述法定的合同解除条件均为原则性规定，实践中还应根据不同情形把握构成解除权的具体条件。

前述服装厂诉棉纺厂一案审理过程中，就对服装厂是否可以行使解除权有较大争议。

第一种观点认为，棉纺厂确实构成了迟延履行主债务，但其迟延履行期仅为 10 天，谈不上严重；而且，服装厂在棉纺厂迟延后（7 月 15 日）并未催告后者在一个合理期限内履行主债务，故服装厂无单方解除合同的权利。

第二种观点认为，棉纺厂构成了迟延履行并使其以后的履行于服装厂而言成为不必要，故服装厂取得合同解除权。7 月 15 日，即服装厂以书面形式通知棉纺厂之时，该合同即告解除。

该案争议的关键在于，棉纺厂的迟延履行是否构成了根本违约，是否使服装厂因此获得了合同解除权。尽管棉纺厂迟延履行期仅为 10 天，但这一延迟足以使服装厂不能实现合同目的，还可能造成服装厂违反其与外商之间的合同，因而服装厂不必经催告即可获得合同解除权。只是在服装厂通知棉纺厂解除合同时遭到对方的反对，合同能否得以解除以及解除的时间，应由人民法院来审查确定。

但在继续性合同中，合同存续多基于当事人之间的信任，如果当事人之间的信任不复存在，合同存续的基础也就随之消失，合同也就无需存在了。因此，《民法典》规定当事人可以随时解除不定期的继续性合同。需要注意的是，如果继续性合同约定了期限，当事人仍应受到约束。此外，当事人解除不定期继续性合同，需要在合理期限之前通知对方，以便相对人作出相应的准备。

司法解除是指，合同当事人不具有自主解除合同的法定事由，但可向法院或者仲裁机构请求解除合同的情形。常见的适用司法解除的情形有两种：

1. 情势变更。在合同赖以存在的客观基础发生异常变动的情形下，受不利影响的当事人虽然不可以以自己的行为解除合同，但可以请求人民法院或者仲裁机构变更或者解除合同。

2. 合同僵局。合同僵局是指，合同债务人违约、非违约方不行使解除权，且合同不适于继续履行，合同双方僵持不下的情形。此种情形下，虽然违约方可以援引《民法典》第580条第1款作为依据，以对抗非违约方请求实际履行的主张，但合同并未解除，合同债务依然存在，合同目的却无法实现，因此陷入"僵局"。此等情况下，如果不允许解除合同，则对双方当事人都不利。因此，尽管违约方因其过错致使合同目的无法实现，但法律仍然赋予其向法院或者仲裁机构请求解除合同的权利。[1]

合同僵局中司法解除的适用需要满足如下要件：①合同债务人负有非金钱债务，且该标的不适于强制履行[2]；②合同目的不能实现；③由法院或者仲裁机构裁决合同解除。

需要注意的是，即便合同因法院或者仲裁机构的裁决而解除，违约方的违约责任并不因此被免除。

（三）解除权的行使期限

约定解除权和法定解除权属形成权，即仅凭当事人一方的意志就能使民事法律关系形成、变更或者消灭。解除权一经行使，既存的权利义务关系即告终止。解除权的存在使合同关系处于不稳定状态，为此，法律规定了行使解除权的除斥期间，超过该期间的，解除权消灭。

解除权的行使期限应当按照如下方式确定：①法律规定或者当事人约定解除权行使期限时，行使期限为法律规定或者当事人约定的期限；②若对方催告解除权人行使解除权，解除权人须在合理期限内行使；③解除权人应当在知道或者应当知道解除事由之日起1年内行使解除权。

（四）解除权的行使

1. 解除通知程序。如前所述，约定解除权和法定解除权属于形成权，权

---

[1] 除《民法典》第580条第2款外，《九民纪要》对此也有规定。《九民纪要》第48条规定，违约方不享有单方解除合同的权利。但是，在一些长期性合同如房屋租赁合同履行过程中，双方形成合同僵局，一概不允许违约方通过起诉的方式解除合同，有时对双方都不利。在此前提下，符合下列条件，违约方起诉请求解除合同的，人民法院依法予以支持：①违约方不存在恶意违约的情形；②违约方继续履行合同，对其显失公平；③守约方拒绝解除合同，违反诚实信用原则。人民法院判决解除合同的，违约方本应当承担的违约责任不能因解除合同而减少或者免除。

[2] "标的不适于强制履行"的情形，指的是《民法典》第580条第1款规定的三种情形：①法律上或事实上不能履行；②债务的标的不适于强制履行或者履行费用过高；③债权人在合理期限内未要求履行。

利人有权决定是否行使。因此，在约定的或法定的解除条件发生时，并不直接发生解除合同的效果。获得约定解除权或法定解除权的当事人一方主张解除合同的，应当通知对方。

合同自通知到达对方时解除，至于何为"到达"，则因通知系当事人的意思表示，可适用意思表示的相关规则；当事人一方未通知对方，直接以提起诉讼或者申请仲裁的方式依法主张解除合同，若人民法院或者仲裁机构确认该主张，起诉状副本或者仲裁申请书副本送达对方视为通知，因此合同自起诉状副本或者仲裁申请书副本送达对方时解除；通知载明债务人在一定期限内不履行债务则合同自动解除，债务人在该期限内未履行债务的，合同自通知载明的期限届满时解除。

2. 相对人异议的救济程序。解除权是形成权，一旦解除权人行使解除权，相对人将会陷入被动的不利地位，因此《民法典》赋予相对人向人民法院或者仲裁机构提出异议的权利，以防止解除权人滥用解除权。

（五）解除权的法律效果

1. 合同权利义务终止。合同解除作为合同终止的一种原因，其最重要的法律效果便是使得合同权利义务终止，从而使得双方当事人从合同的约束中解放出来。合同解除既可以使合同关系自始消灭，也可以使合同关系自解除时消灭。通常而言，一时性合同解除后，即使已经履行也可以恢复原状，因此解除具有溯及力；而持续性合同内容较为特殊，合同解除后无法恢复原状，因此其解除不溯及既往。一般认为，当事人可以通过意思表示选择合同解除的效力，当事人没有特别约定的，合同解除的效力应溯及合同订立之时。

2. 恢复原状。对于已经履行的部分，根据履行情况和合同性质，当事人可以请求恢复原状或者采取其他补救措施，并有权请求赔偿损失。

3. 解除合同和违约责任可以并用。合同因违约而解除后，当事人仍然可以向违约方主张违约责任。

4. 主合同解除后，担保人原则上仍应对债务承担担保责任。如上文所述，合同终止并不等同于债的终止，合同终止后，违约方还可能承担损害赔偿或者违约金等违约责任，此时原则上不应当免除担保人的担保责任。但是，担保合同另有约定的，不受此限。

三、合同终止的其他情形

（一）抵销

抵销是指债权人与债务人双方互相负有基于不同法律关系而产生的债务时，各自以其债权冲抵其债务，使双方的债务在等额范围内消灭的法律制度。

因根据不同，抵销可以分为法定抵销和合意抵销。

法定抵销是指具备法律规定的要件，依一方当事人意思表示而为的抵销。合意抵销是指依据当事人之间的协议而成立的抵销。法定抵销和合意抵销的法律要件有所不同。法定抵销的要件包括：①抵销标的物的种类、品质相同。但是对于破产企业所享有的债权的抵销则不受此限。[1] ②相对人的债务已届清偿期。如果未届清偿期也允许抵销，实际上就是在清偿期前强制债务人清偿，牺牲了其期限利益，明显对债务人不利。但对于破产企业所享有的债权的抵销也不受此限。③依据合同性质、法律规定以及当事人约定得为抵销。因合同性质禁止抵销的包括不作为义务、提供劳务的债务、以智力成果为给付标的的债务等；因法律规定禁止的抵销一般包括禁止强制执行的债务、因故意侵权行为所产生的债务、约定应当向第三人为给付的债务等。合意抵销则不受上述限制，当事人互负债务，即使标的物种类、品质不相同，只要经双方协商一致，就可以抵销。

抵销一经成立，当事人双方所负的债务在数额对等的范围内归于消灭；数额不对等的，剩余部分仍然有效存在，债务人须继续履行。

（二）提存

提存是指当事人将财产交付提存机关，由债权人自提存机关处领取提存物，以达到债务清偿目的的法律制度。

债务履行往往需要债权人的协助。如果债权人无正当理由拒绝受领或者不能受领，会使债务人清偿不能，其与债权人之间的权利义务关系应当终止而无法终止，使债务人处于不利境地。采用提存方式消灭债务，一方面可以使无过错的债务人摆脱债务，免于承担风险或者违约责任；另一方面也可以及早确认权利义务关系及权利归属的状态，维护交易秩序。

因此，债务人难以履行债务时可将标的物提存。常见的情形包括：①债权人无正当理由拒绝受领；②债权人下落不明；③债权人死亡未确定继承人、遗产管理人，或者丧失民事行为能力未确定监护人；④法律规定的其他情形。标的物不适于提存或者提存费用过高的，债务人依法可以拍卖或者变卖标的物，提存所得的价款。

提存法律关系涉及提存人、债权人和提存机关三方当事人，因此，提存的效力也涉及三方：自提存之日起，债权人的债权在提存范围内得到清偿，债务人与债权人之间的合同关系归于消灭。债权人可以随时领取提存物，但

---

[1] 参见我国《企业破产法》第40条的规定。

如果债权人对债务人负有到期债务，在债权人未履行债务或者提供担保之前，提存部门根据债务人的要求应当拒绝其领取提存物。提存标的物提存之后，其所有权即移转给债权人，债权人享有提存物在提存期间所生的孳息的所有权，承担提存物在提存期间的一切风险及提存费用。因此，债务人应当及时将提存的信息通知债权人或者债权人的继承人、遗产管理人、监护人、财产代管人。

债权人领取提存物的权利，自提存之日起 5 年内不行使而消灭，提存物扣除提存费用后归国家所有。但是，债权人未履行对债务人的到期债务，或者债权人向提存部门书面表示放弃领取提存物权利的，债务人负担提存费用后有权取回提存物。

（三）免除

免除是指债权人为消灭债权而实施的抛弃债权意思表示的单方法律行为。债权人免除债务人部分或者全部债务的，合同的权利义务部分或者全部终止，但债务人可在合理期限内予以拒绝。

（四）混同

混同是指债权债务同归一人，致使合同权利义务关系以及其他债之关系消灭的法律事实。债的关系的成立以债权人与债务人同时存在为前提，当两者合二为一时，债权债务当然消灭。混同的原因有两种：①概括承受，即一方当事人概括承受另一方的债权债务；②特定承受，即债务人受让债权人的债权，或债权人承受债务人的债务。

债的关系因混同而绝对消灭。消灭的效力不仅及于债权人和债务人的抗辩权，还及于债权的从权利。但是，当法律另有规定或合同的标的有损第三人利益时，混同不发生使债之关系消灭的效力。

第七章

合同的违约责任

【本章提要】 订立合同的目的在于履行，通过履行实现订约时当事人期待从交易中获取的利益。违约不仅破坏正常的交易关系，使当事人的合同目的无法实现，也会危害整个社会经济秩序。因此，不管一份合同订立得如何完备、合法，如果不能有效地预防、阻止违约或及时、充分地补偿受害人因对方违约而承受的损失，合同订立制度、合同履行规则等制度就会变得几乎没有意义。从这个角度来说，违约制度是合同法律制度中最重要的制度。本章的重点为违约责任的归责原则、构成要件以及承担违约责任的方式。

第一节　违约责任概述

【问题】 违约责任的归责原则及构成要件是什么？

【例1】

霍切斯特诉戴·纳·陶尔案（1853）[1]

被告同意从 1852 年 6 月 1 日起雇用原告为送信人，雇用期为 3 个月。但在同年 5 月 11 日，被告表示将不履行该合同。5 月 22 日，原告起诉，请求被告为此支付损害赔偿。5 月 22 日和 7 月 1 日之间，原告找到了其他工作。

问题：原告是否有权请求被告承担违约赔偿责任？

【例2】

通海县土壤肥料工作站诉毕某[2]

2004 年，通海县土壤肥料工作站与毕某签订柑橘园承包合同，约定土肥站将柑橘示范园承包给毕某，承包期限从 2004 年 8 月起至 2015 年 3 月止。毕某每年向土肥站支付承包款 89 000 元（其中包括每年土地承包款 45 000 元、柑橘承包款 35 000 元、投资回收款 9000 元），如遇严重霜冻造成绝收的年份，

---

〔1〕 参见王利明：《违约责任论》，中国政法大学出版社 2000 年版，第 145 页。

〔2〕 参见国家法官学院案例开发研究中心编：《中国法院 2017 年度案例（合同纠纷）》，中国法制出版社 2017 年版，第 48 页。裁判书案号：云南省玉溪市中级人民法院（2015）玉中民二终字第 20 号民事判决书。

毕某可免交当年的柑橘承包款 35 000 元。2013 年 12 月下旬，当地发生低温霜冻灾害，柑橘园的柑橘大部分受损，并因冻伤柑橘树影响到 2014 年柑橘的产量。对此，毕某认为 2013 年的低温霜冻天气造成柑橘园减产 90%，已属不可抗力，要求减免 2013 年一半的租金。

问题：本案中，低温霜冻天气是否属不可抗力情形?

一、违约责任的概念

违约责任，即违反合同的民事责任，是指合同当事人不履行合同义务或履行合同义务不符合约定时，依照法律规定或合同约定应承担的责任。违约责任的产生以合同有效存在为前提。合同依法成立后，在当事人之间产生法律约束力，当事人应当按照合同约定全面、严格地履行合同义务。当事人一方不履行合同义务或者履行合同义务不符合约定的，须以继续履行、采取补救措施或者赔偿损失等方式承担违约责任。

二、违约责任的特征

(一) 违约责任是一种民事责任

民事责任，是指民事主体在民事活动中，因实施违法行为而依法应当承担的法律后果或基于法律特别规定而应当承担的法律责任。

(二) 违约责任是以合同义务为前提或基础的民事责任

当事人承担违约责任，以合同义务的存在为前提或基础；违约责任是违反生效合同约定义务的后果。当事人是否负有合同义务，是确定其是否应承担违约责任的一个基本标准。只有当事人负有合同义务而又未履行该义务或履行该义务不符合约定时，才会产生违约责任。

(三) 违约责任是由违反合同义务的义务人向合同权利人承担的民事责任

合同关系具有相对性、特定性，合同义务是特定合同义务人向合同权利人负担的义务，所以，违约责任只能是合同义务人向合同权利人承担的责任。违约责任的这一特点使其区别于侵权责任、不当得利返还责任、缔约过失责任等其他责任。

(四) 违约责任可以由当事人约定

违约责任既具有强制性，又具有任意性。违约责任的强制性，是指在发生违约时，债权人可以请求国家司法机关强制债务人承担违约责任；违约责任的任意性，是指合同双方当事人可以约定违约责任，债权人也可以选择违约责任的承担方式。合同当事人既可以约定承担违约责任的情形，也可以约定限制或者免除违约责任的情形；既可以约定承担责任的范围，也可以约定承担责任的方式；既可以约定违约赔偿损失的数额，也可以约定违约赔偿损失的计算方法。当然，当事人对违约责任的约定不能违反法律、行政法规的强制性规定。

（五）违约责任主要具有补偿性[1]

违约责任是一种补偿性的财产责任，其目的是补偿因违约行为造成的损害后果。合同权利义务一般都具有经济内容，违反合同给权利人造成的损害一般也都是经济利益的损失。所以，违约责任作为一种救济措施，也是财产性的，即由债务人以一定的财产来纠正或补偿违约。

三、违约责任的归责原则

归责原则是确定行为人责任的根据和标准。违约责任的归责原则，是指合同当事人不履行合同义务后，根据何种归责事由确定其应承担的违约责任。违约责任的归责原则主要有过错责任原则和严格责任原则。过错责任原则是指在一方当事人违反合同规定的义务，不履行或不适当履行合同时，应以过错作为确定责任要件和责任范围的根据；严格责任原则是指无论违约方是否存在过错，都应对违约行为承担违约责任，除非存在法定免责事由。

不同归责原则对违约责任制度内容会产生决定性影响，主要体现在以下几个方面[2]：首先，归责原则决定违约责任的构成要件。归责原则的不同导致违约责任构成要件有所区别。根据过错责任原则，过错是违约责任的核心要件，无过错即无责任；而根据严格责任原则，过错并不是违约责任的构成要件，而是以违约结果为构成要件。其次，归责原则决定举证责任的分配。民事诉讼的一般证据规则是"谁主张，谁举证"，即主张者既要证明自己受到了损害，又要证明主张者的损害是由对方的过错造成的。但在合同法律关系中，为了保护非违约方利益，减轻其举证负担，过错责任归责原则中的"过错"是被推定的，即在违约事实出现后，法律直接推定违约方有过错，非违约方仅负责就违约方的违约事实举证，而不负证明违约方有过错的义务，但允许违约方举证自己无过错，从而推翻法律的推定，使自己不负违约责任。严格责任原则中，过错并非违约责任的构成要件，因此违约方也无需反证自

---

[1] 除补偿性以外，一些情况下违约责任还具有一定的惩罚功能，如惩罚性违约金和违约定金。通常认为，违约行为常常是商业谋划失败的后果，通常不具有道德上的可非难性，因此违约损害赔偿主要是以填补损失为目的，而非以制裁违约方为目的。参见王利明主编：《中国民法典释评：合同编·通则》，中国人民大学出版社 2020 年版，第 566～567 页。

[2] 参见崔建远主编：《合同法》，法律出版社 2021 年版，第 215～216 页。但他同时指出：问题的关键和实质，不在于何种归责原则，而在于法律规定的免责事由的多寡。

己没有过错。最后，归责原则决定着免责事由。根据过错责任原则，免责事由是确定违约方应否承担违约责任的条件，这些免责事由主要包括不可抗力、特殊情况下的轻微过失、意外事故等；而在严格责任原则中，免责事由一般不包括轻微过失和意外事故。

对我国违约责任归责原则，理论上有较大争议。一种观点认为我国采严格责任原则；另一种观点认为我国兼采严格责任原则与过错责任原则，并以严格责任原则为一般归责原则，以过错责任原则为例外和补充。[1]本书同意第二种观点。

（一）严格责任原则

《民法典》第 577 条规定："当事人一方不履行合同义务或者履行合同义务不符合约定的，应当承担继续履行、采取补救措施或者赔偿损失等违约责任。"由此规定可以看出，我国主要采取严格责任原则这一违约责任归责原则。

将严格责任原则作为违约责任的一般归责原则，是在总结以往立法经验和司法实践的基础上确定的。将严格责任作为一般归责原则的原因有以下三点：①严格责任可以促使当事人认真履行合同义务。在严格责任原则之下，只要存在违约事实且不存在免责事由，就可以认定违约责任，无需证明违约方主观上有过错。而过错属于主观心理状态，较属于客观事实的违约行为和免责事由更难判断。因此，严格责任更有利于保护守约方的利益，促使当事人认真履行合同义务，维护合同严肃性，还有利于降低诉讼成本。②严格责任更符合违约责任的本质。违约责任以合法有效的合同关系为基础，合同关系体现了双方的意愿和利益；除非有法定或约定的免责事由，当事人均应受其约束。因此，只要违反合同约定，就应当承担违约责任。③严格责任更符合国际经贸交往的需要。在国际商事交往规则中，大多采取严格责任原则。《联合国国际货物销售合同公约》《国际统一私法协会国际商事合同通则》均采用严格责任原则，这反映出采用严格责任原则是国际上合同法发展的共同趋势。因此，以严格责任作为一般归责原则，更符合国际经贸交往的需要。

（二）过错责任原则

我国《民法典》合同编对一些特殊的违约情形采用了过错责任原则，作为严格责任原则的例外。适用过错原则的情况主要体现在典型合同分编中，例如，承租人保管不善致使租赁物毁损、灭失时的责任以及保管人违反规定

---

[1]　参见崔建远主编：《合同法》，法律出版社 2021 年版，第 217 页；参见王利明主编：《中国民法典释评：合同编·通则》，中国人民大学出版社 2020 年版，第 570～573 页。

致使保管物损失的责任。

四、违约责任的构成要件

违约责任的构成要件，可以分为一般构成要件和特殊构成要件。一般构成要件是指违约当事人承担任何违约责任形式都必须具备的要件。特殊构成要件是指各种具体的违约责任形式所要求的责任构成要件。特殊构成要件主要包括损害事实、损害事实与违约行为之间的因果关系、过错等。

违约责任的一般构成要件，主要包括以下两个内容：

（一）违约行为

违约行为是指合同当事人违反合同义务的行为，即当事人一方不履行合同义务或者履行合同义务不符合约定。违约行为的形态可以分为预期违约和实际违约。

预期违约，分为明示预期违约和默示预期违约。明示预期违约，是指在合同履行期限到来之前，一方当事人无正当理由而明确、肯定地向另一方当事人表示将不履行合同。默示预期违约，是指在合同履行期限到来之前，一方当事人有充分证据证明对方当事人在履行期限到来之时将不履行合同或者不能履行合同。预期违约侵害的是权利人的期待利益。合同履行期限到来前，合同权利人虽然享有债权，但不得请求债务人履行，债权人享有的仅是合同的期待利益。但在履行期限到来之前，当事人一方明示或默示违约，对方的期待利益也就不可能实现。在此情形下，权利人可以就期待利益的损害采取必要的救济措施。

前述霍切斯特诉戴·纳·陶尔案确立了预期违约制度。法院判决原告胜诉的主要理由是，原告的起诉并不过早，如果不允许他立即起诉主张补救，而让他坐等到实际违约的发生，那么他必将陷入无人雇用的境地。法院认为，在一方当事人明确表示他将不履行合同的情况下，允许受害人缔结其他合同关系是合理的。

实际违约，是指当事人一方在合同履行期限到来后不履行合同义务或者履行合同义务不符合约定。实际违约可以分为不履行和不适当履行。其中，不履行包括履行不能和拒绝履行。履行不能是指债务人在客观上已无能力和条件履行合同义务。拒绝履行是指履行期限届至后，合同当事人无正当理由拒绝履行合同义务的行为。不适当履行，是指合同履行不符合约定的条件，如标的物的质量、数量、履行时间、履行地点、履行方式等不符合条件。

（二）不存在法定或约定的免责事由

根据严格责任原则，非违约方只需证明违约方的行为不符合合同约定，就可以要求其承担责任，而不需要证明其主观方面具有过错。违约方要想免于承担违约责任，必须证明存在法定或约定的免责事由。

法定免责事由，主要是指不可抗力和债权人过错。不可抗力是指不能预见、不能避免并不能克服的客观现象，既包括自然现象，如地震、海啸等；也包括社会现象，如暴动、政变等。不可抗力系不可抗拒的客观现象，所以，因不可抗力造成的当事人违约，违约当事人可免除违约责任。债权人过错是指债务人不履行合同或不适当履行合同是由于债权人的原因造成的。债权人因其本身的过错给对方的履行造成障碍，因而应由债权人负担不履行的后果。

前述通海县土壤肥料工作站诉毕某案中，当事人双方在合同中对于低温霜冻的发生已有预见，并在合同中作出了明确的约定，毕某只有在"严重霜冻造成绝收的年份"，才可以免交当年承包款 35 000 元。因此本案中的低温霜冻天气并不符合不可抗力"不能预见、不能避免并不能克服的客观现象"的定义，应属商业风险。

约定抗辩事由，是指当事人在合同中约定的免责条款，但此类约定不得违反法律、行政法规的强制性规定。

第二节　违约责任的承担方式

【问题1】各种违约责任的承担方式分别有哪些特点？
【问题2】定金与违约金、赔偿实际损失是否可以并用？
【例1】

哈德雷诉巴辛德勒（1854）[1]

原告是一个经营磨坊生意的商人，被告是经营运输业务的公司。原告磨坊中的机器以蒸汽机驱动，曲轴是蒸汽机上的关键部件。一天，磨坊的蒸汽机上的曲轴突然断裂，磨坊不得不停止工作。制造蒸汽机的厂商位于格林威治，因此，原告必须把断裂的曲轴作为样品送到格林威治以换回一个新曲轴。原告派了一位雇员到被告那里，请被告把曲轴送到格林威治。该雇员告诉被告的职员：磨坊现已停工，这个曲轴必须马上送走。该雇员还问，新曲轴何时可以运回。被告的职员回答，如果能在某一天中午 12 点以前把曲轴送来，

---

〔1〕 参见孔祥俊：《合同法教程》，中国人民公安大学出版社1999年版，第460～461页；王军编著：《美国合同法判例选评》，中国政法大学出版社1995年版，第207～210页。

第二天就可以送到格林威治。第二天中午以前，断裂的曲轴被送到了被告那里，以便运往格林威治。原告还向被告支付了运费。由于被告的疏忽，该曲轴没有被马上送往格林威治，最终导致原告收到新曲轴的时间晚了5天，磨坊的工作也因此被耽搁了5天。为此，原告提起诉讼，要求被告赔偿停工5天所造成的误工损失。

　　问题：被告是否应赔偿原告主张的误工损失？

【例2】

华美贸易公司诉商通经贸公司[1]

　　1999年10月21日，原、被告签订了海上货物运输合同。合同约定，被告于同年11月1~5日派"森海"轮为原告从山东龙口港运袋装水泥1万吨至广州黄埔港，运费为每吨人民币85元；原告应付给被告定金人民币15万元、船舶滞期费预付金人民币15万元，合同未订违约金条款。签订合同当日，原告即向被告支付定金和船舶滞期费预付金各15万元。但被告未在合同约定的期间派船到装货港受载。同年11月5日，被告向原告提出解除合同，并将收取的定金及船舶滞期费预付金退还给原告。原告不同意解除合同，多次催被告继续履行合同，但被告仍不派船运输。2000年4月9日，原告向大连海事法院提起诉讼。

　　原告诉称：被告单方解除合同系违约行为，应当依法承担违约责任。除已退给原告的15万元定金外，被告还应返还给原告定金15万元；并依1986年《水路货物运输合同实施细则》第19条规定，支付违约金1万元和赔偿货物在港超期堆存费等47 607元。

　　问题：原告要求被告双倍返还定金并支付违约金和赔偿实际损失的请求是否应被支持？

【例3】

某汽车客运公司诉某市政府[2]

　　某市政府与某汽车客运公司签订《客运站建设经营投资合同书》，约定政府同意由汽车客运公司特许经营某汽车客运站40年。合同违约条款中约定，违约方应向守约方支付合同总标的额5%的违约金，若违约金不足以弥补对方的直接损失与间接损失，则违约方应按合同中约定的违约金计算公式赔付受

〔1〕　参见王利明主编：《合同法要义与案例析解（总则）》，中国人民大学出版社2001年版，第488~489页。

〔2〕　本案例改编自"三星堆汽车客运公司诉广汉市政府"一案。参见最高人民法院民事审判第二庭编：《合同案件审判指导》，法律出版社2014年版，第452~459页。

损方。

涉案车站竣工后，由于拆迁安置等问题，某市政府一直未能将场地交付给客运公司使用。后客运公司向法院提起诉讼，诉请某市政府支付违约金165万元，并赔偿客运公司相应损失。

问题：原告可否一并主张违约金与损害赔偿请求权？

根据《民法典》第577条，承担违约责任的主要形式有：继续履行、采取补救措施和赔偿损失。除此之外，法律另有规定或当事人另有约定的其他方式都可作为承担违约责任的方式。例如，《民法典》第581条规定的负担第三人替代履行的费用、第585条规定的违约金及第586条规定的定金罚则，都是可供当事人选择适用的违约责任承担方式。

一、继续履行

继续履行，也称强制实际履行，是指合同一方当事人不履行合同义务或者履行合同义务不符合合同约定时，对方当事人有权要求违约方继续按照合同履行其义务。

继续履行虽然是合同履行的继续，但它同一般的履行合同债务的行为不同：①履行时间不一致。继续履行的时间往往晚于履行原合同债务的时间。继续履行是违约的一种救济方式，它一般在履行期届满后、债务人未为履行时发生。②强制性不同。作为法律规定的施加于违约方的一种强制性要求，继续履行较正常的合同履行增加了国家强制性，不论违约方是否同意，只要经非违约方请求并存在继续实际履行的可能性，就可强制其继续履行原合同义务。

继续履行是一种违约后的补救方式。一方违反合同后，另一方有权要求违约方继续履行合同，也有权要求其以其他方式承担违约责任。是否请求继续履行系非违约方的权利。通常情况下，继续履行被视为保障合同目的实现的首要方式，因为依合同约定实际履行能最直接地体现当事人订约的目的。然而，在有些情况下，继续履行并不一定能实现合同目的。比如，就一些季节性很强的商品的买卖而言，一旦供货方迟延交货，将可能使买方丧失交易的最佳时机，继续履行反而可能对买方不利。同时，继续履行也并不一定能使当事人完全实现合同目的。比如，一方当事人迟延履行合同义务，即使其已经完全履行了合同义务，迟延履行还有可能给对方当事人造成其他的损失。正因为如此，继续履行可与赔偿损失、支付违约金等其他承担违约责任的方式并用。

尽管非违约方有权选择是否要求违约方实际履行，但这种选择权也不是无限制的。《民法典》第 580 条就金钱债务与非金钱债务适用继续履行责任规定了不同条件：

1. 对于金钱债务，只要存在违约行为，则无条件地适用继续履行方式。

2. 对于非金钱债务，当事人一方不履行债务或者履行债务不符合约定的，对方可以要求继续履行。但是否强制继续履行，还要取决于实际履行的可能性。不适用继续履行的情形有三种：①法律上或事实上不能履行。法律上不能履行是指继续履行违反法律。例如，合同标的物已变成法律禁止流通物；违约方进入破产程序，不允许其对债权人进行个别清偿，当然更不可能强制其实际履行。事实上不能是指合同标的客观不能或永久不能履行。例如，以特定物为标的的买卖合同，特定物已灭失或被转让给其他善意第三人。②债务的标的不适于强制履行或者履行费用过高。债务的标的不适于强制履行是指依合同性质不宜强制履行。例如，在具有人身性质的劳动合同中，劳动者违约离职后，不能强制其继续履行劳动合同，否则会构成人身强制，与宪法赋予公民的人身自由权相悖；而且强制下的雇用关系也很难达到雇用目的。履行费用过高，属经济上的不合理，不仅对违约一方过分不利，也是对社会资源的浪费。③债权人在合理期限内未要求履行。这一规定的目的在于督促非违约方在合理期限内行使权利，以尽快稳定当事人之间的关系，避免给违约方造成不必要的损失。

二、采取补救措施

采取补救措施，广义上是指针对所有类型的违约进行救济，但此处特指债务人的履行不符合合同约定的情形（即上文提及的不适当履行）下的特定救济方式。补救措施的方式包括修理、重作、更换、退货、减少价款或者报酬等，受损害方可以根据标的的性质以及损失的大小，选择合理的补救方式。

采取补救措施可以与赔偿损失并用，即当事人一方不履行合同义务或者履行合同义务不符合约定的，采取补救措施之后，对方还有其他损失的，仍应当赔偿其损失。

三、赔偿损失

赔偿损失是指违约方在因不履行或不完全履行合同义务给对方造成损失时，依法或根据合同约定应当赔偿对方损失。

赔偿损失主要以金钱形式进行。其性质主要为补偿性，目的在于弥补或者填补债权人因违约行为而遭受的损失。因此，损失赔偿额应当与因违约导致的损失金额相当，包括合同履行后可以获得的利益，违约方因违约行为给对方造成的现有财产的减少、灭失、毁损和费用的支出，以及守约方可得利益损失。可得利益是指守约方在违约方正常履行合同时本来可以获得的利润。但应当注意的是，当事人不可因为对方的过错而获益，因此赔偿额不得超过违反合同一方订立合同时预见到或者应当预见到的因违反合同可能造成的损失。

前述哈德雷诉巴辛德勒案，因其确立了合理预见规则而被认为是违约损害赔偿案件的权威案例。法院认为：当双方当事人订立了合同，一方违约，另一方获得的损害赔偿应是可以公平、合理地认为是对自然发生的损害的赔偿，即按照事物发展的通常过程产生于这一违约本身的损害的赔偿；或者应是可以被合理地假定，在当事人双方订立合同时已经在他们预料之中并作为违反该合同时很可能发生的结果的损害赔偿。本案中，原告在合同成立时传达给被告的唯一情况是，被承运的物件是一个磨坊的断裂的曲轴。可是这些情况不能合理地表明，该承运人的不合理延误送达曲轴必然使磨坊不能继续获得利润，因为通常情况下，磨坊主会在库房中存有备用曲轴，如果他们使用了备用曲轴，损失就不会发生。因此，原告主张的利润损失不能被合理地当作当事人双方在订立合同之时本可以公平、合理地预料到的违约结果。据此，法院判决被告对原告的停工损失不负责任。

与此相反，在哈蒙德公司诉伯西案[1]中，根据合理预见原则，被告为其应当预见到的损失支付了赔偿金。被告是一个煤炭商人，原告是多佛港的海运业代理人。被告深知向该港靠岸的轮船供应煤炭是原告的部分业务。原告和被告订立合同，要被告供应一定数量的蒸汽锅炉用煤供轮船使用。订立合同时，被告知道原告买煤是为了再出售，之后供应轮船使用，但实际上供应的煤并不适用于轮船。原告随即再出售了该煤，该再出售的再购买者起诉原告，原告败诉。法院认为，如果当事人在订立合同之时会合理地预料到能在同一时间将商品再出售给再购买者，那么卖方应支付买方损害赔偿金。故，法院判决：原告不仅可以取得被告支付的原告应支付给再购买者的损害赔偿金，而且也可以取得诉讼中负担的诉讼费用。

在法律特别规定的情况下，损害赔偿还具有一定惩罚性。例如，我国《消费者权益保护法》第55条规定的3倍赔偿即属此类。

合同当事人也可以对赔偿损失责任进行约定。根据意思自治原则，合同当事人在不违反法律强行性规定的前提下，通过双方合意，可以约定损失的

---

[1]　参见［英］A. G. 盖斯特：《英国合同法与案例》，张文镇等译，中国大百科全书出版社1998年版，第524页。

赔偿方式。当事人既可以约定具体的损失赔偿金钱数额，也可以约定损害赔偿的计算方式。

四、违约金

违约金是指当事人通过协商预先确定的，一方违约后应向对方支付的一定数额的金钱。

违约金的支付，以违约行为存在为前提。只有在一方当事人违反合同的前提下，另一方当事人才有权要求其支付违约金。一般来说，各种形态的违约行为，如不履行、不适当履行、迟延履行等，都可以导致违约金的产生。但是如果当事人在合同中仅就某种特定的具体违约行为规定了违约金条款，就应当以合同具体规定的违约行为作为支付违约金的条件。如当事人就迟延履行约定违约金的，违约方支付违约金后，还应当履行债务。

违约金的支付还以当事人在合同中有违约金约定为前提。如果当事人在合同中没有有关违约金的事先约定，一方违约时，另一方就无法要求其支付违约金。正是因为违约金数额是预先确定的，所以违约金具有损害赔偿所不能替代的作用。它可以避免当事人在发生违约事实后、确定实际损失过程中发生争议，便于当事人及时、有效地处理违约责任纠纷。当事人还可以通过确定违约金数额，将未来难以预料的风险限制在一定范围内，使损害赔偿额的限制——"违反合同一方订立合同时预见到或者应当预见到的因违反合同可能造成的损失"——具体化、确定化，避免事后争议。

值得注意的是，违约金数额的确定受到法律一定程度的限制。约定的违约金低于所造成的损失的，当事人可以请求人民法院或者仲裁机构增加金额；约定的违约金过分高于所造成的损失的，当事人可以请求人民法院或者仲裁机构适当减少金额。这一规定是对当事人合同自由原则的适当限制，体现了公平原则。从这一规定也可以看出，违约金的主要作用是弥补损失。

违约金与赔偿损失这两种责任方式一般不能同时适用。但合同中可以约定不同的违约行为分别适用违约金与赔偿损失的责任方式，也可以在约定违约金的同时约定违约金不足以弥补违约造成的损失之时，违约方仍有补足义务。

前述客运公司诉某市政府案中，客运公司认为违约金过低，不足以弥补其损失时，可依据《民法典》第585条第2款，请求法院对违约金数额作出调整。但是请求法院调整违约金时，需要证明自身受到的实际损失。若只依据合同中违约金条款主张违约赔偿，则不需要证明实际损失。在本案中，由于客运公司无法证明其可得利益的损失，因而只能请求被告支付违约金，而不能请求法院增加违约金。

五、定金

定金是指为保证合同履行，依据合同当事人的约定，由一方按合同标的数额的一定比例预先给付对方的金钱或其他替代物。债务人履行债务后，定金应当抵作价款或者收回。给付定金的一方不履行债务或者履行债务不符合约定，致使不能实现合同目的的，无权请求返还定金；收受定金的一方不履行债务或者履行债务不符合约定，致使不能实现合同目的的，应当双倍返还定金。

定金具有以下特点：①定金是一种双向担保方法。这主要表现在定金罚则对交付方和接受方均有约束力。②定金数额有最高限制。定金数额由当事人约定，但是不得超过主合同标的额的20%，超过部分不产生定金的效力。③定金须在主债务履行前交付，并在双方当事人顺利履行合同之时抵作价款或收回。换言之，定金在一些情况下可以起到预付款的作用。④定金合同为实践合同，自实际交付定金时成立。实际交付的定金数额多于或者少于约定数额的，视为变更约定的定金数额。⑤定金既是一种违约责任形式，也是一种对债务履行的担保。因为定金是预先交付的，其数额事前已得到明确，一方构成违约时即可适用定金罚则。给付定金的一方违约将无权请求返还定金，接受定金一方违约则须双倍返还定金，因此，定金既是合同违约的责任形式，也能督促双方自觉履行合同，并起到担保履行合同的作用。从这个意义上来说，定金也可被称作违约定金。

违约金与定金既有区别又有联系。首先，二者存在许多区别。违约金在一方违约后由违约方支付，而定金于合同履行前由一方当事人支付，且以实际交付为生效要件；定金有证约和预先给付的作用，在合同履行后可以抵作价款，而违约金无证约作用，也并非预先给付，自然不可能抵作价款；定金作为一种合同担保方式，可以担保双方债务的履行，而违约金虽有促使一方当事人履行债务的作用，但不属于担保方式，只是一种违约责任形式。尽管二者有上述区别，但都可作为违约责任的承担方式。因此，当一个合同同时存在违约金条款和定金条款时，当事人可以选择适用，但不能同时适用，否则就构成了双重责任和双重赔偿，不符合公平原则。定金作为违约责任的一种形式，具有填补守约方损失的功能，因此，定金不足以弥补一方违约造成的损失的，对方可以请求赔偿超过定金数额的损失。需要说明的是，定金与违约金不能并用这一规则仅适用于二者针对同一种违约行为的情形，如果合同对不同违约行为分别约定了适用定金和违约金两种责任，就不会造成双重责任和双重赔偿，应当允许二者并用。

前述华美贸易公司诉商通经贸公司案中，被告未履行合同，并提出解除合同，原告却要求继续履行合同。原告请求同时适用定金和违约金、赔偿损失的主张，不应得到支持。原告可以选择适用对其较为有利的定金罚则，即要求被告再支付 15 万元。如果原告不能证明其实际损失超过 15 万元，则不能再请求赔偿。

第三节　违约责任与侵权责任的竞合

【问题】违约责任与侵权责任有何区别？

【例1】

杨某诉谢某、庄某、张某、肖某案[1]

谢某驾驶中型货车超速行驶，张某驾驶的中型客车相向开来，谢某行驶时未靠右侧行驶，致两车于路右偏左发生碰刮，造成两车受损，客车中的乘客杨某受伤住院治疗。该事故经交警部门责任认定：谢某、张某分别应负本次事故的主、次要责任，乘客即原告杨某免负本次事故的责任。另查明，谢某受雇于庄某，张某受雇于肖某。杨某要求谢某、庄某、张某、肖某连带赔偿医药费、护理费、误工补贴、伙食补助费、交通费、营养费共计12 300.2元。

问题：杨某请求赔偿的依据是什么？

一、责任竞合概述

违约责任与侵权责任的竞合，是指同一行为同时符合违约责任与侵权责任的构成要件，导致同时产生具有排斥关系的违约责任与侵权责任的现象。

构成违约责任和侵权责任竞合的条件是行为人同时负有合同约定的义务和法律规定的作为或不作为的义务，并且同时违反了这两项义务。行为人承担不同的法律责任，将产生不同的法律后果。如果要求行为人同时承担两种责任，显然有悖于公平。因此，受损害方应当在侵权责任和违约责任中择一主张。

---

[1] 中国法制出版社编：《中华人民共和国合同法（案例应用版）》，中国法制出版社2009年版，第115～116页。

二、违约责任与侵权责任的区别

（一）归责原则不同

归责原则是用来确定行为人民事责任的理由、标准或根据。违约责任一般采用严格责任原则；而侵权责任一般采用过错责任原则，特殊情况下采用无过错责任原则，有时还兼采公平原则[1]。

（二）举证责任不同

违约责任下，守约方要求违约方承担违约责任，只需证明其有违约行为即可，是否具有免责事由应由违约方举证；而侵权责任一般采过错责任原则，因此通常需要受害人对侵权行为人的过错进行举证，仅在特殊情形下，受害人因法律推定侵权行为人具有过错或者法律明文规定适用严格责任原则而无需举证。

（三）赔偿范围不同

违约责任的赔偿范围以约定为主、以法定为辅；而侵权责任的赔偿范围都是法定的。需要注意的是，违约责任的赔偿范围曾经仅限于财产损失，不包含对精神损害的赔偿，但《民法典》改变了这一规则，违约行为损害对方人格权并造成严重精神损害的，受损害方也可以同时请求精神损害赔偿。因此，违约责任和侵权责任在此处的区别随着《民法典》的颁布被消除了。

（四）责任形式不同

违约责任的形式包括继续履行、采取补救措施、支付违约金、赔偿损失等多种形式；而由于侵权客体较为多样，侵权责任的形式也更为多样，除了赔偿损失以外，还有停止侵害、排除妨碍、消除危险、返还财产、恢复原状、赔偿损失、赔礼道歉、消除影响、恢复名誉等形式。

（五）对第三人应承担的责任不同

违约责任中，当事人一方由于第三人原因违约的，仍由其向对方承担违约责任；而侵权责任中，行为人只对自己的过错行为负责，第三人侵权造成损害的，由第三人承担赔偿责任。

（六）诉讼管辖不同

根据《民事诉讼法》的相关规定，因合同纠纷提起的诉讼，由被告住所地或合同履行地人民法院管辖，合同双方当事人也可以在书面合同中协议选择被告住所地、合同履行地、合同签订地、原告住所地、标的物所在地等与

---

〔1〕　对于公平责任是否是一项独立的归责原则，学界尚存争论。

争议有实际联系地的人民法院管辖；而因侵权行为提起的诉讼，应由侵权行为地或被告住所地人民法院管辖。

三、责任竞合的处理

在违约责任与侵权责任竞合时，受害人可以选择提起违约之诉或侵权之诉，这一规定尊重了当事人的自由意愿，体现了私法自治原则。

由于违约责任与侵权责任存在上述诸多不同之处，因此当出现责任竞合时，当事人可根据具体情况选择对自己最有利的一种责任方式。如果当事人的行为给受害人造成损害，由于举证责任等方面的原因，按合同纠纷处理对受害人更为有利。当然，如果当事人事先通过合同约定，双方仅承担违约责任而不承担侵权责任，原则上应依当事人的约定，一方不能行使基于侵权责任的赔偿请求权。但如果在合同有效成立后，一方造成对方人身伤害、基于故意或重大过失造成对方财产损失的，还应承担侵权责任。

前述杨某诉谢某、庄某、张某、肖某案中，由于两车相撞造成乘客杨某的人身伤害，其与承运人形成了两种法律关系，构成违约责任与侵权责任的竞合，杨某可以择其一行使请求权：①在客运合同中，杨某是乘客，肖某是承运人，张某是肖某雇用的司机，故杨某与被告肖某之间构成旅客运输合同关系。由于张某在运输过程中未尽注意义务，与谢某驾驶的车发生碰剐，致乘客杨某受伤，违反了旅客运输合同中约定的承运人应安全运送乘客这一义务，故构成违约。但由于合同当事人为乘客杨某和承运人肖某，故若杨某以违约为由起诉，仅能以肖某为被告。②张某与谢某的过失使得杨某遭受人身伤害，同时符合机动车交通事故侵权责任的要件。但由于张某与谢某分别为肖某与庄某的雇员，根据《民法典》侵权责任编的规定，雇员侵权由雇主承担替代责任。此外，本案案情符合无意思联络数人侵权的情形，故杨某可以侵权为由，请求肖某与庄某承担按份责任。

第八章

买卖合同

【**本章提要**】 买卖合同是商品交换的基本法律形式，在所有双务有偿合同中，它是最基本的合同类型。随着买卖交易的不断发展，先产生了一些为买卖服务的行业和以买卖为基础的行业，然后才产生了规范这些行业中商品流转关系的各类合同规则。因此，除法律另有规定外，其他有偿合同适用买卖合同的规则、原则。本章的重点为标的物所有权转移规则、标的物风险转移规则与瑕疵担保责任。

第一节 买卖合同概述

【**问题1**】 买卖合同有哪些特征？
【**问题2**】 买卖合同有哪些分类标准？

一、买卖合同的概念和特征

（一）买卖合同的概念

买卖合同是出卖人转移标的物的所有权于买受人，买受人支付价款的合同。买卖合同是社会经济生活中最普遍，也是最基本的一种合同。

各国立法例中，买卖合同有广义与狭义之分。广义的买卖合同，指一方向另一方移转财产权，包括所有权和其他财产权，由另一方支付价款的合同。这种立法例多存在于大陆法系的国家和地区之中，如日本、德国、法国、意大利以及我国台湾地区等。[1] 狭义的买卖合同，指一方向另一方移转财产的所有权，由另一方支付价款的合同。由此可见，狭义的买卖合同仅指实物买卖，而不包括其他财产权交易，如土地使用权、知识产权、债权、股权等的转让。英美法系国家、《联合国国际货物销售合同公约》以及我国都采用狭义的买卖合同的概念。

---

[1]《德国民法典》第433条第1款规定，根据买卖合同，物的出卖人负有向买受人支付其物，并使其取得该物的所有权的义务。权利的出卖人负有使买受人取得该权利的义务，如果因该权利而有权占有一定主物时，亦负交付其物的义务。

但应当注意的是，尽管我国《民法典》买卖合同一章的规制对象为狭义的买卖合同，但其他有偿合同在没有特别规定时，也可以参照适用买卖合同的规定。

（二）买卖合同的特征

1. 买卖合同是转移标的物所有权的合同。买卖合同是以转移标的物所有权为目的的合同，出卖人必须将标的物所有权移转给买受人，出卖人因此丧失标的物所有权，买受人取得标的物所有权。买卖合同与租赁合同、保管合同的区别就在于买卖合同引发财产所有权的移转，而租赁、保管合同只引发占有权或使用权的移转。

2. 买卖合同是双务合同。买卖合同是最为典型的双务合同，买卖双方均既享有权利，又承担义务。出卖人承担交付并移转标的物所有权的义务，而买受人享有获得标的物所有权的权利；出卖人享有取得价款的权利，而买受人承担支付价款的义务。一方的权利对应着对方的义务。这也是买卖合同与借用合同、赠与合同等单务合同的主要区别之一。

3. 买卖合同是有偿合同。买卖合同是有偿合同，即当事人一方享有合同所约定的权益，同时必须向对方当事人支付相应的对价。[1]具体来说，买卖合同中的买受人享有取得标的物所有权的权利，同时必须向出卖人支付相应的价款；出卖人享有取得价款的权利，同时必须向买受人转移标的物所有权。

4. 买卖合同是诺成合同。买卖合同是诺成合同，其生效不以标的物的交付为前提。除法律另有规定或当事人另有约定外，买卖合同自双方当事人对合同内容意思表示一致，即双方达成合意时成立。出让人交付标的物的行为属于买卖合同的履行行为，不是合同的成立要件。

5. 买卖合同通常是不要式合同。买卖合同以不要式为原则，以要式为例外。买卖合同可以是书面的，也可以是口头的，均由双方当事人协商决定。但是在法律另有规定或双方当事人另有约定的情况下，买卖合同应该采用法定或约定的形式。[2]

二、买卖合同的条款

买卖合同的条款，是指买卖合同的内容，它可以由当事人自由约定。买

---

〔1〕　崔建远主编：《合同法》，法律出版社 2021 年版，第 20 页。
〔2〕　如《海商法》第 9 条第 2 款规定："船舶所有权的转让，应当签订书面合同。"《城市房地产管理法》第 41 条规定："房地产转让，应当签订书面转让合同，合同中应当载明土地使用权取得的方式。"

卖合同一般包括以下条款:

（一）当事人的名称或者姓名和住所

买卖合同的当事人包括买受人和出卖人。对于买受人，法律仅限制特定人员不能成为特定买卖合同中的买受人，如对公司高管人员与本公司开展交易的限制，[1]拍卖公司及其职员就购买拍卖财产所受的限制。[2]对于出卖人，出卖人负有转移标的物所有权的义务，因此出卖人应当具有处分标的物的权利；但是若出卖人不具有处分权，买卖合同也不因此而无效，买受人可以解除合同并请求出卖人承担违约责任。

（二）标的

标的是合同当事人权利义务指向的对象，买卖合同的标的是指买卖合同当事人应为的给付行为。标的条款是买卖合同的核心条款。在标的条款中，标的物名称必须明确。买卖合同标的物须为有体物，诸如知识产权、债权等无形财产以及电力、水、气、热等，不属于买卖合同的标的物，我国《民法典》分别以其他有名合同来规范这些财产的买卖。买卖合同的标的物一般应为可流通物，限制流通物的买卖须经特别许可，只能在限定的范围内或限定的主体间进行流通，而禁止流通物则不得成为买卖合同的标的物，以禁止流通物为标的物的买卖合同无效。

（三）数量与质量

标的物的数量和质量是确定买卖合同标的物的具体条件。因此，数量条款与质量条款是买卖合同的必要条款。数量上的合理磅差或尾差、质量的技术指标、质量要求等都应该在合同中加以明确。

（四）价款

价款是受让人取得标的物所有权应该支付的对价，因此，价款也是买卖合同的必要条款。需要注意的是，通常的买卖合同中的价款仅指标的物本身的价款，而一些其他费用，包括运费、保险费、包装费等也应在合同中写明。

（五）履行期限、地点和方式

明确的履行期限直接关系到买卖合同完成的时间以及当事人的期待利益，是确定当事人的履行行为是否违约的因素之一，当事人可以约定履行期限为即时履行、定时履行或在一定期限内履行。履行地点是确定验收地点的依据，

---

[1]《公司法》第 148 条第 1 款第 4 项规定，董事、高级管理人员不得违反公司章程的规定或者未经股东会、股东大会同意，与本公司订立合同或者进行交易。

[2]《拍卖法》第 22 条规定："拍卖人及其工作人员不得以竞买人的身份参与自己组织的拍卖活动，并不得委托他人代为竞买。"

同时也是确定运输费用负担、运输风险承担、所有权移转等问题的依据，还是确定诉讼管辖的主要依据之一。履行方式，例如是一次交付还是分期、分批交付，是铁路运输还是空运、水运等，同样与当事人的利益密切相关。

（六）违约责任

违约责任条款通常包括违约致损的计算方法、损害赔偿范围等内容，有利于当事人将来及时解决违约问题。

（七）解决争议的方法

争议解决条款主要指在合同发生争议后，采用何种解决争议的方式（如诉讼、仲裁等）以及在何地解决等问题。此条款的明确，对于纠纷的妥善处理具有积极意义。

除了以上条款之外，买卖合同的当事人还可以就货物的包装方式、检验标准、结算方式、合同使用的文字及效力等问题进行约定。

三、买卖合同的分类

（一）一般买卖合同和特种买卖合同

依法律是否有特殊规定，买卖合同可以分为一般买卖合同和特种买卖合同。一般买卖合同是指适用法律关于买卖合同的一般规定，法律并未作特殊规定的合同；特种买卖合同是法律就其种类或内容作出特别规定的买卖合同，如分期付款买卖合同、样品买卖合同、试用买卖合同、招标投标买卖合同、拍卖合同、所有权保留的买卖合同等都属于特种买卖合同，它们适用法律特别规定，无特别规定时，才适用买卖合同的一般规定。

（二）特定物买卖合同和种类物买卖合同

依标的物是特定物还是种类物，买卖合同可以分为特定物买卖合同和种类物买卖合同。这种分类的意义主要表现在标的物灭失时法律救济途径的区别：特定物买卖合同标的物灭失后，通常只能采用赔偿损失的方式；而种类物买卖合同标的物灭失后，还可以采用替代履行的方式。

（三）动产买卖合同和不动产买卖合同

依买卖合同标的物是动产还是不动产，买卖合同可以分为动产买卖合同和不动产买卖合同。这种分类的意义主要表现在以下两个方面：①所有权移转的公示方式不同。动产移转的公示方式为交付；而不动产移转的公示方式为登记。②管辖法院不同。动产争议采取的是一般民事诉讼的"原告就被告"原则；不动产争议采取的是由不动产所在地法院管辖的原则。

（四）现货买卖合同和期货买卖合同

依标的物是否已经存在，买卖合同可以分为现货买卖合同和期货买卖合同。买卖合同成立时标的物已经现实存在的，合同为现货买卖合同；反之，则为期货买卖合同。

（五）竞价买卖合同和自由买卖合同

根据订立方式的不同，买卖合同可以分为竞价买卖合同与自由买卖合同。竞价买卖合同是指采取竞价的方式订立的买卖合同，具体而言，是一方向多方发出要约邀请，竞价者竞相出价，择其出价最优者成立合同，如招标投标买卖合同、拍卖合同等。自由买卖合同是指买方和卖方按照订立合同的一般程序，自由商定价格等条款的买卖合同。

第二节　买卖合同的效力

【问题1】　买卖合同中的出卖人对标的物的瑕疵担保责任主要有哪些？

【问题2】　买卖合同中标的物所有权转移应遵循哪些规则？

【例1】

李某诉车行[1]

李某到车行买自行车，看中一辆"富士"牌车和两辆"飞鸽"牌车。李某当即交付一部分购车款，并与车行讲妥第二天取货时付清余款。为防止这三辆车被别人买去，李某要求车行将其挑出的自行车另行存放，车行随即将这三辆车推到了后院走廊下。不幸的是，这三辆车于当晚全部被盗。次日，李某来车行准备支付余款并取车，车行告知其车被盗，不能交付，但李某仍需结清余款。

问题：自行车灭失的风险应由谁承担？

【例2】

付某诉某家庭农场[2]

原告付某与被告某家庭农场负责人邓某于2013年9月1日签订《苗木购销合同》，由原告向被告购买四照花苗木。合同约定2014年3月10日前，原告将所购苗木运走。2013年9月20日，原告雇请朱某等人到农场内为选定的

---

〔1〕　参见房绍坤、郭明瑞主编：《合同法要义与案例析解（分则）》，中国人民大学出版社2001年版，第35页。

〔2〕　参见国家法官学院案例开发研究中心编：《中国法院2017年度案例（买卖合同纠纷）》，中国法制出版社2017年版，第158页。裁判书案号：云南省曲靖市中级人民法院（2015）曲中民终字第892号民事判决书。

四照花进行断根。2013 年 9 月 24 日，苗木断根结束后，朱某向邓某出具证明，对已断根的苗木数量完成了清点。原告所购苗木断根结束后，原告未将苗木运走，2014 年 1 月，因农场所在地气温骤降，原告购买的四照花苗木全部被冻死。

问题：本案中的断根行为能否认定为标的物交付？风险是否已经转移？

以下仅论述买卖合同对于出卖人与买受人的效力之义务方面。因为从双务合同的特点出发，买卖双方各自的权利即对方的义务。

一、出卖人的主要义务

（一）交付标的物

交付标的物是买卖合同中出卖人的主要义务之一，也是出卖人履行其他义务的前提。标的物交付是指出卖人将其对标的物的占有移转给买受人的行为。交付标的物时，标的物所有权未必转移。所以，应该将标的物交付与标的物所有权转移区分开来。

1. 交付的方式。交付方式主要有以下几种：

（1）现实交付。此方式为一般动产买卖合同的交付方式，是动产的直接转移，即将动产由出让人控制转为由受让人控制，一般同时发生动产所有权的移转。

（2）简易交付。此方式是指在买卖合同订立之前，标的物已经为买受人所占有，出卖人无需进行现实交付的交付方式。采简易交付的，标的物所有权自合同生效时转移。

（3）占有改定。此方式是指买卖合同双方当事人约定，合同生效后由出卖人继续占有标的物的交付方式，其实质是对于法律占有的转移。占有改定后，买受人取得所有权，其对于标的物处于间接占有的状态。生活中，占有改定的交付方式常见于出卖人继续租赁标的物的情形。

（4）指示交付。此方式是指买卖合同标的物由第三人占有，由买受人直接向第三人要求返还标的物，其实质是出卖人将其对标的物的返还请求权转移给买受人。该交付方式在标的物为出租物的买卖合同中较为常见。

2. 交付的时间。买卖合同中，合同双方通常会约定履行期限，出卖人应该按照约定期限交付标的物。这里的履行期限，可以是一个具体的时间，也可以是一个具体的期间。如果约定的是确定时间，出卖人应于该时间交付标的物；如果约定的是期间，出卖人可以在通知买受人的前提下，于该约定期间内的任何时间进行交付。合同未对交付标的物期限进行约定或者约定不明的，应该按以下方法确定：①当事人可以在事后达成补充协议；②如无法达成补充协议的，可以按照合同的有关条款或交易习惯确定；③依此仍然无法确定的，出卖人可以随时交付，买受人也可以随时要求交付，但应当给对方必要的准备时间。

出卖人迟延交付属违约行为。如果出卖人想提前交付，应该取得买受人的同意，否则买受人有权拒收，但提前交付不损害买受人利益的除外。

3. 交付的地点。交付地点与运输费用、风险承担等问题息息相关，因此对买卖合同的双方当事人具有重要意义。出卖人应该在约定的地点交付标的物。如果合同中未约定交付地点或者约定不明，应该按以下方法确定：①双方当事人可以事后达成补充协议；②如无法达成补充协议，则可以按照合同的有关条款或交易习惯确定；③依此仍然无法确定的，标的物需要运输的，出卖人应当将标的物交付给第一承运人以运交给买受人；标的物不需要运输，出卖人和买受人订立合同时知道标的物在某一地点的，出卖人应当在该地点交付标的物；不知道标的物在某一地点的，应当在出卖人订立合同时的营业地交付标的物。

4. 交付的质量与数量。标的物的质量和数量都是买卖合同中的重要条款，出卖人应当按照合同约定的质量与数量交付标的物。当合同对于标的物的质量约定不明确时，双方当事人可以事后达成补充协议；如无法达成补充协议，则可以按照合同的有关条款或交易习惯确定。依此仍然无法确定的，若质量要求不明确，则应当按照强制性国家标准履行；若没有强制性国家标准，则应当按照推荐性国家标准履行；若没有推荐性国家标准，则应当按照行业标准履行；若没有国家标准、行业标准，则应当按照通常标准或者符合合同目的的特定标准履行。出卖人超过合同约定的数量多交标的物的，买受人可以接收或者拒绝接收多交的部分；买受人接收多交部分的，应当按照合同的价格支付价款；买受人拒绝接收多交部分的，应当及时通知出卖人，同时对多交部分标的物可以代为保管，并可以主张由出卖人承担保管期间的合理费用及风险。

5. 交付标的物的包装。出卖人应当按照约定的包装方式交付标的物。未对包装方式进行约定或者约定不明的，应该按以下方法确定：①当事人可以在事后达成补充协议；②如无法达成补充协议的，可以按照合同的有关条款或交易习惯确定；③依此仍然无法确定的，应当按照通用的方式包装。没有通用方式的，应当采取足以保护标的物且有利于节约资源、保护生态环境的包装方式。

（二）转移标的物的所有权

1. 一般动产的所有权变动方式。通常情况下，动产物权的设立和转让，自交付时发生变动。但法律另有规定的除外。

需要注意的是，具有知识产权的标的物的所有权变动。如果标的物为具有知识产权的物，那么买受人所取得的仅仅是标的物的物质所有权，标的物中的知识产权并未转移于买受人，除非法律另有规定或者当事人另有约定。

2. 不动产所有权变动方式。不动产以登记为所有权变动的公示方法，其所有权自办理完所有权的转移登记手续时才发生转移。

3. 特殊动产的所有权变动方式。船舶、航空器和机动车等特殊动产的所有权一般自交付之日起转移，但未依法办理登记手续的，其所有权的转移不具有对抗第三人的效力。

（三）瑕疵担保责任

在买卖合同中，标的物的瑕疵通常包括两种，即物的瑕疵与权利瑕疵。由此产生的法律责任也分为物的瑕疵担保责任和权利瑕疵担保责任。

1. 物的瑕疵担保责任。物的瑕疵是指出卖人交付的标的物在品质上不符合合同约定或法律规定的标准，致使该标的物的用途和价值降低或消失。在此种情形下，出卖人应该承担物的瑕疵担保责任。[1]

物的瑕疵担保责任的构成应该具备以下要件：①出卖人交付的标的物存在瑕疵。物的瑕疵之判定依据如下两个标准：一是当事人约定的质量要求；二是法律规定的标准。标的物的质量不符合其中任一标准，即构成物的瑕疵。②买受人善意且无重大过失。买受人在订立合同时知道物的瑕疵，或者因为重大过失未发现物的瑕疵而订立合同的，出卖人无需承担瑕疵担保责任，由买受人自行承担责任。只有在买受人不知道也不应当知道物的瑕疵，或买受人虽然知道或者应当知道标的物质量存在瑕疵但不知道该瑕疵会导致标的物的基本效用显著降低，或出卖人故意隐瞒瑕疵，或出卖人对标的物的品质有特别保证的情况下，才由出卖人承担物的瑕疵担保责任。③买受人及时履行瑕疵通知义务。买受人在接收标的物之后，应该对其进行检验，并在发现瑕疵之后的一定时间内及时通知出卖人，此为买受人的通知义务。当事人约定检验期限的，买受人应当在检验期限内将标的物的数量或者质量不符合约定的情形通知出卖人。检验期限应当按照如下方式确定：①当事人对检验期限有约定的，按照当事人的约定；约定的检验期限过短，根据标的物的性质和交易习惯，买受人在检验期限内难以完成全面检验的，该期限仅视为买受人对标的物的外观瑕疵提出异议的期限；约定的检验期限或者质量保证期短于

---

[1] 关于物的瑕疵担保责任属于违约责任还是独立于违约责任之外的责任，学界存在不同意见。参见崔建远主编：《合同法》，法律出版社 2021 年版，第 211 页。

法律、行政法规规定期限的，应当以法律、行政法规规定的期限为准。②当事人没有约定检验期间的，买受人应当在发现或者应当发现标的物的数量或者质量不符合约定的合理期间[1]内通知出卖人。买受人在合理期间内未通知或者自收到标的物之日起 2 年内未通知出卖人的，视为标的物的数量或者质量符合约定，但法律、行政法规对标的物规定有检验期间或质量保证期的，适用该检验期间或质量保证期的规定。③当事人对检验期限未作约定，买受人签收的送货单、确认单等载明标的物数量、型号、规格的，推定买受人已经对数量和外观瑕疵进行检验，但是有相关证据足以推翻的除外。

出卖人的物的瑕疵担保责任成立后，应当按照当事人的约定承担责任；对承担责任的方式没有约定或者约定不明确的，可以协议补充；不能达成补充协议的，按照合同有关条款或者交易习惯确定；如仍不能确定，受损害方可以根据标的物的性质以及损失的大小，合理选择要求对方承担修理、更换、重作、退货、减少价款或者报酬以及赔偿损失等责任。当事人可以约定减轻或者免除出卖人对标的物瑕疵所应承担的责任。但是若出卖人因故意或者重大过失而不告知买受人标的物瑕疵的，出卖人无权主张减轻或者免除责任。

2. 权利瑕疵担保责任。权利瑕疵担保责任是指出卖人就所交付的标的物负有保证第三人不得向买受人主张任何权利的义务。权利瑕疵通常包括以下几种情形：①标的物所有权全部或部分属于第三人；②买受人取得的所有权负担有第三人的合法权利，使其行使受到限制，如抵押权、留置权或租赁权等；③标的物所有权存在其他瑕疵，如标的物本身侵犯了他人的专利权、商标权等知识产权。

权利瑕疵担保责任的构成应具备以下要件：①权利瑕疵必须在买卖合同成立时已经存在。如果买卖合同在成立时权利并无瑕疵，而是在合同成立后产生瑕疵，则不构成权利瑕疵担保责任，而是发生侵权、违约及风险负担等问题。②权利瑕疵在买卖合同成立后未能消除。如果权利瑕疵在合同订立时存在，其后已经消除的，则不构成权利瑕疵担保责任。③买受人须不知道权利存在瑕疵，否则出卖人不承担权利瑕疵担保责任。

权利瑕疵担保责任成立后，若买受人有确切证据证明标的物具有权利瑕

---

[1] 对该"合理期间"的认定，应当综合当事人之间的交易性质、交易目的、交易方式、交易习惯、标的物的种类、数量、性质、安装和使用情况，瑕疵的性质，买受人应尽的合理注意义务，检验方法和难易程度，买受人或者检验人所处的具体环境、自身技能，以及其他合理因素，依据诚实信用原则进行判断；下述"2 年"是最长的合理期间，该期间为不变期间，不适用诉讼时效中止、中断或者延长的规定。

疵，买受人可以中止支付相应的价款，但若出卖人提供适当担保，买受人仍应履行支付价款的义务。

（四）回收义务

依照法律、行政法规的规定或者按照当事人的约定，标的物在有效使用年限届满后应予回收的，出卖人负有自行或者委托第三人对标的物予以回收的义务。[1]这也是环境保护和绿色发展理念在合同编的体现。

（五）其他义务

除以上主要义务之外，出卖人还应依照约定或交易习惯，负担交付提取标的物单证以外的有关单证及资料[2]等从给付义务，并遵循诚实信用原则，承担通知、协助、保密等附随义务。

二、买受人的主要义务

（一）支付价款

支付价款是买受人的主要义务。买受人应该按照合同约定的数额、支付地点、支付时间、支付方式等支付价款。

合同未对支付价款的数额进行约定或者约定不明的，应该按以下方法确定：①当事人可以在事后达成补充协议；②如无法达成补充协议，可以按照合同的有关条款或交易习惯确定；③依此仍然无法确定的，按照订立合同时履行地的市场价格支付；依法应当执行政府定价或者政府指导价的，依照规定履行。

合同未对支付价款的地点进行约定或者约定不明的，应该按以下方法确定：①当事人可以在事后达成补充协议；②如无法达成补充协议，可以按照合同的有关条款或交易习惯确定；③依此仍然无法确定的，买受人应当在出卖人的营业地支付。但当事人约定支付价款以交付标的物或者交付提取标的物单证为条件的，在交付标的物或者交付提取标的物单证的所在地支付。

---

〔1〕　如《循环经济促进法》第15条第1~3款规定："生产列入强制回收名录的产品或者包装物的企业，必须对废弃的产品或者包装物负责回收；对其中可以利用的，由各该生产企业负责利用；对因不具备技术经济条件而不适合利用的，由各该生产企业负责无害化处置。对前款规定的废弃产品或者包装物，生产者委托销售者或者其他组织进行回收的，或者委托废物利用或者处置企业进行利用或者处置的，受托方应当依照有关法律、行政法规的规定和合同的约定负责回收或者利用、处置。对列入强制回收名录的产品和包装物，消费者应当将废弃的产品或者包装物交给生产者或者其委托回收的销售者或者其他组织。"

〔2〕　《买卖合同解释》第4条规定，《民法典》第599条规定的"提取标的物单证以外的有关单证和资料"，主要应当包括保险单、保修单、普通发票、增值税专用发票、产品合格证、质量保证书、质量鉴定书、品质检验证书、产品进出口检疫书、原产地证明书、使用说明书、装箱单等。

合同未对支付价款的时间进行约定或者约定不明的，应该按以下方法确定：①当事人可以在事后达成补充协议；②如无法达成补充协议，可以按照合同的有关条款或交易习惯确定；③依此仍然无法确定的，买受人应当在收到标的物或者提取标的物单证的同时支付。

合同未对支付价款的方式进行约定或者约定不明的，应该按以下方法确定：①当事人可以在事后达成补充协议；②如无法达成补充协议，可以按照合同的有关条款或交易习惯确定；③依此仍然无法确定的，按照有利于实现合同目的的方式履行。

（二）受领标的物

受领标的物是买受人的权利。但从出卖人的角度来看，如果买受人不受领标的物，出卖人就无法顺利履行合同义务。因此，受领标的物也是买受人的义务。买受人应依照合同约定或者交易惯例受领标的物。如果标的物不符合合同约定，则买受人有权拒绝接受，且不承担违约责任。如果买受人无正当理由拒绝受领标的物，出卖人可以采用提存的方式交付。

（三）瑕疵通知义务

当标的物不符合合同约定或法定的标准时，买受人应在合理的期限内通知出卖人，否则将失去主张瑕疵担保责任的权利。

三、买卖合同的风险负担问题

买卖合同标的物的风险，是指买卖合同成立之后，债权债务结清之前，标的物因不可归责于任何一方当事人的原因而发生的毁损、灭失的风险。

（一）风险负担的一般原则

《民法典》第604条规定："标的物毁损、灭失的风险，在标的物交付之前由出卖人承担，交付之后由买受人承担，但是法律另有规定或者当事人另有约定的除外。"由此可见，我国民法关于买卖合同标的物的风险转移的规则为：以交付转移风险为一般原则，以法律的特别规定和当事人的特别约定为例外。

前述李某诉车行案中，如果自行车被盗不可归责于双方当事人，那么自行车的灭失就属于买卖标的物的风险。根据我国《民法典》规定的风险负担的一般原则，除法律另有规定或者当事人另有约定外，标的物的风险自交付时起转移。该案中当事人对风险的转移没有特别约定，法律也无特别规定，因此风险的转移应以交付为标准。该案中风险负担的确定关键在于确定标的物是否交付。该案中的自行车显然没有现实交付，自行车仍由车行实际占有，风险也就未转移。因此，自行车交付前被盗的风险应由车行承担。车行应将已经收取的价款返还给李某，且无权要求李某支付余款。

与李某诉车行案不同，在前述付某诉某家庭农场案中，虽然四照花苗木自始至终都在被告农场内，表面上看被告似乎并未完成标的物的交付。但原告在合同约定的交付期间内对合同标的物进行了选定并雇人为苗木断根的行为表明原告已经对合同标的物取得事实上的管领、控制，尤其是断根行为是对标的物进行处分的行为。就普通动产而言，动产的交付与所有权的转移同时进行，如若被告未完成标的物的交付，原告则无法处分标的物。本案中原被告约定的交货时间为 2014 年 3 月 10 日前，由原告自行负责标的物的运输，原告将标的物断根之后未及时将标的物运输导致标的物毁损、灭失的风险，应由原告自行承担。

（二）风险负担的特殊规则

除一般原则外，法律还规定了特别环境下风险转移应遵循的特殊规则。

1. 在有承运人的情况下的风险负担。当事人没有约定交付地点或者约定不明确，且未达成补充协议，按照规定标的物需要运输的，出卖人将标的物交付给第一承运人后，标的物毁损、灭失的风险由买受人承担。应当注意的是，这里的承运人是指出卖人办理托运时独立于买卖合同当事人之外的运输业者。

2. 出卖运输途中的货物的风险负担。出卖人出卖交由承运人运输的在途标的物，原则上毁损、灭失的风险自合同成立时起由买受人承担；但如果出卖人在订立合同时，知道或者应该知道货物已经发生毁损、灭失而仍然向买受人出卖该标的物并隐瞒相关事实的，则标的物的风险不发生转移。

3. 出卖人违约情况下的风险负担。出卖人违约对标的物风险负担会产生一定影响。具体来说，可以分为以下两种情形：

（1）出卖人未履行从给付义务的违约。出卖人未履行从给付义务的，不影响风险转移。但是这种违约行为对买受人造成损失的，买受人可以对其提起违约之诉。

（2）标的物质量瑕疵的违约。当标的物质量存在重大瑕疵时，买受人可以拒绝接受标的物或者解除合同，从而不承担标的物毁损或灭失的风险。值得注意的是，如果标的物质量存在瑕疵，买受人仍然接受了标的物，风险就转移至买受人。但在出卖人违约的情况下，即使标的物毁损、灭失的风险由买受人承担的，也不影响买受人因出卖人履行债务不符合约定而要求其承担违约责任的权利。

4. 买受人违约情况下的风险负担。买受人违约一般是指买受人违反了受领标的物的义务，导致出卖人无法交付标的物的情况。因买受人的原因致使标的物不能按照约定的期限交付的，买受人应当自违反约定之日起承担标的物毁损、灭失的风险；出卖人按照约定或者规定将标的物置于交付地点，买受人违反约定没有收取的，标的物毁损、灭失的风险自买受人违反约定之日起由买受人承担。

四、一物数卖的处理

一物数卖是指出卖人就同一标的物分别与多个买受人签订买卖合同的行为。由于买卖合同为负担行为、债权行为，而债权具有相容性，故这数个买卖合同在无其他无效事由的情况下均为有效，任一买受人均可请求出卖人交付标的物并转移所有权，其他买受人则得要求出卖人承担违约责任。

第三节 特殊买卖合同

【问题】试用买卖合同有哪些特征？

【例1】

欧洲公司诉我国某出口公司[1]

我国某出口公司与欧洲公司签订了一份出口商品合同，其中对商品质量的约定为：该商品水分不得超过15%，杂质不得超过3%，交货品质以中国商品检验局品质检验为最后依据。但在交付之前，出口公司又向欧洲公司寄送了样品，并电告对方：所交货物与寄送样品相似。货物到达欧洲公司后，欧洲公司发现，尽管有中国商品检验局出具的品质检验合格证书，但是，货物的品质比样品低。为此，欧洲公司向某出口公司提出：既然你公司提供了样品，而且作出了承诺，那么就应交付与样品一致的货物，现在你公司不能交付与样品一致的货物，我方将以每吨减少6英镑的价格来支付价款。

问题：该出口公司是否应承担物的瑕疵担保责任？

一、分期付款买卖合同

分期付款买卖是指买受人与出卖人约定，在一定期限内分3次以上向出卖人付清标的物价款的买卖。分期付款买卖合同是一种特殊的买卖合同，除符合买卖合同的一般特征外，还有其自身的特征：①买受人在价款付清之前，

---

[1] 参见杜万华主编：《合同法精解与案例评析（上）》，法律出版社1999年版，第332页。

即可受领标的物；②买受人以分期支付的方式支付价款；③除当事人另有约定外，标的物风险负担自标的物交付时起转移。

基于这些特征，《民法典》中规定了适用于分期付款买卖合同的特殊规则：①合同解除权与支付全部价款请求权。分期付款的买受人未支付到期价款的金额达到全部价款的1/5，经催告后在合理期限内仍未支付到期价款的，出卖人可以要求买受人支付全部价款或者解除合同。当事人另有约定的除外。②解除合同的损害赔偿金额。分期付款买卖在因买受人违反支付价款的义务而解除时，出卖人可以要求其赔偿损失。这是因为买受人在占有标的物期间所享受的利益也是出卖人的一种损失。为保护出卖人的利益，同时防止出卖人要求买受人支付的金额过分苛刻，出卖人解除合同的，可以要求买受人支付该标的物的使用费。③所有权保留。即在分期付款买卖合同中，买受人虽在付清价款之前先占有、使用标的物，但在双方当事人约定的特定条件（通常是价款的部分或全部清偿）成就之前，出卖人仍保留标的物所有权，待条件成就后，再将所有权转移给买受人。

二、样品买卖合同

样品买卖是指双方当事人以一定货物样本为标的物的质量判断标准而进行的一种买卖。

样品买卖合同与一般买卖合同相比，存在以下几个方面的特征：①样品买卖合同明确约定按照样品交付标的物。因此，样品必须在合同订立之时就已经存在。②凭样品买卖的当事人应当封存样品，并可以对样品质量予以说明。出卖人交付的标的物应当与样品及其说明的质量相同。③买受人不知道样品有隐蔽瑕疵的，即使交付的标的物与样品相同，出卖人交付的标的物的质量仍然应当符合同种物的通常标准。④当事人在合同中必须明确约定以样品来确定标的物的品质，否则就不属于样品买卖。

前述欧洲公司诉我国某出口公司一案涉及是否构成物的瑕疵问题，争议的焦点在于究竟应按合同的标准还是依出卖人提供的样品来检验货物的质量。在该案中，双方当事人签订合同时并没有约定将样品作为检验标的物质量的标准，因此，该合同不是样品买卖合同。出口公司向欧洲公司寄去样品并声称货物与样品相似的行为，只是一种修改合同的要约，欧洲公司并未对出口公司寄送样品的行为表态，因此，出口公司寄送样品的行为并不能构成对原合同的变更。况且出口公司寄送样品的行为所表达的意思仍然具有不确定性，只是电称"货物与样品相似"，其中"相似"一词并不能确定货物与样品的品质完全一致。因此，出口公司无需承担物的瑕疵担保责任，欧洲公司提出的以每吨减少 6 英镑的价格支付价款的主张没有法律依据。

三、试用买卖合同

试用买卖合同是指双方当事人约定，合同成立后，出卖人将标的物交付买受人使用或检验，并以买受人在约定期限内对标的物的认可为生效要件的买卖合同。

试用买卖合同的特征及其适用的特殊规则有以下几个方面：①出卖人在试用期间内，将标的物交给买受人使用。试用买卖的当事人可以约定标的物的试用期间。对试用期间没有约定或者约定不明确的，可协议补充；不能达成补充协议的，按照合同有关条款或者交易习惯确定；仍不能确定的，由出卖人确定。②买受人对标的物的认可是合同的生效要件。至于认可的方式，买受人可以在试用期间内明确表示认可；也可以通过支付全部或部分价金或对标的物实施试用以外的行为，如出租、出借、设定担保物权等行为，表示认可；试用期间届满，买受人对是否购买标的物未作表示的，也视为认可。如买受人对标的物认可，则试用买卖合同生效，买受人取得标的物的所有权。如买受人在试用期间内作出不认可的意思表示，则此买卖合同不发生效力。③买受人在试用期间应该妥善使用标的物。买受人拒绝购买时，其负有返还标的物的义务。如果试用期间因可归责于买受人的事由造成标的物损毁、灭失的，买受人应该承担赔偿责任。

四、招标投标买卖合同

招标投标买卖是指由招标人向数人或公众发出招标通知或招标公告，然后在诸多投标者中选择自己最为满意的投标人并与之订立合同的买卖方式。招标投标买卖的当事人的权利和义务以及招标投标程序等，依照有关法律、行政法规的规定。这里的"有关法律、行政法规"包括《招标投标法》《政府采购法》等。

五、拍卖合同

拍卖是指出卖人以公开竞价的方式，将标的物转让给最高应价者的买卖方式。拍卖的当事人的权利和义务以及拍卖程序等，应当依照有关法律、行政法规的规定。

相较于一般买卖合同而言，拍卖合同具有以下特点：①拍卖是一种公卖形式。拍卖方须在拍卖前进行公告以使有意参加拍卖的公众知晓。②拍卖是一种竞买形式。拍卖人发出要约邀请，之后由参加拍卖者公平竞价，发出要约，由拍卖人选择其中出价最高的人与之订立合同。

六、互易合同

互易合同是指当事人双方约定以货币以外的财物进行交换的合同。以物易物是最早的商品交换形态，即一方以交付并转移标的物的所有权为代价，取得对方标的物所有权。除此区别，互易合同具备了买卖合同的各种特征，应参照买卖合同的有关规定实施。

七、所有权保留买卖合同

所有权保留买卖合同是指当事人在买卖合同中约定买受人未履行支付价款或者其他义务的，标的物的所有权属于出卖人的合同。所有权保留买卖只适用于动产买卖。但出卖人对标的物保留的所有权，未经登记不得对抗善意第三人。

（一）出卖人的取回权

所有权保留买卖中，标的物所有权转移前，买受人有下列情形之一，给出卖人造成损害的，除当事人另有约定外，出卖人有权取回标的物：①未按照约定支付价款，经催告后在合理期限内仍未支付；②未按照约定完成特定条件；③将标的物出卖、出质或者作出其他不当处分。出卖人可以与买受人协商取回标的物，协商不成的，可以参照适用担保物权的实现程序。

（二）买受人的赎回权

出卖人取回标的物后，买受人在双方约定或者出卖人指定的合理回赎期限内，消除出卖人取回标的物的事由的，可以请求回赎标的物。买受人在回赎期限内没有回赎标的物，出卖人可以以合理价格将标的物出卖给第三人，出卖所得价款扣除买受人未支付的价款以及必要费用后仍有剩余的，应当返还买受人，不足部分由买受人清偿。

需要注意的是，虽然所有权保留买卖常常与分期付款买卖混合运用，但二者侧重点有所不同。分期付款买卖中出卖人不一定保留所有权，而侧重于买受人可以分期付款；所有权保留买卖中买受人不一定要在一定期限内分3次以上向出卖人支付价款，而侧重于买受人在履行一定义务前出卖人保留所有权。

第九章

供用电、水、气、热力合同

【本章提要】供用电、水、气、热力合同是具有公共性、公益性、垄断性、持续性的一类特殊买卖合同，这些特性决定了此类合同不同于一般的买卖合同，因此交易规则也有所不同。因这几种合同具有许多共同之处，《民法典》仅就供用电合同进行规定，其他三种合同参照其规定。

第一节　供用电、水、气、热力合同概述

【问题】供用电、水、气、热力合同与一般买卖合同有什么区别？

一、供用电、水、气、热力合同的概念

供用电、水、气、热力合同，是指一方提供电、水、气、热力等资源给另一方，另一方使用这些资源并支付相应价款的合同。供用电、水、气、热力合同在许多方面存在着共同之处，所以《民法典》仅就供用电合同进行了规定，其他三种合同参照其规定。故本章的阐述主要以供电合同为例。

二、供用电、水、气、热力合同的特征

因为供用电、水、气、热力合同的客体是电、水、气、热力，都是看不见摸不着的特殊商品，所以这些合同可以被视为特殊买卖合同，其特征有以下几点：

（一）公共性

供用电、水、气、热力合同最主要的特征就是其公共性。供应人提供的电、水、气、热力的消费对象不只是社会中的某些特定阶层，而是一般社会公众，包括自然人、法人和其他组织等。正因为如此，供用电、水、气、热力合同的供应人在面对提出通常、合理供应要求的使用方时，负有强制缔约义务，一切人均平等地享有与供应人订立合同，使用电、气、水、热力资源的权利。

（二）公益性

公益性是指供用电、水、气、热力合同的目的不仅包含供应方从供应行

为中获利，还应包含满足人们日常生产生活需要、提高人们生活质量的目的。因此，供用企业的营利性需受到一定的限制。限制的方式，通常是由政府制定这类供用合同的收费标准，强制供用企业遵守。供用企业在追求盈利之外，更多地承担了提高公共生活水平等社会责任。

（三）持续性

通常来说，供用电、水、气、热力合同都不是一次履行完毕，而是持续进行，属于连续供货的特殊买卖合同。供用人按照合同约定的时间与方式连续供应；使用人亦须按照合同约定的时间与方式履行付款义务。

（四）主体特定性

供用电、水、气、热力合同与一般买卖合同的另外一个重要区别就在于其一方主体的特定性，即供方主体，在我国为供电公司、自来水公司、天然气公司等，通常是具有垄断性质的企业。正是由于这一主体的特定性，国家应对使用方提供更多的保护，如对供应方主体施加强制缔约义务，通过政府定价或政府指导价确定价格等。

第二节　供用电、水、气、热力合同的效力

【问题】供电人的主要义务有哪些？

【例1】

服装公司诉供电局[1]

某服装有限公司与当地供电局签订了供电合同。合同约定：供电方每星期一至星期六24小时连续供电。用电方计划用电量指标为2.18万度，高峰时间电力负荷指标为900千瓦。双方如违反约定，按国家有关规定偿付违约金或赔偿损失。合同签订后，服装有限公司一直按计划指标用电。某日，服装有限公司正在紧张生产的时候突然停电，致使其停产5个小时，造成经济损失12 000元。经调查得知，当日供电局35千伏变电站在检修施工中，误拉刀闸，造成停电事故。为此，服装有限公司要求供电局赔偿因停电给其造成的损失，而供电局却以不是故意停电为由拒绝赔偿。服装公司向当地人民法院提起诉讼。

---

〔1〕　中国法制出版社编：《中华人民共和国合同法（案例应用版）》，中国法制出版社2009年版，第150～151页。

问题：由于供电人的原因造成用电人损失的，应如何承担赔偿责任？

一、供电人的主要义务

（一）安全供电义务

供电人应当按照国家规定的供电质量标准或约定安全供电。供电人未按照国家规定的供电质量标准和约定安全供电，造成用电人损失的，应当承担损害赔偿责任。

前述服装公司诉供电局案中，供电人在检修施工过程中误拉刀闸，造成停电事故，给服装公司造成了 12 000 元的经济损失，供电人违反了合同义务，理应承担赔偿责任。但赔偿数额应如何确定呢？对此，《全国供用电规则》（1983 年 9 月 1 日发布）第 74 条规定："…… （1）属于供电局运行、操作责任事故造成用户停电时，供电局应按用户在停电时间内可能用电量的电度电费的五倍（单一制电价为四倍）给予赔偿。用户在停电时间内的可能用电量，按照停电前用户正常用电月份或正常用电一定天数内每小时平均用电量乘以停电小时求得……"可知，赔偿的数额并不是以服装公司所遭受的实际损失为依据，而是按停电时间内可能用电量的电度电费的五倍计算赔偿。

（二）主动断电情况下的通知义务

订立供电合同之后，供电人就应该按照合同约定的供电量、供电时间向用电人供电。但在日常生活中，当设备需要进行检修或因电力总量不足而对部分用户实行限电时，供电方可能不能按照合同约定正常供电。供电的突然中断往往会对居民正常生活、企业正常生产经营造成不利的影响，甚至酿成重大损失。因此供电人因供电设施计划检修、临时检修、依法限电或者用电人违法用电等原因，需要中断供电时，应当按照国家有关规定事先通知用电人。未事先通知用电人中断供电，造成用电人损失的，应当承担赔偿责任。上述通知义务，须在停电前的合理期限内履行；通知的方式通常是在报纸、电视等媒体上进行公告。

（三）因事故断电的检修义务

如果供电设备遭到不可抗力或意外事故的破坏，那么供电方可能无法继续电力的正常供应。由于这种事故引发的断电往往是供电方无法预测的，因而供电方自然无法履行上述通知义务。但是，供电人应当按照国家有关规定及时抢修。若未及时抢修，造成用电人损失的，则应当承担赔偿责任。

二、用电人的主要义务

（一）交纳电费的义务

按照合同约定期限交纳电费，是用电人最主要的义务。用电人应当按照国家有关规定和当事人的约定及时支付电费。用电人逾期不支付电费的，应当按照约定支付违约金。经催告用电人在合理期限内仍不支付电费和违约金的，供电人可以按照国家规定的程序中止供电。用电人拖欠电费的，供电人可以中止合同，并在用电人补交电费及迟延利息后，重新供电。

（二）安全用电的义务

安全用电不仅关系到用电人的生命、财产安全，还关系到整个供电网络的安全及其他人的生命和财产安全。因此，安全用电不仅是用电人应承担的合同义务，而且更是关系到社会安全和稳定的社会责任。用电人应当按照国家有关规定和当事人的约定安全用电。用电人未按照国家有关规定和当事人的约定安全用电，造成供电人损失的，应当承担赔偿责任。

（三）绿色用电的义务

用电人应当节约、计划用电，这是绿色原则在供用电合同中的体现。

第十章

赠与合同

【本章提要】 赠与合同作为一种单务、诺成、无偿、不要式合同，主要内容就是转移财产权利，同时可以附义务。虽然附义务赠与合同也为无偿合同，但赠与人对赠与财产应负担相应的瑕疵担保义务。在不同情况下，赠与人享有法定撤销权、任意撤销权及拒绝履行抗辩权。

第一节 赠与合同概述

【问题】 附义务赠与合同有哪些特征？

一、赠与合同的概念

赠与合同是指赠与人将自己的财产无偿给予受赠人，受赠人表示接受赠与的合同。其中，将财产无偿给予对方的一方称为赠与人，无偿接受对方财产的一方称为受赠人。

二、赠与合同的特征

（一）赠与合同是无偿转移财产权利的合同

赠与合同的主要内容，就是一方无偿将财产权利转移给另一方，赠与人不要求受赠人作出对待给付，附义务的赠与仅是为受赠人设定了一定义务，此义务并非赠与的对价。如果合同标的为劳务，该合同就不属于赠与合同，而应属于无偿服务合同。

（二）赠与合同是双方法律行为

赠与合同属于双方法律行为，其有效成立必须经双方当事人意思表示一致。这一特征是赠与合同与遗赠的主要区别。遗赠只需遗赠人单方作出意思表示即可成立，而赠与合同必须由双方当事人意思表示一致才能有效成立。

（三）赠与合同是单务、诺成、不要式合同

赠与合同中的赠与人负担交付赠与财产的义务，而受赠人并无对待给付的义务；即使是下述附义务的赠与，受赠人与赠与人的义务也并非对待给付义务。《民法典》第658条第1款规定，赠与人在赠与财产的权利转移之前可以撤销赠与。交付前可以撤销赠与，意味着赠与合同在交付前已经生效。我国的《民法典》未对赠与合同的形式作出特别规定，赠与合同可以采用口头、书面等形式。因此，赠与合同是单务、诺成、不要式合同。

三、特殊赠与合同

（一）附义务的赠与

附义务的赠与又称附负担的赠与，是指赠与人在赠与的同时使受赠人承担一定义务的赠与合同。一般赠与中，受赠人仅享有权利而不承担义务。而附义务的赠与合同中，受赠人必须承担赠与人所附加的义务。这种负担条款不独立于赠与合同，而是作为赠与合同的一部分。受赠人履行义务的方式，可以是积极的作为，也可以是消极的不作为。所附义务的受益人可以是赠与人，也可以是合同当事人之外的第三人。附义务的赠与合同在效力方面，和一般的赠与合同存在以下区别：

1. 受赠人应当履行合同所附义务。赠与附义务的，受赠人应该按照约定履行义务。受赠人履行义务应以赠与物的价值为限。当赠与合同所附义务超过赠与物的价值时，受赠人可以仅就赠与价值之内的部分承担义务，拒绝履行超出的部分。

2. 赠与人有请求受赠人履行义务的权利。受赠人受领赠与物后，如果不履行合同所附义务，赠与人有权请求受赠人履行义务，或者撤销赠与。赠与人撤销赠与合同，此合同自始不发生效力，受赠人应当向赠与人返还赠与财产。

3. 赠与人就赠与财产承担瑕疵担保责任。一般赠与合同中，赠与人原则上不承担瑕疵担保责任；但附义务的赠与合同中，赠与人应在所附义务的限度内承担与出卖人相同的责任。

（二）公益捐赠

公益捐赠是指为公益或社会公共目的将自己的财产赠与他人的行为。由于在社会生活中，一些企业或个人以公益捐赠的名义沽名钓誉，承诺之后又不予兑现，因此，一般赠与合同中的赠与人在赠与财产的权利转移之前可以撤销赠与，但具有救灾、扶贫、助残等公益、道德义务性质的赠与合同或者经过公证的赠与合同的赠与人不享有此种任意撤销权。经过公证的赠与合同或者依法不得撤销的具有救灾、扶贫、助残等公益、道德义务性质的赠与合同，赠与人不交付赠与财产的，受赠人可以请求交付。

第二节 赠与合同的效力

【**问题 1**】 任意撤销权与法定撤销权有哪些区别？

【**问题 2**】 赠与人的瑕疵担保责任包括哪些内容？

【**例 1**】

村小学诉胡某[1]

事业有成的胡某回家探亲，发现小时就读的村小学房屋年久失修，已成危房。为表达自己对学校及老师的教育的感恩，胡某主动提出拿 30 万元为村小学盖教室。双方为此达成了一个书面协议。胡某回北京后积极想办法为村小学筹集资金，但不久发生了意想不到的事情：胡某公司工作人员在用电炉子取暖时引起火灾，使胡某财产全无，而且欠下近 100 万元的债务无力偿还。村小学一直没得到胡某的钱款，便打电话催问此事，胡某以生意不景气为由推托。村小学一纸诉状，将胡某告到法院，请求法院判决胡某支付 30 万元赠款。

问题：胡某是否应履行赠与的义务？

赠与合同是典型的单务合同，一般由合同一方当事人承担合同义务。因此，赠与合同的效力主要表现为赠与合同对赠与人的效力。

一、赠与人的主要义务

（一）交付赠与财产义务

向受赠人交付赠与财产是赠与人的主要义务。赠与人应当按照合同所约定的期限、地点、方式、标准将赠与财产交付于受赠人，并完成权利转移义务。如果赠与财产是动产，则应交付标的物，转移占有；如果赠与财产是不动产或者知识产权等，则应该完成产权的变更登记。赠与系无偿合同，因此，赠与人仅在因故意和重大过失致使赠与的财产毁损灭失的场合才承担赔偿责任。

（二）瑕疵担保义务

赠与的财产有瑕疵的，赠与人不承担责任。但如有以下两种情形，赠与

---

[1] 参见房绍坤、郭明瑞主编：《合同法要义与案例析解（分则）》，中国人民大学出版社 2001 年版，第 126～127 页。

人须承担瑕疵担保义务：

1. 附义务的赠与。附义务的赠与，赠与的财产有瑕疵的，赠与人在附义务的限度内承担与出卖人相同的责任。与一般赠与合同不同，附义务的赠与的受赠人在享有利益的同时，还需要履行约定的义务。就受赠人须履行义务而言，其类似买卖合同中买受人的地位。如果赠与的财产有瑕疵，必然导致受赠人所受利益有所减损，这便与合同约定的权利义务不相对应，使受赠人遭受损失。为平衡赠与人与受赠人的利益，应由赠与人承担瑕疵担保责任，但这种瑕疵担保责任应当是有限制的。因此，赠与人仅在受赠人所附义务限度内承担瑕疵担保责任。

2. 赠与人故意不告知瑕疵或者保证无瑕疵。如果赠与人故意不告知赠与的财产有瑕疵，则说明赠与人有主观上的恶意，所以因赠与财产的瑕疵给受赠人造成其他财产损失或者人身伤害的，应负损害赔偿责任。赠与人保证赠与物无瑕疵，给受赠人造成损失的，也应承担损害赔偿责任。

二、赠与人的主要权利

（一）任意撤销权

任意撤销权指赠与合同生效后、赠与财产转移前，赠与人可以依其意思自由撤销赠与合同的权利，但经过公证的赠与合同或具有救灾、扶贫、助残等公益、道德义务性质的赠与合同中的赠与人不享有任意撤销权。任意撤销权的行使应符合如下要求：

1. 任意撤销权应当在赠与财产权利转移前行使。就动产而言，应该在标的物交付给受赠人之前行使；就不动产或知识产权等权利而言，即使赠与人已将财产交付受赠人使用，只要尚未办理过户登记等法定手续，赠与人就可以行使任意撤销权。

2. 任意撤销权仅适用于一般的赠与合同。具有救灾、扶贫、助残等公益、道德义务性质的赠与合同或者经过公证的赠与合同中的赠与人无任意撤销权。

3. 任意撤销权的行使方式由当事人自由选择。《民法典》对任意撤销权的行使方式并无特别规定。当事人可自由选择行使的方式，可以口头形式，也可以书面形式行使。

（二）法定撤销权

法定撤销权是指赠与人依据法律规定的事由享有的可撤销赠与合同的权利。受赠人有下列情形之一的，赠与人可以撤销赠与：①严重侵害赠与人或者赠与人近亲属的合法权益；②对赠与人有扶养义务而不履行；③不履行赠与合同约定的义务。赠与人的撤销权，自知道或者应当知道撤销事由之日起一年内行使。与任意撤销权相比，法定撤销权具有如下特点：

1. 法定撤销权的行使主体不仅包括赠与人，在一定条件下还包括赠与人的继承人或法定代理人。而任意撤销权的行使主体仅为赠与人。

2. 赠与人的法定撤销权，应自知道或者应当知道撤销原因之日起 1 年内行使；赠与人的继承人或者法定代理人的法定撤销权，应自知道或者应当知道撤销原因之日起 6 个月内行使。而任意撤销权在赠与财产权利转移之前均可行使。即法定撤销权的行使时间以撤销原因为标准，与财产权利是否转移无关。

3. 法定撤销权须符合上述三种事由之一方可行使。而任意撤销权仅需赠与人作出撤销赠与的意思表示即可行使，并无法律特别规定。

4. 法定撤销权可以适用于所有赠与合同。而任意撤销权仅适用于一般赠与合同，不适用于经过公证的赠与合同或具有救灾、扶贫、助残等公益、道德义务性质的赠与合同。

5. 法定撤销权行使后，除了免除赠与义务外，在赠与义务已履行的情况下，还发生返还赠与物的后果。而任意撤销权的行使仅免除赠与人的义务。

（三）拒绝履行抗辩权

拒绝履行抗辩权是指赠与合同订立后，赠与人的经济状况显著恶化，严重影响了其生产经营或家庭生活的，可以拒绝履行赠与义务。

1. 拒绝履行抗辩权的行使条件。包括：①拒绝履行抗辩权须在合同生效后行使。赠与人与受赠人一旦意思表示达成一致，赠与合同即告成立并生效。只有在合同生效的情况下，受赠人才能对赠与人提出履行合同义务的请求，此时赠与人行使拒绝履行抗辩权阻碍其请求方有意义。②赠与人的经济状况显著恶化，已严重影响其生产经营或家庭生活。如果赠与人的经济状况在合同有效成立后发生异常恶化，严重影响赠与人的生产经营或者家庭生活的，此时再强行要求赠与人履行赠与义务则与我国扶危济困的道德传统相背离。为照顾确实处于困境中的赠与人，平衡双方利益，应当允许赠与人拒绝履行赠与义务。

2. 拒绝履行抗辩权的行使方式。由于拒绝履行抗辩权的行使，以受赠人向人民法院或仲裁机构提出请求赠与人履行义务为前提，因此，赠与人的拒绝履行抗辩权也应通过向人民法院或仲裁机构提出的方式来行使。

3. 拒绝履行抗辩权的行使效果。包括：①赠与合同成立且生效后，赠与人行使拒绝履行抗辩权的，可以不再履行赠与义务，受赠人的履行请求权同时消灭。②如果赠与合同附有义务，而且受赠人已履行该义务，拒绝履行抗辩权行使后，赠与人应返还受赠人履行义务所产生的利益。

前述村小学诉胡某案中，由于胡某与村小学之间就胡某赠钱盖房一事，意思表示一致，因此双方之间的赠与合同已成立且生效。该赠与合同属于具有扶贫性质的赠与合同，因此受赠人村小学有权要求赠与人胡某交付30万元赠与款。但胡某因公司遭受火灾，其财产全部被烧毁，且有100万元的债务无力偿还。这种意外灾害导致胡某的经济状况显著恶化，已经严重影响到了其生产经营和家庭生活。因此，虽然胡某负有交付赠与财产的义务，但在受赠人要求胡某履行赠与义务时，胡某有权拒绝履行该赠与义务。

第十一章

借款合同

【本章提要】借款合同因其标的物为货币而与其他合同相区别。不同的借款合同，规制方式也有所不同，以金融机构为贷款方的借款合同与自然人之间的借款合同在主体资格、利率限制等方面均有较大不同。

第一节　借款合同概述

【问题】以金融机构为贷款方的借款合同与自然人之间的借款合同有何区别？

【例1】

张某诉刘某借款合同纠纷[1]

张某与刘某系朋友关系，张某从事木材加工生意，而刘某从事商品批发业务。一次，张某的加工厂需要引进一台新型的机器，但是由于手头的流动资金不够，便向刘某请求借款10万元，刘某对此满口答应，而且两人签订了书面合同。但是刘某担心该笔借款无法收回，迟迟不向张某提供借款。于是张某向法院起诉，请求判令刘某承担违约责任，并继续履行借款合同。

问题：张某与刘某之间的借款合同是否成立？刘某是否应承担违约责任？

一、借款合同的概念

借款合同是指当事人双方约定—方向另一方提供借款[2]，另一方到期返还借款并支付利息的合同。其中，提供借款的一方称为贷款人，接受借款的一方称为借款人。另外，如果借款合同中有担保条款，则还涉及第三方当事人，即担保人。

借款合同包括借款种类、币种、用途、数额、利率、期限和还款方式等条款。

---

[1]　中国法制出版社编：《中华人民共和国合同法（案例应用版）》，中国法制出版社2009年版，第161页。

[2]　金融机构作为贷款人提供的借款通常被称为贷款。

二、借款合同的特征

（一）借款合同的主体一般应具有特定资格

以金融机构为贷款主体的借款合同，对借款合同的主体有较严格的规定。中国人民银行 1996 年发布的《贷款通则》第 17 条第 1 款规定："借款人应当是经工商行政管理机关（或主管机关）核准登记的企（事）业法人、其他经济组织、个体工商户或具有中华人民共和国国籍的具有完全民事行为能力的自然人。"第 21 条规定："贷款人必须经中国人民银行批准经营贷款业务，持有中国人民银行颁发的《金融机构法人许可证》或《金融机构营业许可证》，并经工商行政管理部门核准登记。"

对自然人之间的借款，法律则无特别的规定。此外，对于是否允许自然人和非金融企业之间签订借款合同，法律中未作明确规定。但在我国司法实践中，将公民与非金融企业之间的借款认定为民间借贷，只要双方当事人意思表示真实，一般即可认定为有效。

（二）借款合同的标的物为货币

借款合同之中，借款人向贷款人所借贷的标的物只能是货币。如果标的物是实物或其他，则属借用合同或租赁合同。由于货币作为一种特殊的物，是充当一般等价物的特殊商品，其使用价值寓于交换价值之中。借款人借贷的目的在于获得对所借贷得到的货币的消费。在合同期限届满时，借款人只要以同样数量的货币偿还即可，没必要、也不可能返还原物。

（三）借款合同一般为诺成、双务、有偿合同，但自然人之间的借款合同为实践、单务合同

金融机构的借款合同为诺成、双务、有偿合同，自当事人依法订立合同时成立。贷款人有依照约定交付货币的义务，同时享有要求对方依照约定返还本金及支付利息的权利；而借款人有要求贷款人依照约定交付货币的权利，同时也有依照约定返还本金及支付利息的义务。但自然人之间的借款合同为实践合同，自贷款人提供借款时成立，具体而言：①以现金支付的，自借款人收到借款时；②以银行转账、网上电子汇款等形式支付的，自资金到达借款人账户时；③以票据交付的，自借款人依法取得票据权利时；④出借人将特定资金账户支配权授权给借款人的，自借款人取得对该账户实际支配权时；⑤出借人以与借款人约定的其他方式提供借款并实际履行完成时。合同生效后，仅借款人有到期偿还本金及支付利息的义务，因此属单务合同，且除非当事人另有约定，原则上属无偿合同。自然人之间的借款合同约定支付利息的，借款的利率不得违反国家有关限制借款利率的规定。

前述张某诉刘某借款合同纠纷案中，张某与刘某之间的借款合同系自然人之间的借款合同，属于实践合同，自贷款人提供借款时成立。由于刘某未提供借款，因此该借款合同尚未成立。而违约责任的承担以合同成立且生效为前提，故刘某无需承担违约责任。

（四）借款合同一般为要式合同

为了明确双方当事人的权利和义务，保障金融机构信贷资金的安全，金融机构借款合同均采用书面的形式。而自然人间的借款合同，为避免纠纷，也通常会采用简易的书面形式，如借条、欠条等。可见，借款合同以采用书面形式为一般原则，以其他形式为例外。

三、借款合同的分类

（一）金融机构借款合同与自然人间的借款合同

依借款合同中贷款人的不同，借款合同可分为金融机构借款合同与自然人间的借款合同。金融机构包括银行及其他非银行金融机构，其借款合同通常又被称作贷款合同或信贷合同。自然人间的借款合同属于传统的民间借贷合同中的一种，广义的民间借贷合同包括自然人之间、非金融机构之间以及自然人与非金融机构之间的借贷合同。贷款主体不同，借款合同适用的法律也有所不同。

（二）自营贷款合同与委托贷款合同

依贷款资金来源及贷款风险承担不同，借款合同可分为自营贷款合同与委托贷款合同。自营贷款合同通常指金融机构以自有资金与借款人签订的借款合同，贷款风险由金融机构承担。委托贷款合同通常是指由政府、企业或自然人等作为委托人提供资金，并指定借款对象、用途、期限、利率等，由金融机构代为发放、监督使用并协助收回借款的借款合同。其中，金融机构只收取手续费，不承担贷款风险，贷款风险由委托人承担。

（三）信用借款合同与担保借款合同

依借款是否有担保，借款合同可分为信用借款合同和担保借款合同。信用借款合同是指仅以借款人的信誉作为其还款的保证的借款合同。此种方式因风险较大，一般不被金融机构采用，而仅在自然人之间的借款中使用。担保借款合同指借款人提供一定形式的担保作为其还款保证的借款合同，通常包括第三方的信用保证借款合同、财产担保借款合同（含抵押和质押担保）。金融机构的贷款通常采用此种方式。

此外，还有其他贷款业务上的分类。借款可以根据不同的标准进行分类：①按贷款经营属性划分，可以分为自营贷款、委托贷款和特定贷款。②按贷款使用期限划分，可以分为短期贷款、中期贷款和长期贷款。③按贷款主体经济性质划分，可以分为国有及国家控股企业贷款、集体企业贷款、私营企业贷款和个体工商业者贷款。④按贷款信用程度划分，可以分为信用贷款和担保贷款。⑤按贷款在社会再生产中的占用形态划分，可以分为流动资金贷款和固定资金贷款。⑥按贷款的使用质量划分，可以分为正常贷款和不良贷款。⑦按国际惯例将银行贷款划分为正常、关注、次级、可疑、损失五个等级，后三类贷款称为"不良贷款"或"有问题贷款"。

第二节　金融机构借款合同的效力

【问题】贷款人有哪些主要权利和义务？

一、贷款人的主要权利和义务

（一）贷款人的权利

1. 要求提供担保的权利。为了减少贷款人由于出借货币所承担的风险，贷款人可以要求借款人提供相应的担保。在我国的贷款实践中，银行等金融机构通常都会要求借款人提供相应的担保。其中，以不动产作抵押是最常见的担保方式。

2. 解除合同的权利。借款合同当事人除了可依合同编通则规定的解除合同的一般事由解除合同外，还可依典型合同分编中专门规定的特殊事由来解除合同，即借款人未按照约定的借款用途使用借款的，贷款人可以停止发放借款、提前收回借款或者解除合同。如在个人住房抵押贷款合同中通常会约定：借款人连续3次或累计6次不还款，贷款人有权解除合同。

3. 借款使用的检查监督权。借款人如果不依照合同约定使用借款，将会危害借款的安全。因此法律赋予贷款人检查监督借款使用情况的权利。

4. 确定利率的权利。金融机构可以在一定范围内自行确定利率。通常来说，不同的借款人订立不同的借款合同，对不同金融机构也会带来不同的风险。因此，各种金融机构可以根据具体的情况，对于不同的借款合同确定不同的利率。但办理贷款业务的金融机构贷款的利率，应当按照中国人民银行规定的贷款利率的上下限确定。

（二）贷款人的义务

1. 依照合同约定提供贷款的义务。订立借款合同之后，贷款人应当依照合同约定的日期提供约定数额的贷款。如果由于贷款人的原因，未按照约定提供贷款，给借款人造成损失的，应当对借款人进行赔偿。

2. 其他诚信义务。除依约提供贷款的义务之外，贷款人还须遵守其他诚信义务，其中最主要的义务就是应对借款人的各种情况进行保密。订立合同时，借款人通常需要向贷款人提供许多自身信息，如自身的债务状况、财务状况、生产经营状况等情况。这些信息如果泄露于第三者，可能会对借款人产生不利的影响。因此，贷款人须对借款人承担保密义务。

二、借款人的主要权利和义务

（一）借款人的主要权利

1. 获得全额贷款的权利。借款人订立借款合同的目的是获得贷款。现实生活中存在有的贷款方在提供贷款时就将借款人应付利息扣下，而仅将扣除利息后的剩余部分贷款交付给借款人的情况，变相提高利息，使借款人订立合同的目的无法完全实现。因此，借款的利息不得预先在本金中扣除，即使利息预先在本金中扣除，也应当按照实际借款数额返还借款并计算利息。

2. 提前还款的权利。如果借款人可以在还款期限到来前实现其目的，自然希望提前归还贷款，以节省利息支出。因此，借款人可以在合同没有相反约定的情况下提前还款，应当按照实际借款的期间计算利息，贷款人不得拒绝借款人提前还款。

3. 申请展期的权利。借款人不能按期偿还贷款时，可以在还款期限届满之前向贷款人申请展期。贷款人同意的，可以展期。

（二）借款人的主要义务

1. 如实订约的义务。订立借款合同时，借款人应向贷款人提供许多自身资料，以供贷款方审查；贷款方依据借款人提供的资料决定是否贷款、贷款数量及利率等。如果借款人在订立合同的时候提供虚假资料，贷款人有权请求撤销借款合同。情节严重的，可能构成贷款诈骗行为，借款人须负刑事责任。

2. 依约收取借款的义务。同其他合同中受领标的物的义务一样，借款人应依照合同约定收取借款，否则将使贷款人的义务无法履行。若借款人未按照约定的日期、数额收取借款，也应当按照约定的日期、数额支付利息。

3. 依约使用借款的义务。借款人使用借款，必须依照合同约定的用途使用。使用借款过程中，还有依合同约定接受贷款人检查监督的义务，借款人应当按照约定向贷款人定期提供有关财务会计报表或者其他资料。

4. 依约还款的义务。借款人应在约定期限内，将约定数额金钱归还贷款人，亦可在贷款人同意后提前还款或展期。合同未对返还借款的期限进行约定或者约定不明的，应该按以下方法确定：①当事人可以在事后达成补充协议；②如无法达成补充协议的，可以按照合同的有关条款或交易习惯确定；③依此仍然无法确定的，借款人可以随时返还，贷款人可以催告借款人在合理期限内返还。

5. 支付利息的义务。支付利息是借款合同有偿性的体现。借款人应当按照约定的期限和数额支付利息。合同未对支付利息的期限进行约定或者约定不明的，应该按以下方法确定：①当事人可以在事后达成补充协议；②如无法达成补充协议的，可以按照合同的有关条款或交易习惯确定；③依此仍然无法确定的，借款期间不满 1 年的，应当在返还借款时一并支付；借款期间为 1 年以上的，应当在每届满 1 年时支付，剩余期间不满 1 年的，应当在返还借款时一并支付。

第三节　民间借贷合同

【问题】民间借贷合同的利息利率有哪些特殊规定？

【例1】

李某诉段某[1]

段某向李某借款，李某为保证其到期能实现债权，与段某签订了《房屋买卖合同》一份。合同约定，李某以 100 万元的价格向段某购买位于 A 市的别墅，且段某应到房屋产权登记机关配合李某办理产权过户登记手续。同日，李某向段某汇款 94.5 万元，段某向李某出具收条一份。收条载明，段某已收到李某支付的别墅转让款 100 万元，其中转账支付 94.5 万元，现金支付 5.5 万元。除此之外，双方未出具书面借条，未约定利息及还款时间。本案诉争房屋价值 183 万余元。段某到期未配合李某过户，故李某诉请段某为其办理房屋过户登记手续。

问题：李某能否请求履行买卖合同直接取得房屋所有权？

一、民间借贷合同的概念和特点

（一）民间借贷的概念

民间借贷是指自然人、法人、其他组织之间及其相互之间进行资金融通

〔1〕参见最高人民法院 2015 年 12 月 4 日发布合同纠纷典型案例，网址：http://www.court.gov.cn/zixun-xiangqing-16210.html，最后访问时间：2018 年 8 月 13 日。

的行为。对于经金融监管部门批准设立的从事贷款业务的金融机构及其分支机构，其从事发放贷款等相关金融业务不属于民间借贷。

相对于《民法典》第679条、第680条中仅规定自然人之间的借款合同，《民间借贷规定》对民间借贷采取更为广义的定义，将非金融机构之间以及自然人与非金融机构之间的借贷关系也纳入民间借贷的范围，明确将民间借贷界定为与国家金融行业相对的，自发形成的一种民间融资信用形式。

（二）民间借贷合同的特点

1. 民间借贷合同主体不包括金融机构。民间借贷合同包括自然人之间、非金融机构之间以及自然人与非金融机构之间的借贷合同。《民间借贷规定》第1条第2款明确将金融机构作为贷款人的借贷合同排除于民间借贷合同之外。

2. 自然人之间的民间借贷合同为实践、单务合同，其他民间借贷合同为诺成、双务合同。自然人之间的借款合同，自贷款人提供借款时生效，因此自然人之间的民间借贷合同为实践性合同。合同生效后，只有借款人根据合同约定负有到期还本付息的义务，出借人对借款人不再负有义务，因此，自然人之间的民间借贷合同为单务合同。而自然人之间借贷之外的民间借贷合同为诺成、双务合同，合同自当事人依法订立合同时成立，借款人与出借人之间互享权利、互担义务。

3. 自然人之间的民间借贷合同的非要式性。借款合同应当采用书面形式，但是允许自然人之间通过约定的方式排除书面形式的要求，即自然人之间的借款合同，如果约定不采用书面形式的，法律承认其效力。但对于自然人之间借贷之外的民间借贷合同，应采用书面形式。

二、民间借贷合同的利息利率

（一）没有约定或约定不明时利息利率的确定

民间借贷双方没有约定利息或自然人之间借贷的，推定为无息借贷。而除自然人之间借贷之外的民间借贷合同中，借款双方对借贷利息约定不明，又不能达成补充协议的，应结合民间借贷合同内容，并根据当地或当事人的交易方式、交易习惯、市场利率等因素确定利息。

（二）民间借贷合同的最高利率限额

为防止货币资金从实体产业过度析出，出现资金空转的现象，从而维护正常的金融市场秩序，《民法典》明确规定禁止高利放贷，因此借款合同的利率不得违反国家有关规定。根据《民间借贷规定》第25条，借贷双方约定的利率不得超过合同成立时一年期贷款市场报价利率的4倍。其中，"一年期贷款市场报价利率"是指中国人民银行授权全国银行间同业拆借中心自2019年

8 月 20 日起每月发布的一年期贷款市场报价利率。

（三）逾期利率

借贷双方对逾期利率有约定的，从其约定，但不得超过合同成立时一年期贷款市场报价利率的 4 倍。对于未约定逾期利率或者约定不明的，分为两种情况处理：①既未约定借期内利率，也未约定逾期利率的，借款人自逾期还款之日起承担逾期还款的违约责任；②约定了借期内利率但是未约定逾期利率的，借款人自逾期还款之日起按照借期内利率支付资金占用期间利息。

至于逾期利率与违约金竞合问题，若借贷双方既约定了逾期利率，又约定了违约金或其他费用时，出借人可以择一主张，也可以一并主张，但是总计不得超过合同成立时一年期贷款市场报价利率的 4 倍。

三、民间借贷合同的效力

为维护市场金融秩序，《民间借贷规定》对企业、其他组织之间及其相互之间的借贷合同的效力作了特殊规定，下列情形的民间借贷合同无效：①套取金融机构贷款转贷的；②以向其他营利法人借贷、向本单位职工集资，或者以向公众非法吸收存款等方式取得的资金转贷的；③未依法取得放贷资格的出借人，以营利为目的向社会不特定对象提供借款的；④出借人事先知道或者应当知道借款人借款用于违法犯罪活动仍然提供借款的；⑤违反法律、行政法规强制性规定的；⑥违背公序良俗的。

四、民间借贷中特殊责任的认定

（一）互联网借贷平台的责任认定

互联网金融是伴随互联网相关技术发展而产生的现代资金融通模式，特别是以 P2P 为代表的网络借贷模式的出现，将民间借贷和互联网技术紧密连接起来。P2P 是 "peer to peer" 的缩写，即 "个人对个人"，即网络个人借款。其经典的模式是，网络信贷公司提供网络贷款平台，由借贷双方自由竞价，撮合成交。[1]对于借贷双方通过网络借贷平台形成了借贷关系，网络贷款平台提供者是否应承担担保责任的问题，应当分两种不同的情形来认定网络贷款平台的责任。

1. 网络贷款平台提供者仅提供媒介服务。网络贷款平台与出借人和借款人之间形成的是中介合同关系，中介人承担的义务是就订立合同的有关事项

---

〔1〕 参见杨立新："民间借贷关系法律调整新时期的法律适用尺度——《最高人民法院关于审理民间借贷案件适用法律若干问题的规定》解读"，载《法律适用》2015 年第 11 期。

向委托人如实告知，就已经知晓的相关信息如实披露，按照平台的既定规则促成借款合同的成立。因此，网络借贷平台的提供者不承担担保责任。

2. 网络贷款平台提供者通过网页、广告或其他媒介明示或有其他证据证明其为借贷提供担保。在这种中介加保证的模式下，网络贷款平台不仅提供中介服务，同时与出借人和借款人之间形成了担保法律关系，即在借款人逾期偿还借款时，出借人有权请求网络贷款平台的提供者承担担保责任。

（二）以买卖合同担保民间借贷的情形

以买卖合同担保民间借贷的现象大多表现为，房地产开发商难以从金融机构获得贷款，为解决继续获得借款的难题而与自然人贷款人签订房地产买卖合同予以担保，约定如果无法清偿债务，就履行买卖合同，以商品房抵债。即借款合同是主合同，买卖合同表面下掩盖的担保合同是从合同，以买卖合同为借款合同提供担保。

对于此类案件，当事人签订的买卖合同系双方虚假行为，即买卖合同系表面行为，当事人真正追求的法律效果是以商品房作为债务的担保。对于双方虚假行为，表面的虚假行为无效，隐藏行为的效力需要根据合同生效要件来判断。因此，如果当事人请求履行买卖合同，其诉求不能得到支持，法院应当按照民间借贷纠纷审理。虽然当事人请求履行买卖合同的诉求不能得到支持，但出借人可以申请拍卖买卖合同标的物，以偿还债务，就拍卖所得的价款与应偿还借款本息之间的差额，借款人或出借人有权主张返还或补偿。需要注意的是，《担保制度解释》第68条第2款规定："……当事人已经完成财产权利变动的公示，债务人不履行到期债务……债权人请求参照民法典关于担保物权的规定对财产折价或者以拍卖、变卖该财产所得的价款优先受偿的，人民法院应予支持……"因此，尽管出借人可以申请拍卖买卖合同的标的物，但由于此种情况下当事人没有完成财产权利变动的公示，因而无法就拍卖所得价款优先受偿。

前述李某诉段某案，是典型的借贷双方当事人通过签订买卖合同作为借贷合同的担保的纠纷类型。债权人李某撇开主合同而要求直接履行作为从合同的买卖合同，实际上是颠倒了主从合同关系。根据《民间借贷规定》第23条，此类案件应按照民间借贷法律关系进行审理，经法庭释明后应以段某偿还李某借款为诉讼请求。同时，在此纠纷中，债权人李某在债务人到期不履行债务时，请求其履行买卖合同，从而直接取得标的物的所有权，此时买卖合同事实上达到了流押的效果，违反物权法的原则。且标的房屋的价值明显高于借款合同的标的，如若李某直接取得该房屋所有权，则对段某显失公平。由于两人未约定利息，因此李某只能诉请段某偿还借款本金100万元。

第十二章

保证合同

【本章提要】 保证合同作为一种单务、无偿、诺成、从合同,主要内容是以保证人的责任财产为债权人提供担保。保证人可以区分为一般保证人和连带保证人,其主要区别在于是否享有先诉抗辩权。在一些情形下,保证人的保证责任被免除。此外,合同的变更以及转让会不同程度地影响保证人承担保证责任。

第一节 保证合同概述

一、保证合同的概念

保证合同是为保障债权的实现,由保证人和债权人约定,当债务人不履行到期债务或者发生当事人约定的情形时,保证人履行债务或者承担责任的合同。保证合同的当事人称为保证人和被保证人。保证人承担了他人的合同风险,故法律对其身份设置了一定的限制。机关法人不得为保证人,但是经国务院批准为使用外国政府或者国际经济组织贷款进行转贷的除外,此外,以公益为目的的非营利法人、非法人组织也不得为保证人。

保证合同的订立有三种形式:①可以是单独订立的书面合同;②也可以是主债权债务合同中的保证条款;③第三人单方以书面形式向债权人作出保证,债权人接收且未提出异议的,保证合同也成立。

保证人与债权人可以协商订立最高额保证的合同,约定在最高债权额限度内就一定期间连续发生的债权提供保证。最高额保证除适用本章规定外,参照适用《民法典》物权编最高额抵押权的有关规定。

二、保证合同的特征

(一) 保证合同是从合同

保证关系是从属于主债权债务关系而存在的,因此保证合同也具有从属性,是从属于主债权债务合同的从合同。保证合同具有效力上的从属性,即主债权债务合同无效的，保证合同亦无效，但是法律另有规定的除外[1]；保证合同也具有内容和范围上的从属性，即保证内容的范围和强度原则上不得大于或者强于主合同债务；此外，保证合同还具有移转上的从属性，即保证债权原则上伴随主债权的转让而转让，但是法律另有规定或者当事人另有约定的除外。

（二）保证合同是单务合同

保证合同是保证人一方承担保证义务而不享有权利，主债权人只享有权利而无须承担义务的合同。保证合同的根本目的是担保债权实现，并非追求经济利益，因此是典型的单务合同。

（三）保证合同是无偿合同

与赠与、借用、无息贷款等无偿合同相同，保证合同为债权人享有保证请求权而不必向保证人偿付代价的合同。在实际生活中，由于保证人提供保证使债权债务关系得以顺利建立，故订立保证合同之外，债务人可能给予保证人一定酬金或其他好处。但此为合同效力之外的问题，不属于保证合同关系的内容，并不影响保证合同的无偿性特征。

（四）保证合同是诺成合同

保证合同是一种担保之债，属于比较典型的诺成性合同，其成立无需担保人交付财产，只要双方当事人意思表示一致即可。

三、保证合同的主要内容

保证合同的内容一般包括被保证的主债权的种类、数额，债务人履行债务的期限，保证的方式、范围和期间等条款。

（一）被保证的主债权种类、数额

主债务的种类是指债权人和债务人订立的主合同是何种类型的债务，即是给付金钱债务、交付货物债务还是提供劳务的债务。主债权的数额是指主合同的标的额。

（二）债务人履行债务的期限

债务人履行债务的期限决定了保证人承担责任的起始时间。债务人在合同规定的履行期限内不能履行债务时，保证人就要开始承担保证责任。需要注意的是，主债务的履行期限不同于保证人承担保证责任的保证期间，在债务人的履行期限届满前，保证人尚无需承担保证责任；仅在履行期限截止后，

---

[1] "法律另有规定的除外"的情形，目前来讲，只有独立保函。

才开始计算保证人的保证期间，若此时债务人仍未履行债务，保证人才可能承担保证责任。

（三）保证的方式

保证的方式有两种，包括一般保证和连带责任保证。当事人在保证合同中约定，债务人不能履行债务时，由保证人承担保证责任的，为一般保证。一般保证的保证人在主合同纠纷未经审判或者仲裁，并就债务人财产依法强制执行仍不能履行债务前，除部分情形外，有权拒绝向债权人承担保证责任，此即一般保证人的"先诉抗辩权"。当事人在保证合同中约定保证人和债务人对债务承担连带责任的，为连带责任保证。连带责任保证的债务人不履行到期债务或者发生当事人约定的情形时，债权人可以请求债务人履行债务，也可以请求保证人在其保证范围内承担保证责任。

虽然保证制度是一项十分重要的法律制度，但由于现实生活中当事人对保证人承担保证的方式了解并不多，保证合同中对保证方式没有约定或者约定不明的情况频繁发生，此时不应对保证人施以过重的责任，故法律规定当事人对保证方式没有约定或者约定不明时，保证人仅需以一般保证的方式承担保证责任。

（四）保证的范围

保证的范围包括主债权及其利息、违约金、损害赔偿金和实现债权的费用。当事人另有约定的，按照其约定。

（五）保证的期间

保证期间是确定保证人承担保证责任的期间。保证期间经过，债权人未按照规定的方式主张债权的，保证债务消灭，保证人无需承担保证责任。保证期间不发生中止、中断和延长，它既不是诉讼时效期间，也不是除斥期间。

保证期间的确定。债权人与保证人可以约定保证期间，但是约定的保证期间早于主债务履行期限或者与主债务履行期限同时届满的，视为没有约定。没有约定或者约定不明确的，保证期间为主债务履行期限届满之日起6个月。债权人与债务人对主债务履行期限没有约定或者约定不明确的，保证期间自债权人请求债务人履行债务的宽限期届满之日起计算。债权人和债务人变更主债务的履行期限，未经保证人书面同意的，保证期间不受影响。

保证债务诉讼时效的确定。一般保证的债权人在保证期间届满前对债务人提起诉讼或者申请仲裁的，从保证人拒绝承担保证责任的权利消灭之日起，开始计算保证债务的诉讼时效。连带责任保证的债权人在保证期间届满前请求保证人承担保证责任的，从债权人请求保证人承担保证责任之日起，开始计算保证债务的诉讼时效。

第二节 保证合同的效力

【例1】

什邡市龙盛投资有限责任公司与广汉市三星堆汽车客运服务有限责任公司债务追偿纠纷[1]

2006 年 4 月 12 日，什邡信用社与龙盛公司、欣融公司签订《保证担保借款合同》，约定：龙盛公司向什邡信用社借款 200 万元。欣融公司、三星堆公司为龙盛公司的上述借款提供连带责任保证。2006 年 4 月 8 日，欣融公司与三星堆公司签订《反担保协议》。三星堆公司同意为欣融公司的担保行为提供反担保，反担保方式为连带责任保证，担保期间约定为还本付息完成之日止。借款期满后龙盛公司未还本付息，经债权人诉讼后欣融公司 2011 年 11 月 17 日结清了龙盛公司的该笔贷款本息。欣融公司于 2012 年 5 月 21 日向德阳中院提起诉讼，请求判令龙盛公司向欣融公司偿付为其代偿的借款本息，由三星堆公司对上述债务承担连带清偿责任。德阳中院一审判决支持了欣融公司诉请。龙盛公司、三星堆公司不服，以担保期限届满为由上诉至四川高院。

问题：1. 三星堆公司的担保期限是否届满？

2. 本案中的反担保协议担保的对象是什邡信用社对龙盛公司的债权，还是欣融公司对龙盛公司的追偿权？

3. 反担保的保证期间如何计算？

一、保证人的主要权利

（一）一般保证人先诉抗辩权

相较于连带责任保证，一般保证人享有先诉抗辩权。即一般保证中的保证人承担责任的方式并不是直接的，只有在主合同纠纷经审判或者仲裁，并就债务人财产依法强制执行后仍不能履行债务时，一般保证人才就其无法满足的部分承担保证责任。

以下几种情形下一般保证人丧失先诉抗辩权：①债务人下落不明，且无财产可供执行；②人民法院已经受理债务人破产案件；③债权人有证据证明债务人的财产不足以履行全部债务或者丧失履行债务能力；④保证人书面表

---

[1] 裁判书案号：四川省高级人民法院（2012）川民终字第 552 号民事判决书。

示放弃本款规定的权利。

（二）保证人追偿权

保证人承担保证责任后，除当事人另有约定外，有权在其承担保证责任的范围内向债务人追偿，并且享有债权人对债务人的权利，即取代债权人对于主债务人的地位。但是，保证人行使追偿权时，不得损害债权人的利益。

（三）保证人抗辩

保证债务具有从属性，因此保证人可以主张债务人对债权人的抗辩。为保护保证人的利益，债务人放弃抗辩的，保证人仍有权向债权人主张抗辩。同理，债务人对债权人享有抵销权或者撤销权的，保证人可以在相应范围内拒绝承担保证责任。

（四）要求债务人提供反担保

保证人为保证其追偿权的实现，可以要求债务人为其提供反担保。反担保是担保人转移担保风险的一种措施，其本质和担保并无差别。主合同的保证期间与反担保人的保证期间适用的起算规则不同，反担保人的保证期间应当从担保人实际履行担保责任之日起计算。

前述案例中，龙盛公司、三星堆公司最终败诉，直接原因在于其对反担保的保证期间的起算时间点选择错误，根本原因在于其对反担保的担保对象认识错误。《反担保协议》约定了担保期间为还本付息完成之日止，即从主债权履行期限届满之日起算，这实质上是错误地认为反担保的对象是什邡信用社对龙盛公司的债权。反担保所担保的对象不是主债权，而是主债权的担保人对主债务人的追偿权，三星堆公司作为反担保中的保证人，其担保的对象应为欣融公司对龙盛公司的追偿权。由于欣融公司对龙盛公司的追偿权自其承担保证责任之日起成立，因此反担保的保证期间应当"从担保人实际履行了担保责任之日起计算"。

二、保证责任的承担

（一）保证责任的免除

债权人应当在保证期间内请求保证人承担保证责任。若债权人"躺在权利上睡觉"，在保证期间内怠于行使权利，则保证人的保证责任被免除：一般保证的债权人未在保证期间对债务人提起诉讼或者申请仲裁的，或者连带责任保证的债权人未在保证期间请求保证人承担保证责任的，保证人不再承担保证责任。

一般保证的保证人在主债务履行期限届满后，向债权人提供债务人可供执行财产的真实情况。由于一般保证人享有先诉抗辩权，债权人应当优先就债务人可供执行的财产优先受偿。若债权人放弃或者怠于行使权利致使该财产不能被执行，此时债权无法得到清偿是出于债权人自身的过错，则保证人在其提供可供执行财产的价值范围内不应再承担保证责任。

（二）合同的变更与转让对保证责任的影响

1. 合同变更后的保证责任。债权人和债务人未经保证人书面同意，协商变更主债权债务合同内容，若债务减轻，保证人承担的保证责任更轻，有利于保证人的利益，则保证人仍对变更后的债务承担保证责任；但若债务加重，仅凭债权人和债务人意志便为他人设定义务不符合自己行为、自己责任的原则，则保证人对加重的部分不应承担保证责任。

2. 债权转让后的保证责任。因为债权让与一般不增加保证人的风险和负担，所以原则上保证责任并不受债权让与的影响，保证债权伴随主债权的转让而转让，但是法律另有规定或者当事人另有约定的除外。若保证人与债权人约定禁止债权转让，则表明保证人仅想对该债权人承担保证责任，在此情形下债权人未经保证人书面同意转让债权的，保证人对受让人不再承担保证责任。需要注意的是，若未将债权转让的相关事宜通知保证人，则该转让对保证人不发生效力。

3. 债务承担后的保证责任。在免责的债务承担情形下，由于新债务人加入债务，旧债务人退出债务，保证人的风险和负担很可能因为新旧债务人的偿还能力不同而有所增加，这对保证人极为不利。因此，若债权人未经保证人书面同意，允许债务人转移全部或者部分债务的，保证人对未经其同意转移的债务原则上不再承担保证责任，但是债权人和保证人另有约定的除外。在并存的债务承担情形下，由于旧债务人并不退出债务，保证人的利益并不会因为新债务人的加入而受到不利影响，因此保证人的保证责任不受影响。

第三节　共同保证

一、共同保证的概念

共同保证是指数个保证人就同一债务人的同一债务提供的保证。一般认为，保证人之间无须有共同的意思联络，即使保证人互相不知道彼此的存在，只要其都为同一债务提供保证，即构成共同保证。

二、共同保证中保证责任的承担

共同保证中，各保证人可约定担保不同的份额。保证人应当按照保证合同约定的保证份额，承担保证责任。没有约定保证份额的，债权人可以请求任何一个保证人在其保证范围内承担保证责任，即保证人之间相互承担连带责任。需要注意的是连带共同保证不同于连带保证，连带保证规制的是保证人与债务人之间的关系，即保证人不享有先诉抗辩权；而连带共同保证规制的是保证人之间的关系，即保证人之间互相承担连带责任。

需要注意的是，共同保证中债权人在保证期间内依法向部分保证人行使权利，不代表其已经向其他保证人行使过权利。

三、保证人之间的追偿权

共同保证中保证人承担保证责任后是否可以向其他保证人追偿，视其情形而有不同的规定。原则上，出于效率和节约资源的考虑，保证人之间不允许相互追偿，但以下情形保证人有追偿权：①担保人之间约定相互追偿；②担保人之间约定承担连带共同担保；③各担保人在同一份合同书上签字、盖章或者按指印，此时推定担保人彼此之间均知晓对方存在，因此保证人具有承担保证责任风险较小或者份额较少的预期，应当允许其相互追偿。

第 十 三 章

租赁合同

【本章提要】租赁合同因其可以使出租人的闲置财产得到充分利用、使承租人以较小的代价获得租赁物的使用权及收益权，而具有独特的社会经济价值。它与买卖、赠与等合同既有区别，又有联系。对其中的"买卖不破租赁"原则以及承租人的优先购买权制度等应予重点理解和掌握。

第一节　租赁合同概述

【问题】租赁合同具有哪些特征？

一、租赁合同的概念

租赁合同是指一方当事人将租赁物交付给另一方使用、收益，另一方支付租金的合同。其中提供租赁物的一方当事人为出租人，使用租赁物并支付租金的一方为承租人。

租赁合同的内容主要包括租赁物的名称、数量、用途、租赁期限、租金及其支付期限和方式、租赁物的维修等。

二、租赁合同的特征

（一）租赁合同是移转财产使用权、收益权的合同

承租人与出租人订立租赁合同的目的是取得特定财产的使用权、收益权而非所有权。出租人将财产交付给承租人之后，并未丧失租赁物的所有权，仍可将该租赁物转让或以该租赁物设定抵押等。承租人因租赁合同占有租赁物后即取得了租赁物的使用权、收益权，但不能对租赁物进行处分。承租人破产时，租赁物也不能被列入破产财产，出租人对租赁物享有取回权。租赁合同的这一特征是其与买卖合同、赠与合同等转移财产所有权的合同的根本区别。

（二）租赁合同的标的物是非消耗物

并非所有物都可以成为租赁合同的标的物。根据能否重复使用，物可以分为消耗物和非消耗物。消耗物是因一次有效使用就灭失或形态发生变化的

物；非消耗物是可以反复使用，经逐渐磨损而实现其效用的物。在租赁合同关系中，承租人在合同到期时须将租赁物原物归还给出租人，不能以其他物替代返还。如果租赁物为消耗物，租赁物将随着承租人的使用而灭失，出租人也将失去其所有权。故租赁合同标的物必须为非消耗物。

（三）租赁合同是双务、有偿、诺成合同

租赁合同双方当事人均享有一定权利，并承担相应的义务。出租人享有收取租金的权利，负有交付租赁物的义务；承租人有使用租赁物的权利，负有支付租金的义务。租赁合同无需以交付租赁物作为成立要件，一经双方达成协议，即发生法律效力。因此，租赁合同为双务、有偿、诺成合同。正因为租赁合同是诺成合同，不以交付标的物为要件，故一物数租的情况时有发生。若出租人就同一房屋订立数份租赁合同，在合同均有效的情况下，承租人均主张履行合同的，应当按照下列顺序确定履行合同的承租人：①已经合法占有租赁房屋的；②已经办理登记备案手续的；③合同成立在先的。对于无法取得租赁房屋的承租人，可以请求解除合同并赔偿损失。

（四）租赁合同是非要式合同

法律未对租赁合同的形式作出严格要求，因而其属于非要式合同。租赁期限6个月以上的，由于合同的履行需要持续较长的时间，对当事人而言利益关切，因此应当采用书面形式；当事人未采用书面形式，且无法确定租赁期限的，视为不定期租赁。一些以特殊租赁物为标的的租赁合同，如房屋、船舶等租赁合同，需要进行登记，但若当事人未依照法律、行政法规规定办理租赁合同登记备案手续，并不影响合同的效力，而是会影响对抗第三人的效力。

（五）租赁合同是继续性合同

租赁合同通常持续一段时间，因此租赁合同是继续性合同。租赁期间届满，承租人继续使用租赁物，出租人没有提出异议的，原租赁合同继续有效，但租赁期限为不定期。当事人双方随时都可以解除合同，但须在合理的期限内通知对方当事人。

（六）租赁合同的期限性

租赁合同仅是对租赁财产权能的部分让渡，而非完全让渡，因此租赁合同的期限不得超过20年。超过20年的，超过部分无效。租赁期限届满，当事人可以续订租赁合同，但约定的租赁期限自续订之日起不得超过20年。

第二节 租赁合同的效力

【问题】 何为"买卖不破租赁"原则？

【例1】

张某诉里程公司案

1999 年，张某与里程公司签订租赁合同，承租里程公司的厂房用于生产运动鞋，租期 5 年。2002 年，里程公司将该厂房以 1000 万元的价格转让给李某，并办理了过户手续，但未将转让情况通知张某。2003 年，张某得知厂房已转让的情况后，向里程公司要求行使优先购买权，即以 1000 万元的价格受让该厂房，遭里程公司拒绝。张某遂起诉至法院，要求宣告里程公司与李某的转让合同无效，并主张行使优先购买权。里程公司辩称：该厂房实际价值约 3000 万元（有资产评估报告为证），之所以以 1000 万元卖与李某，是因为李某系里程公司控股股东邵某的妻弟，而里程公司其他股东也均为邵某的亲属，即该公司为家族公司。公司若对外转让该厂房，转让价格至少应为 3000 万元。

问题：如何确定"同等条件"？

【例2】

谢某霞诉武某斌等房屋转租合同案[1]

2008 年 12 月 31 日，武某斌与河南省南阳市卧龙区顺达社区桐西组（下称"桐西组"）签订租赁合同，约定由武某斌租赁桐西组位于工业路 198 号四层的小楼及场地，租赁期限为 6 年，自 2008 年 12 月 31 日至 2014 年 12 月 30 日，年租金 4 万元，租赁合同明确约定武某斌对承租房屋不得转租。武某斌租赁该房产后，于 2009 年 5 月与同年 12 月分别将该房屋转租给了王某娟和李某生，年租金分别为 1.8 万元和 10 万元，转租期限均为 3 年。2010 年 9 月 23 日，桐西组通过拍卖程序将该处房产卖给了谢某霞。双方于 2010 年 10 月 15 日签订了房屋买卖合同，合同第 8 条约定："根据法律'买卖不破租赁'的规定，由桐西组将该房屋的租赁合同移交给谢某霞，由谢某霞继续履行，并享

---

[1] 载"北大法宝"案例，网址：http://www.pkulaw.cn/case/pfnl_a25051f3312b07f373deaf9436a542 207038a9b139943759bdfb.html? keywords = % E8% B0% A2% E7% 81% B5% E9% 9C% 9E&match = Exact，最后访问时间：2018 年 8 月 13 日。

有合同的收益权，合同到期后由谢某霞自行安排处理。"谢某霞取得该房产所有权后，发现武某斌擅自转租该房屋，要求与武某斌解除租赁合同。

问题：作为房屋受让人的谢某霞是否有权解除租赁合同？

一、出租人的主要权利和义务

（一）出租人的主要权利

1. 收取租金的权利。这是出租人的基本权利，也是其订立合同的目的。

2. 同意改善的权利。承租人在对租赁物进行使用、收益的过程中，为满足自己的目的，可能希望对租赁物进行适当改善。这种改善涉及租赁物的外观或功用，所以应当在出租人允许的情况下进行。出租人有同意承租人进行改善的权利，也有不同意承租人进行改善的权利。如果承租人在未经出租人允许的情况下，对租赁物进行改善或改动的，出租人享有要求其恢复原状的权利。

3. 合同解除权。在承租人违反合同义务的情况下，出租人可以解除合同：①承租人无正当理由未支付或者迟延支付租金的，出租人可以请求承租人在合理期限内支付；但若承租人逾期不支付的，则出租人可以解除合同。需要注意的是，在房屋租赁转租合同有效的情况下，因承租人拖欠租金，出租人请求解除合同时，次承租人可以行使第三人代为履行请求权，即请求代承租人支付欠付的租金和违约金以抗辩出租人的合同解除权；②承租人未经出租人同意转租的，出租人可以解除合同。但若在房屋租赁中，出租人知道或者应当知道承租人转租，且在 6 个月内未提出异议的，则视为对承租人转租行为的默示同意，因此不得以承租人未经同意为由请求解除合同；③承租人未按照约定的方法或者未根据租赁物的性质使用租赁物，致使租赁物受到损失的，出租人可以解除合同并请求赔偿损失。此外，当事人双方都可以随时解除不定期租赁合同，但是应当在合理期限之前通知对方，给对方留下作出相应安排的时间。

（二）出租人的主要义务

1. 依约交付租赁物的义务。交付租赁物是出租人的基本义务。交付租赁物需依照合同约定的时间、地点、方式将租赁物的占有移转于承租人，出租人在租赁期间应保持租赁物符合约定的用途。

2. 负瑕疵担保责任的义务。承担瑕疵担保责任的方式，可以为减少租金或免除租金。瑕疵担保责任包括物的瑕疵担保责任与权利瑕疵担保责任。

物的瑕疵担保责任主要是指租赁物的数量或质量不符合合同约定标准或通常使用功能，致使承租人不能正常使用、收益时，出租人应承担的责任。

出租人承担物的瑕疵担保责任须符合两个前提条件：一是租赁物在交付时及租赁期间发生物的瑕疵；二是承租人在合同订立时不知道标的物存在瑕疵，同时不存在出租人免责的事由。另外，若租赁物危及承租人的安全或者健康，承租人即使订立合同时明知该租赁物质量不合格，也仍然可以随时解除合同。

权利瑕疵担保责任是指出租人应当担保承租人依约行使的使用权、收益权可以对抗第三人，即不因第三人主张权利而使承租人不能依约对租赁物进行使用、收益。出租人承担权利瑕疵担保责任需满足以下三个条件：①第三人就租赁物向承租人主张权利，且该权利妨碍承租人对租赁物的使用、收益。如果第三人不向承租人主张权利，即使租赁物上存在第三人的权利，也不发生瑕疵担保的问题。②第三人主张的权利须发生在租赁物交付之前。如果第三人主张的权利发生在租赁物交付之后，则承租人的权利可以对抗第三人。③合同订立时，承租人不知道有权利瑕疵。如果承租人明知租赁物存在权利瑕疵依然订立合同，视为其自愿承担这一风险，此时出租人无需负权利瑕疵担保责任。

3. 修缮租赁物的义务。该项义务源于出租人对租赁物的瑕疵担保责任。物的瑕疵担保责任既要在交付租赁物时承担，也要在整个租赁期间内承担。因此，当出现租赁物不符合租赁合同约定的条件或不能满足承租人正常使用的情形时，出租人有修缮的义务。当事人也可以另行约定修缮义务的承担。租赁物需要维修时，承租人可以要求出租人在合理期限内维修；出租人不履行维修义务的，承租人也可以自行维修，维修费用由出租人负担。因维修租赁物影响承租人使用的，应当相应减少租金或者延长租期。但若因承租人的过错致使租赁物需要维修的，出租人不承担该维修义务。

4. 出卖租赁房屋的通知义务。由于租赁合同转移的仅是租赁物占有、使用、收益的权利，不包括所有权，因此出租人可以通过出卖租赁物行使所有权人的处分权。法律赋予房屋租赁合同中的承租人一项特别权利——优先购买权，即当出租人出卖房屋时，承租人可以享有在同等条件下优先于其他人购买该房屋的权利。此项权利的实现，需要出租人在出卖房屋前履行通知的义务。出租人未通知承租人或有其他妨害承租人行使优先购买权情形的，承租人可以请求出租人承担赔偿责任。

二、承租人的主要权利和义务

(一) 承租人的主要权利

1. 依约受领租赁物的权利。承租人有权要求出租人按照合同约定的时间、地点、方式支付约定数量、质量的租赁物，并要求出租人保证租赁物的适用状态。

2. 使用、收益权。取得租赁物的使用、收益权是承租人订立租赁合同的主要目的。承租人有依照合同约定或依照租赁物的性质使用租赁物的权利，同时无须对租赁物的正常损耗承担责任。承租人对租赁物是否享有收益权，应由双方当事人在合同中约定。合同没有约定的，租赁期间因占有、使用租赁物获得的收益应归承租人所有。

3. 对新所有权人的对抗权。租赁期间内租赁物所有权发生变动的，不影响租赁合同的效力，承租人可以凭借对原所有权人的抗辩权对抗新所有权人，此即"买卖不破租赁"的原则。但租赁房屋具有下列情形或者当事人另有约定时该原则不适用：①房屋在出租前已设立抵押权，因抵押权人实现抵押权发生所有权变动的；②房屋在出租前已被人民法院依法查封的。

前述谢某霞诉武某斌等房屋转租合同案中，依据"买卖不破租赁"原则，房屋受让人谢某霞概括承受了原租赁合同的权利义务，成为租赁合同的一方当事人，负担出租方义务的同时享有相应权利，其中就包括在承租人擅自转租时的合同解除权。故房屋受让人谢某霞有权解除租赁合同。

4. 优先购买权。租赁期间，出租人出卖租赁房屋的，为维护承租人生产与生活的稳定性，承租人享有以同等条件优先购买的权利。但是，房屋按份共有人行使优先购买权或出租人将房屋出卖给近亲属的除外。因为若出租人将房屋出卖给近亲属，则很可能会因维护社会感情而以较低的价格出售。

前述张某诉里程公司案中，如果仅以转让价格作为条件，则张某确实可在里程公司转让厂房时主张行使优先购买权。由于里程公司未履行通知义务而妨碍了张某该项权利的行使，故张某可要求里程公司承担损害赔偿责任，但不能主张里程公司与李某间的转让合同无效。法院在案件审理中还查明，里程公司所称李某与公司股东之间的亲戚关系属实，张某也知晓这些情形。这样，在认定条件是否"同等"时是否应考虑这个因素，成为本案争议的焦点。我们认为，单纯以价格及其支付方式认定"同等条件"显得过于绝对，因为交易中影响价格构成的因素很多，忽略这些因素可能会造成实质的不公平。该案中，如果仅以价格作为认定"同等条件"的依据，则会迫使里程公司以1000万元的价格向张某转让价值3000万的厂房，这显然是不公平的，也有违诚实信用原则。《民法典》第726条规定，房屋按份共有人行使优先购买权或者出租人将房屋出卖给近亲属时，承租人的优先购买权被排除。[1]但这里显然是指自然人作为出租人的情形，在本案中无法适用。当然，里程公司未在转让租赁物前向承租人张某履行通知义务属违约行为，应承担相应的违约责任。

5. 优先承租权。与房屋租赁中承租人的优先购买权一样，为维护承租人生产与生活的稳定性，租赁期限届满，房屋承租人享有以同等条件优先承租的权利。

6. 合同解除权。租赁期间内，承租人可以在出现下列法定情形时解除合同：①当事人可以随时解除不定期租赁合同。②租赁物危及承租人的安全或者健康的，即使承租人订立合同时明知该租赁物质量不合格，承租人仍然可以随时解除合同。③因不可归责于承租人的事由，致使租赁物部分或者全部毁损、灭失，不能实现合同目的的，承租人可以解除合同。④因下列情形之一，导致租赁房屋无法使用，承租人可以解除合同：租赁房屋被司法机关或者行政机关依法查封的；租赁房屋权属有争议的；租赁房屋具有违反法律、行政法规关于房屋使用条件强制性规定情况的。

7. 共同居住人的承继权。为保护生产与生活的稳定性，承租人在房屋租赁期间死亡的，与其生前共同居住或者共同经营的人可以按照原租赁合同租赁该房屋。共同居住人按照原租赁合同租赁房屋的同时取得原承租人的其他权利，诸如优先购买权、合同解除权等权利。从严格意义上讲，这并非承租人的权利，而仅是源于承租人的权利。

（二）承租人的主要义务

1. 支付租金的义务。租金是承租人为取得租赁物的使用权、收益权而支付的对价。给付租金义务是承租人最主要的义务。承租人应当按照约定的方式、时间给付约定数额的租金。租金的给付期限应当按照合同的约定。对支付期限没有约定或者约定不明确的，应当按以下方法确定：①当事人可以在事后达成补充协议；②如无法达成补充协议的，可以按照合同的有关条款或交易习惯确定；③依此仍然无法确定的，租赁期间不满1年的，应当在租赁期间届满时支付；租赁期间1年以上的，应当在每届满1年时支付，剩余期间不满1年的，应当在租赁期间届满时支付。

---

[1] 彼时《民法典》尚未出台，原《城镇房屋租赁合同解释》（2009年07月30日发布）对此做出了规定。原《城镇房屋租赁合同解释》第24条规定："具有下列情形之一，承租人主张优先购买房屋的，人民法院不予支持：……（二）出租人将房屋出卖给近亲属，包括配偶、父母、子女、兄弟姐妹、祖父母、外祖父母、孙子女、外孙子女的……"

　　租金的数额，可能因租赁物存在物的瑕疵或者权利瑕疵，或者因为其他原因而影响了承租人对租赁物的正常使用而减少或免除。因不可归责于承租人的事由，致使租赁物部分或者全部毁损、灭失的，承租人可以要求减少租金或者不支付租金。因维修租赁物影响承租人使用的，应当相应减少租金或者延长租期。

　　2. 依约使用、保管租赁物的义务。承租人必须按照合同的约定或租赁物的性质，合理使用及保管租赁物。承租人未按照约定方法或者租赁物的性质使用租赁物，致使租赁物受损的，出租人可以解除合同并要求赔偿损失。承租人应当妥善保管租赁物，因保管不善造成租赁物毁损、灭失的，应当承担损害赔偿责任。未经出租人允许，改动租赁物或转租给第三人的，出租人可以要求承租人恢复原状或者赔偿损失。第三人对租赁物造成损失的，承租人应当赔偿损失。

　　3. 返还租赁物的义务。租赁合同到期后，承租人应将租赁物返还给出租人，且返还的租赁物应当符合按照约定或者租赁物的性质使用后的状态。

　　房屋租赁合同中，关于返还租赁房屋时的装饰装修物及扩建费用的处理，《城镇房屋租赁合同解释》作出了明确规定：①若承租人经出租人同意装饰装修，租赁期间届满或者合同解除时，未形成附合的装饰装修物，可由承租人拆除；因拆除造成房屋毁损的，承租人应当恢复原状；②承租人经出租人同意装饰装修，租赁期间届满时，承租人无权请求出租人补偿附合装饰装修费用；③承租人未经出租人同意装饰装修发生的费用，由承租人负担，且出租人有权请求承租人恢复原状或者赔偿损失。

　　承租人经出租人同意扩建，但双方对扩建费用的处理没有约定的，扩建费用的承担应当视其是否办理合法建设手续而分别处理：①办理合法建设手续的，扩建造价费用由出租人负担；②未办理合法建设手续的，扩建造价费用由双方按照过错分担。

第十四章

融资租赁合同

【**本章提要**】融资租赁交易作为一种集金融、贸易和租赁为一体的新型信贷方式，在世界范围内，尤其在经济发达国家，获得了飞速的发展。由于我国的融资租赁业尽管起步较晚，但发展迅速，因此融资租赁合同也被列为有名合同之一。融资租赁合同在主体、租赁物的瑕疵担保责任、租赁物的风险负担、租赁期满时租赁物的归属等方面具有特殊性。

第一节　融资租赁合同概述

【**问题**】融资租赁合同有哪些特征？它与租赁合同有哪些主要区别？

一、融资租赁合同的概念

融资租赁合同是指当事人约定由出租人出资，按照承租人的要求向第三人购买租赁物供承租人使用、收益，承租人支付租金的合同。

融资租赁源于英文中的"finance lease"，产生于20世纪50年代的美国。当时，生产技术进步，企业规模逐渐扩大，但美国政府为防止经济过热采取的金融紧缩政策使企业的资金需求无法得到充分的满足。在这种背景下，融资租赁应运而生。作为一种独特的融资方式，融资租赁业在世界范围内，尤其是在一些经济发达国家和地区发展迅速。我国的融资租赁业虽然起步较晚但发展较快。

二、融资租赁合同的特征

（一）融资租赁合同涉及两个合同的三方当事人

融资租赁合同是融资租赁交易的产物。融资租赁交易中有三方当事人，分别是出租人、承租人和出卖人。交易过程中，首先由承租人与出租人协商，确定其需要的标的物和出卖人，然后出租人出资向承租人选择的出卖人购买标的物，最后出卖人直接将标的物交付给承租人。可见，融资租赁合同实际上包含两个合同关系，即承租人与出租人间的租赁合同、出租人与出卖人间的买卖合同。但由于涉及三方当事人，而且租赁合同关系与买卖合同关系相互交错，其权利义务的设置有别于一般租赁合同与买卖合同。

但在实践中也有例外，即"回租"。该类合同中只有双方当事人，承租人将自己的物卖给出租人，然后再与出租人订立融资租赁合同，将该物取回。这时，承租人与出卖人为一人，因此不能仅以承租人与出卖人为同一人而直接认定不构成融资租赁法律关系。

（二）融资租赁合同是以融资为目的，以融物为手段的合同

承租人订立融资租赁合同的目的是以较少资金获得标的物的使用权，避免一次性大额资本的投入，而且这一目的是通过融物手段实现的。融资租赁合同的这一特征使其区别于一般租赁合同。在一般租赁合同中，出租人作为租赁物的所有权人，承担租赁物的瑕疵担保责任，并承担租赁物因不可归责于当事人的事由而毁损、灭失的风险。而在融资租赁合同中，尽管出租人在租赁期间是租赁物所有人，但融资目的和融物手段决定了出租人一般情形下不再承担瑕疵担保责任和租赁物意外灭失、毁损的风险。因此，承租人占有租赁物期间，租赁物毁损、灭失的，承租人原则上应当继续支付租金，但法律另有规定或当事人另有约定的除外。

（三）融资租赁合同是要式合同

因融资租赁合同通常需要较长的履行期间，且涉及的标的物价值较大，又有多方当事人参与，故为明确当事人权利义务，融资租赁合同应当采用书面形式，一般应当包括租赁物名称、数量、规格、技术性能、检验方法、租赁期限、租金构成及其支付期限和方式、币种、租赁期间届满租赁物的归属等条款。

（四）融资租赁合同中的出租人须符合特别要求

根据我国现行法律、法规、规章，融资租赁合同中的出租人应为经主管部门批准的专业公司。目前，我国从事融资租赁业务的主体分为一般性融资租赁公司[1]与金融租赁公司[2]。

---

[1] 2004年商务部、国家税务总局联合发布的《关于从事融资租赁业务有关问题的通知》第4条规定了一般性的融资租赁公司需符合的条件：①2001年8月31日（含）前设立的内资租赁企业最低注册资本金应达到4000万元，2001年9月1日至2003年12月31日期间设立的内资租赁企业最低注册资本金应达到17 000万元；②具有健全的内部管理制度和风险控制制度；③拥有相应的金融、贸易、法律、会计等方面的专业人员，高级管理人员应具有不少于3年的租赁业从业经验；④近2年经营业绩良好，没有违法违规纪录；⑤具有与所从事融资租赁产品相关联的行业背景；⑥法律法规规定的其他条件。

[2] 2014年中国银行业监督管理委员会发布的《金融租赁公司管理办法》第7条规定了金融租赁公司须符合的条件：①有符合《公司法》和银监会规定的公司章程；②有符合规定条件的发起人；③注册资本为一次性实缴货币资本，最低限额为1亿元人民币或等值的可自由兑换货币；④有符合任职资格条件的董事、高级管理人员，并且从业人员中具有金融或融资租赁工作经历3年以上的人员应当不低于总人数的50%；⑤建立了有效的公司治理、内部控制和风险管理体系；⑥建立了与业务经营和监管要求相适应的信息科技架构，具有支撑业务经营的必要、安全且合规的信息系统，具备保障业务持续运营的技术与措施；⑦有与业务经营相适应的营业场所、安全防范措施和其他设施；⑧银监会规定的其他审慎性条件。

三、融资租赁合同的主要内容

融资租赁合同除应包括一般合同所应具有的基本内容外，还应包括以下主要条款：

（一）租赁物条款

租赁物条款通常包括租赁物名称、数量、规格、技术性能、租赁物交付时间、检验的方法等。融资租赁合同标的物一般为固定资产，包括先进的或适用的生产、通信、医疗、环保、科研等设备，工程机械及交通运输工具（包括飞机、轮船、汽车等）等。

融资租赁合同中，出租人通常会按照承租人告知的租赁物的具体要求向出卖人购买租赁物，因此，合同应对租赁物作详尽说明，否则承租人订立合同的目的就难以实现。

（二）租赁物的交付与检验

合同中应明确规定租赁物的交付时间、地点、交付人以及验收的方式、验收的时间、迟延交付等情况下的违约责任等。

（三）租赁期限

租赁期限是承租人向出租人租赁、使用租赁物的期限。当事人在约定期限时，一般要考虑承租人对出租人提供的融资的偿还能力，以及租赁物的经济寿命等因素。

（四）租金

租金条款主要包括租金的数额、币种、支付方式、次数、支付的时间、地点、每次支付的金额等内容。融资租赁中的租金，区别于一般租赁合同中的租金，它是承租人进行融资行为的代价，而非承租人使用租赁物的代价，因此，当事人应约定融资租赁合同的租金。如果当事人未作约定，应当根据购买租赁物的大部分或者全部成本以及出租人的合理利润确定。租金的支付方式一般以定期等额支付为主，支付的地点一般在承租人的营业场所或者出租人指定的地点。

（五）索赔权

在融资租赁合同中，由于通常情况下出租人是根据承租人对出卖人、租赁物的选择而购买租赁物的，因此出租人往往对标的物的性能和生产要求缺乏了解，很难对出卖人交付的标的物进行检验，因此，出租人、出卖人、承租人可以约定，出卖人不履行买卖合同义务的，由承租人行使索赔的权利。承租人行使索赔权利的，出租人应当协助。应当注意的是，原则上，承租人对出卖人行使索赔权利，不影响其履行支付租金的义务；但若出租人对标的物的瑕疵有过错，如承租人依赖出租人的技能确定租赁物或者出租人干预选择租赁物时，承租人可以请求减免相应租金。

在出租人违反附随义务的情形下，承租人有权向出租人请求承担相应责任：出租人明知租赁物有质量瑕疵而不告知承租人，或在承租人行使索赔权利时未及时提供必要协助，致使承租人对出卖人行使索赔权利失败的，承租人有权请求出租人承担相应的责任；出租人怠于行使只能由其对出卖人行使的索赔权利，造成承租人损失的，承租人有权请求出租人承担赔偿责任。

（六）租赁期满时租赁物的归属

出租人和承租人可以约定租赁期间届满时租赁物的归属，通常有三种方式可供当事人选择：出租人收回、承租人续约或者承租人留购。对租赁物的归属没有约定或约定不明的，应该按以下方法确定：①当事人可以在事后达成补充协议；②如无法达成补充协议的，可以按照合同的有关条款或交易习惯确定；③仍无法确定的，租赁物的所有权归出租人；当事人约定租赁期限届满时承租人仅需向出租人支付象征性价款的，视为约定的租金义务履行完毕后租赁物的所有权归承租人。

融资租赁合同无效时，租赁物归属应当按照如下方式确定：①当事人就融资租赁合同无效时租赁物的归属有约定的依其约定；②没有约定或约定不明的，租赁物应当返还出租人；③但因承租人原因致使合同无效，出租人不请求返还或者返还后会显著降低租赁物效用的，租赁物的所有权归承租人，承租人需给予出租人合理补偿。出租人并不使用租赁物，其往往在意的只是租赁物的交换价值，即租赁物的担保功能，即使承租人将租赁物返还，对于出租人来说也于事无补。因此，将租赁物归属于承租人，使其继续进行生产经营活动，既可以使出租人获得补偿，又可以促使物尽其用。

第二节　融资租赁合同的效力

【问题1】融资租赁合同中租赁物的瑕疵担保责任由谁承担？为什么？

【问题2】融资租赁合同中租赁物的风险应由谁承担？为什么？

【例1】

彭某诉海翼公司[1]

海翼公司与彭某签订融资租赁合同，约定海翼公司向彭某出租合同所述

---

〔1〕参见李建伟主编：《案例导读：合同法及配套规定 e 本通（分则）》，法律出版社 2017 年版，第214 页。裁判书案号：（2013）昆民四终字第 394 号民事判决书。

租赁物件，租赁物明细为：出卖人创拓公司，产品名称厦工挖掘机。同日，海翼公司、彭某与创拓公司签订《产品购买合同》，明确海翼公司根据彭某的选择向创拓公司购买厦工挖掘机。合同签订后，彭某支付首付租金，海翼公司向彭某移交上述挖掘机。后在使用过程中，挖掘机无法正常工作，彭某便拒绝继续支付租金。

问题：租赁物不符合约定质量时，出租人海翼公司是否承担责任？

一、出租人的主要权利和义务

（一）出租人的主要权利

1. 租赁物的所有权。因为融资租赁合同的租赁特性，故其仍然具有一般租赁合同的一些特征，其中最主要的就是出租人拥有租赁物的所有权。承租人虽然对租赁物享有占有、使用等权利，但租赁物的所有权仍属于出租人。即使融资租赁合同约定，承租人在租赁期满后选择留购租赁物并取得租赁物所有权，在租赁期间内，租赁物的所有权也仍然属于出租人。需要注意的是，为保护交易安全和市场秩序，出租人对租赁物享有的所有权，未经登记不得对抗善意第三人。

2. 收取租金的权利。出租人依照合同约定向承租人收取租金，是出租人订立合同的目的，也是出租人的主要权利。承租人经催告后在合理期限内仍不支付租金的，出租人可以要求支付全部租金，也可以解除合同收回租赁物。当事人约定租赁期间届满租赁物归承租人所有，承租人已经支付大部分租金，但无力支付剩余租金，出租人因此解除合同收回租赁物的，收回的租赁物的价值超过承租人欠付的租金以及其他费用的，承租人可以要求部分返还。

3. 收回租赁物的权利。如果双方在合同中明确约定租赁期限届满后，租赁物由出租人收回，则出租人有权按照约定收回租赁物。如果双方对租赁物的归属没有约定或约定不明确，既无法达成补充协议，又无法按照合同的有关条款或交易习惯确定的，出租人也有权收回租赁物。

（二）出租人的主要义务

1. 按照承租人选择的出卖人和租赁物购买租赁物。这是出租人的基本义务。出租人在购买租赁物时，虽然是以自己的名义与出卖人签订买卖合同，但是他必须依照承租人对出卖人和租赁物的选择订立买卖合同。如果出租人未履行租赁物购买的义务，或者未按照承租人对出卖人和租赁物的选择进行购买，出租人应向承租人承担违约责任。

2. 保证承租人对租赁物的占有和使用。尽管租赁物的交付通常由出卖人履行，但出卖人向承租人直接交付租赁物是履行其与出租人之间买卖合同的义务，而非融资租赁合同的义务。融资租赁合同中的交付义务应该由出租人承担，只不过经常由出卖人代为履行。租赁期间内，出租人应保证承租人对租赁物的占有和使用，排除包括出租人自己对承租人的妨碍和第三方对承租人的妨害。当出现出租人无正当理由收回租赁物，无正当理由妨碍、干扰承租人对租赁物的占有和使用，因出租人的原因致使第三人对租赁物主张权利，以及不当影响承租人对租赁物占有和使用的其他情形时，出租人应当赔偿承租人的损失。

3. 协助承租人进行索赔。融资租赁合同中，出租人与出卖人订立买卖合同；因此，当出卖人违约时，出租人可以向出卖人行使索赔的权利。但是，出租人、出卖人、承租人可以约定，出卖人不履行买卖合同义务的，由承租人行使索赔的权利。承租人行使索赔权利的，出租人应当协助。在这种情况下，如果租赁物不符合约定或者不符合使用目的，出租人不负担租赁物的瑕疵担保责任，但承租人依赖出租人的技能确定租赁物或者出租人干预选择租赁物的除外。如果因为出租人的过错使得承租人索赔不能，或者出租人明知租赁物有重大瑕疵而不告知或因重大过失而不知道租赁物有瑕疵，又或者出租人怠于行使只能由其对出卖人行使的索赔权利，则出租人应该承担相应的瑕疵担保责任。

4. 不得任意变更买卖合同内容。由于融资租赁合同包括出租人与出卖人之间的买卖合同和出租人与承租人之间的租赁合同，买卖合同的内容及履行对租赁合同的内容及履行都有实质性的影响。虽然承租人并非买卖合同中的当事人，但买卖合同内容的变更将可能使承租人的要求难以实现。因此，出租人根据承租人对出卖人、租赁物的选择订立买卖合同，未经承租人同意，不得变更与承租人有关的合同内容。

二、承租人的主要权利和义务

（一）承租人的主要权利

1. 选择出卖人和租赁物的权利，这是承租人的首要权利。在实践中，承租人除在融资租赁合同中明确约定出卖人、租赁物外，还可以直接与出卖人协商买卖合同的主要条款，但最终仍由出租人与出卖人签署买卖合同。

2. 请求交付租赁物的权利。交付租赁物的请求权是承租人实现其对租赁物占有、使用的前提。根据合同的相对性原理，承租人只能向出租人行使交付租赁物的请求权。但在融资租赁合同中，出租人、出卖人、承租人可以约定由承租人直接向出卖人请求交付租赁物。

3. 拒绝领受标的物的权利。出卖人违反向承租人交付标的物的义务，交付的标的物严重不符合约定，或未按照约定交付标的物，经承租人或者出租人催告后在合理期限内仍未交付的，承租人可以拒绝受领出卖人向其交付的标的物。承租人拒绝受领标的物的，需及时通知出租人。

4. 向出卖人或出租人索赔的权利。当出卖人有迟延交付或交付的租赁物质量、数量存在问题以及其他违反买卖合同约定的行为时，承租人可选择两种方式索赔：①在买卖合同或租赁合同未约定转让索赔权的情况下，首先承租人向出租人提出索赔，然后出租人再向出卖人提出索赔，并且承租人应提供有关的证据。在出租人无过错的情况下，对出卖人索赔的费用和结果，都应由承租人承担；如因出租人的过错影响了索赔的结果，出租人应该承担相应的责任。②承租人可以直接向出卖人提出索赔请求。出租人、出卖人、承租人可以约定，出卖人不履行买卖合同义务时，由承租人行使索赔的权利。承租人行使索赔权利的，出租人应当协助。此方式因较简便，可以降低索赔的成本，故在实践中常被采用。

前述彭某诉海翼公司案中，出租人海翼公司是在承租人彭某的指示下出资购买特定的设备，出租人仅仅是为承租人提供资金购买设备，对于租赁物不符合合同约定或不符合承租人的使用目的，由承租人自行承担风险。且本案不符合《民法典》第747条中承租人是依赖出租人的技能确定租赁物或者出租人干预选择租赁物的情况，出租人不承担责任。因此确定责任归属的核心在于融资租赁合同的标的，依据合同双方中哪一方的意思或者影响而确定，就由哪一方承担租赁物不符合约定或使用目的的责任。

5. 租赁期间对租赁物享有独占使用权和收益权。由于承租人订立融资租赁合同的目的，就是要取得租赁物的使用、收益权，因此，接受出卖人交付的租赁物后，承租人在租赁期间对租赁物享有独占的使用权和收益权。

（二）承租人的主要义务

1. 受领租赁物。当出租人或出卖人交付租赁物时，承租人承担受领租赁物的义务。承租人无正当理由拒绝接受或迟延接受租赁物，不影响出租人按照约定收取租金的权利。因此而造成损失的，承租人还应当承担相应的赔偿责任。

2. 支付租金。这是承租人的主要义务。承租人应按照约定支付租金。如果租赁合同中对租金未作约定，则应当根据购买租赁物的大部分或者全部成本以及出租人的合理利润确定。

3. 妥善保管、使用和维修租赁物。承租人应当妥善保管、使用租赁物，并应当履行占有租赁物期间的维修义务。租赁期间内，租赁物发生毁损、灭失的，原则上应当由承租人负担风险，且在租赁物毁损、灭失后承租人仍应继续向出租人支付租金。这也是由融资租赁合同的根本目的——融资所决定的。出租人虽然享有租赁物的所有权，但该所有权的实质是作为收回其投入资金的一种担保，而不是为了自己使用或收益。承租人支付租金，实际上相当于分期支付购买租赁物的资金。所以，出租人不承担一般租赁合同中出租人的义务和风险。同样，由于出租人一般不承担瑕疵担保责任，因此也无需承担一般租赁合同中出租人对租赁物的维修义务，承租人应当履行占有租赁物期间的维修义务。

4. 承担因租赁物造成第三人损害的责任。根据侵权责任的一般归责原则，物件致害责任通常应由物件的所有权人或管理人承担。[1] 如前所述，由于融资租赁合同中的租赁物由承租人实际使用，且承租人有法定的妥善保管、维修责任，因此，尽管出租人为租赁物的所有人，也无需承担侵权责任，而作为管理人的承租人应承担对第三人的侵权责任。此外，在有产品质量责任的情况下，租赁物的出卖人也应承担责任。

5. 不得私自转让租赁物或者在租赁物上设立其他物权。在融资租赁合同关系中，出租人是租赁物的所有权人，承租人只享有在租赁期间的使用权。但由于在外观上租赁物由承租人占有，承租人在未经出租人同意转让租赁物或在租赁物上设立其他物权时，很可能发生第三人善意取得租赁物所有权或其他物权的情况。此时，出租人有权解除融资租赁合同。

6. 返还租赁物。当事人选择在租赁期满后返还租赁物的，租赁期间届满后，承租人应当在约定的期限内或适当的时间内返还租赁物。

三、出卖人的主要权利和义务

由于融资租赁合同中的买卖关系，一般应遵循《民法典》中关于买卖合同的规定，因此出卖人的权利义务与买卖合同中的出卖人的权利义务基本相同。但在三方当事人另有约定的情况下，买受人的基本权利义务可由承租人承受，出卖人权利义务的相对人也转为承租人。例如，出卖人交付租赁物的义务、承担瑕疵担保责任等义务的相对人都是承租人。但是出卖人的价金请求权的相对人仍然是出租人。

---

[1] 参见程啸：《侵权责任法》，法律出版社 2015 年版，第 630~633 页。

第十五章

保理合同

【本章提要】 由于近年来中国市场的保理业务数量不断增长，随之产生的法律问题变得纷繁复杂，因此我国《民法典》新增保理合同作为有名合同单设一章。保理合同是以应收账款债权转让为基础的综合性金融服务合同，其中存在基础合同和保理合同两对法律关系。保理合同可分为有追索权的保理合同和无追索权的保理合同，二者在权利范围和风险负担方面有较大的差别。

第一节　保理合同概述

【问题】 保理合同属于何种法律性质的合同？

一、保理合同的概念

依照《商业银行保理业务管理暂行办法》第 6 条的规定，保理业务是以债权人转让其应收账款为前提，集应收账款催收、管理、坏账担保及融资于一体的综合性金融服务。由此可知，保理合同是指应收账款债权人将现有的或者将有的应收账款转让给保理人，保理人提供资金融通、应收账款管理或者催收、应收账款债务人付款担保等服务的合同。

保理合同的内容一般包括业务类型、服务范围、服务期限、基础交易合同情况、应收账款信息、保理融资款或者服务报酬及其支付方式等条款。

对于保理合同的法律性质，虽然理论界与实务界存在委托合同说、金融借款说、债权质押说、债权让与说等学说，但这些学说基本只包含保理合同的部分性质特征。在探究保理合同的法律性质前，应首先厘清保理业务中的法律关系。保理业务中存在基础合同和保理合同两对法律关系，涉及保理商、债权人、债务人三方主体。其中债权人与债务人之间是基础合同关系，以买卖合同等方式产生债权；债权人与保理人之间是保理合同关系，债权人将债权转让给保理人，保理人为债权人提供资金融通、应收账款管理或者催收、应收账款债务人付款担保等金融服务。可见，保理合同中应收账款的债权转让和综合性金融服务的存在决定了保理合同的独特性。保理合同是一种不同于委托合同、借款合同等其他有名合同的合同。

二、保理合同的特征

（一）保理合同为要式合同

保理合同应当采用书面方式。保理合同作为一种履行期限略长并且业务较为专业的合同，应当采取合同书、信件和电报、电传、传真等数据电文这类能够有形地记载内容，并可以随时调取查用的书面形式。

（二）保理合同以应收账款债权转让为前提

基础合同和保理合同为两个独立的合同，而以货物买卖、服务贸易等基础合同所产生的应收账款债权转让是保理合同缔约的前提。因此，保理合同没有规定的应当适用债权转让的相关规定。

三、保理合同的类型

随着市场经济的发展，保理业务类型也复杂化。根据合同是否约定保理商可以在债务人破产、无理拖欠或者无法偿付应收账款时，向债权人回转应收账款或者要求债权人回购应收账款或归还融资，将保理合同分为有追索权的保理合同和无追索权的保理合同。

有追索权的保理合同又称回购型保理，是指保理合同中明确约定，应收账款到期无法从债务人处收回时，保理商可以要求债权人回转或回购应收账款或归还融资。无追索权的保理合同又称买断型保理，是指合同约定，在应收账款无法得到清偿时，由保理商承担应收账款的坏账风险。

第二节　保理合同的效力

【问题】保理合同与基础交易合同有着怎样的联系和区别？

【例1】

建设银行与甲、乙公司保理合同纠纷

建设银行与甲公司、乙公司签订有追索权的保理合同，约定甲公司将乙公司的3000万元应收账款转让给建设银行，建设银行向甲公司发放1500万元融资作为转让价款。

问题：1. 应收账款和债务到期后，如果应收账款不足以支付融资利息及其他应付款，建设银行可以如何保障自己的权益？

2. 如果建设银行与甲公司签订无追索权的保理合同，约定甲公司

将对乙公司的 3000 万应收账款作价 2000 万元转让给建设银行，建设银行又该如何保障自己的权益？

一、保理人的主要权利和义务

（一）保理人的主要义务

保理人具有单方通知义务。保理人有义务向应收账款债务人发出应收账款转让通知。保理人履行通知义务时，应当表明保理人身份并附有必要凭证。这既是保理商的义务，也是对保理商的保护。在常规的债权转让中，债权人未通知债务人的，该转让对债务人不发生效力。而保理人作为受让人，在单方通知债务人并表明身份后可以发生债权转让的法律后果，无需债权人对债务人另行通知。这也避免债权人怠于履行通知义务而影响保理合同的全面履行。

（二）保理人的主要权利

在有追索权的保理合同中，保理人既可以向应收账款债权人主张返还保理融资款本息或者主张债权人回购应收账款债权，也可以向应收账款债务人主张应收账款债权，并且司法实践中也允许保理人同时向二者主张权利。但是向债务人主张债权时，在扣除保理融资贷款本息和相关费用后有剩余的，剩余部分应当返还给应收账款债权人。

在无追索权的保理合同中，保理人应当向应收债款债务人主张应收账款债权。保理人取得超过保理融资款本息和相关费用的部分，无需向应收账款债权人返还。

前述建设银行与甲乙公司保理合同纠纷一案中，当应收账款和债务到期后，建设银行如果无法从乙公司收回应收账款，则可以选择甲或乙公司承担还款责任；建设银行如果向乙公司主张应收账款债权获得 3000 万元，则扣除 1500 万元本息和相关费用后，剩余部分应当返还给甲公司。建设银行如果与甲公司签订无追索权的保理合同，则只能请求乙公司付款，并且如果获得 3000 万元，则无需返还给甲公司。

（三）基础交易合同变更或终止对保理人的影响

基础交易合同和保理合同属于两个独立的合同。虽然基础合同双方当事人可就合同内容作出变更或终止，但由于基础交易合同与保理合同的权利义务存在牵连，基础交易合同的变动对第三方保理人可能产生不利的影响。因此，应收账款债务人接到应收账款转让通知后，若应收账款债权人与债务人无正当理由协商变更或者终止基础交易合同，且对保理人产生不利影响的，对保理人不发生效力。

二、虚构应收账款对保理合同的影响

保理业务存在三方当事人，而保理以基础交易为基底。近年随着保理业务的发展，实践中保理人向债权人提供融资后，在向债务人请求履行债务时被债务人以应收账款债权不存在为由拒绝支付的案例屡见不鲜。基础交易合同中当事人不包括保理商，当债权人和债务人虚构应收账款债权时，构成恶意串通，当事人间的合同自然无效。而债务人是否可以以债权虚构、基础交易合同无效对抗保理人，取决于保理人是否明知应收账款债权不存在。

若保理人不知债权不存在，应收账款债务人不得以应收账款不存在为由对抗保理；但若保理人明知债权为虚构的，表明其具有恶意，或者自愿承受风险，因此不应当受到法律的特殊保护。这就要求保理人在保理业务操作过程中尽到合理审查义务，对客户来源、基础交易、债权人或债务人尽调，及交易单据审查等制定相应的制度，确保应收账款的真实性。[1]

第三节　多重保理的处理顺序

类似于买卖合同中的一物多卖，保理中也存在多重保理的情形，即应收账款债权人对自己拥有的应收账款进行多次处分，就同一应收账款与多位保理商签订保理合同。在多重保理情形下，多个保理人就同一应收账款主张权利时，对保理人的权利保护采用登记优先主义：①已经登记的先于未登记的取得应收账款；②均已经登记的，按照登记时间的先后顺序取得应收账款；③均未登记的，由最先到达应收账款债务人的转让通知中载明的保理人取得应收账款；④既未登记也未通知的，按照保理融资款或者服务报酬的比例取得应收账款。

---

〔1〕 前海恒诺亿商业保理（深圳）有限公司与中联煤炭销售有限责任公司、重庆达生科技发展有限公司保理合同纠纷案（再审民事裁定书：重庆市高级人民法院（2019）渝民申253号）中，争议焦点为恒诺亿公司在签订《应收账款转让合同》时是否尽到足够的审查义务，中联公司是否应向恒诺亿公司承担付款责任。法院认为"正是基于中联公司对以上系列合同及相关手续的签署，使恒诺亿公司相信达生公司已向中联公司交付煤炭，达生公司拥有对中联公司的应收账款。在此情况下，恒诺亿公司与达生公司签订《保理融资合同》无需再对煤炭是否交付进行进一步的审查，其审查义务已经完成。"

第十六章
承揽合同

【本章提要】承揽合同是指承揽人按照定作人的要求完成指定的工作，并将工作成果交付给定作人，定作人向其支付报酬的合同。虽然经济生活的多样性和定作人的不同要求导致承揽合同表现为许多不同类型，但不论何种类型的承揽合同，定作人均享有单方变更、解除权，承揽人均须亲自完成工作任务。

第一节　承揽合同概述

【问题】承揽合同具有哪些特征？

一、承揽合同的概念

承揽合同是指承揽人按照定作人的要求完成工作，交付工作成果，定作人给付报酬的合同。其中，完成工作并将工作成果交付给对方的一方当事人为承揽人，接受工作成果并向对方给付报酬的一方当事人为定作人。

二、承揽合同的特征

（一）承揽合同是以完成一定工作并交付工作成果为目的的合同

由于在承揽合同中，定作人订立合同的目的是取得承揽人完成的工作成果。承揽人须依照定作人的要求完成一定工作，并向定作人交付工作成果。也就是说，定作人需要的是承揽人劳务的成果，即以物化成果反映的承揽人的劳务。因此，承揽人完成定作的劳务只有与工作成果相结合，体现在其完成的工作成果中，才能满足定作人的需要。

（二）承揽工作的独立性

由于定作人选定承揽人来完成一定的工作，往往是看中承揽人特有的设备、技术水平或劳动力。因此，承揽人只有自己完成工作才符合定作人的要求，而不能将主要工作交由第三人完成，否则属于债务不履行，应负违约责任。

（三）承揽合同是双务、有偿合同

在承揽合同中，双方当事人均需承担一定的义务，均享有相应的权利。定作人享有取得工作成果的权利，负有交付报酬的义务。承揽人享有取得报酬的权利，负有完成工作并交付成果的义务。定作人要取得工作成果，必须向承揽人支付报酬；承揽人要取得报酬，则须完成工作并交付工作成果。因此，承揽合同属于双务、有偿合同。

（四）承揽合同是诺成、不要式合同

承揽合同无需以标的物的交付作为成立要件，一经双方达成协议，即发生法律效力。《民法典》未对承揽合同的形式作出特别要求，当事人可以采取书面的形式，也可以采取非书面形式。因此，承揽合同属于诺成、不要式合同。

三、承揽合同的种类

承揽合同可相应分为以下几类：

（一）加工合同

加工合同是承揽合同中最常见的一种，是指定作人向承揽人提供原材料，承揽人使用自己的技能、设备将原材料加工成为符合定作人要求的成品后交付给定作人，定作人接受该成品并向承揽人支付报酬的合同。加工合同的特点就在于其原材料由定作人提供，而不是由承揽人自备。

（二）定作合同

定作合同是指依照合同约定，由承揽人自己准备原料，以自己的技术、设备将原材料加工成为符合定作人要求的特定产品，将该产品交付给定作人，定作人接受该产品并向承揽人支付报酬的合同。定作合同与加工合同的区别在于原材料的提供方不同。

（三）修理合同

修理合同是指定作人将损坏的物品交给承揽人，由承揽人以自己的技术、设备将其修好后归还定作人，定作人接受该工作成果并向承揽人支付报酬的合同。

（四）复制合同

复制合同是指承揽人按照定作人的要求，将定作人提供的样品重新依样制作成若干份，定作人接受该复制品并向承揽人支付报酬的合同。承揽人按照定作人的不同要求可以采取不同方式进行复制。

（五）测试合同

测试合同是指承揽人依定作人要求，以自己的技术、仪器设备以及自己的工作，对定作人指定的项目进行测试，并将测试结果交付给定作人，定作人接受该成果并向承揽人支付报酬的合同。

（六）检验合同

检验合同是指承揽人依定作人要求，对定作人提出需要检验的内容，以自己的设备、仪器、技术等进行检验，并向定作人提交对该检验内容相关问题的结论，定作人接受这一结论并向承揽人支付报酬的合同。

第二节　承揽合同的效力

【问题1】 定作人是否有单方变更、解除合同的权利？

【问题2】 承揽人应如何完成定作人指定的工作？

【例1】

永兴机械公司诉兰天热力投资公司[1]

2013年永兴机械公司与兰天热力投资公司通过采购招标方式签订承揽合同。合同约定，永兴公司向兰天公司提供包括桥式抓斗起重机在内的除渣上煤系统一套，同时约定所有设备产地均为石家庄。合同履行过程中，永兴公司未征求兰天公司的意见，自行将桥式抓斗起重机的完成任务交由河南省矿业起重机有限公司。兰天公司认为永兴公司此行为构成违约，诉请解除合同并要求永兴公司支付违约金。

问题：永兴公司的行为是否构成违约？

一、定作人的主要权利和义务

（一）定作人的主要权利

1. 请求交付工作成果的权利。定作人订立承揽合同的目的，在于取得一定的工作成果。因此，在承揽工作完成后，定作人有权请求承揽人交付工作成果。

2. 变更要求的权利。定作合同中，定作的工作成果往往是个性化的。如果不允许定作人随时变更要求，就意味着定作人必须接受不具意义的工作成果，造成社会资源的浪费。因此，定作人拥有单方中途变更承揽工作要求的权利。区别于一般的合同变更，承揽合同的变更无需双方当事人达成合意，只需定作人单方面意思表示即可。但是，定作人行使变更要求的权利，给承揽人造成损失的，应给予赔偿。当然，双方也可以在合同中约定定作人不得变更要求。

---

〔1〕 参见国家法官学院案例开发研究中心编：《中国法院2017年度案例（合同纠纷）》，中国法制出版社2017年版，第120页。裁判书案号：河北省黄骅市人民法院（2015）黄民初字第3476号民事判决书。

3. 监督、检验承揽人工作的权利。定作人在承揽期间，享有对承揽工作进行监督检验的权利，以保证承揽工作按照定作人的要求进行。当然，定作人必须在合理限度内行使其监督、检验的权利，并不得因此妨碍承揽人的正常工作。

4. 解除合同的权利。如上所述，定作合同的工作成果往往是个性化的，出于节约社会资源的考虑，承揽合同的定作人在承揽人完成工作前享有随时解除承揽合同的权利。定作人行使该项权利时造成承揽人损失的，应承担赔偿责任。

（二）定作人的主要义务

1. 支付报酬的义务。定作人应按照承揽合同约定的期限向承揽人支付报酬，这是定作人的基本义务。对支付报酬的期限没有约定或者约定不明确，不能达成补充协议，又不能依照合同条款或交易习惯确定的，定作人应当在承揽人交付工作成果时支付；部分交付工作成果的，定作人应当支付相应的报酬。

2. 协助义务。承揽人完成的工作任务系应定作人要求而做，具有特定性，因此在一些事项上必须得到定作人的协助，否则将无法完成工作。这种协助主要包括提供工作场所、设备、材料、图纸等。承揽工作需要定作人协助的，定作人有协助的义务。定作人不履行协助义务致使承揽工作不能完成的，承揽人可以催告定作人在合理期限内履行义务，并可以顺延履行期限；定作人逾期不履行的，承揽人可以解除合同。

3. 受领工作成果的义务。承揽人完成工作的，应当向定作人交付工作成果，并提交必要的技术资料和有关质量证明。定作人有受领承揽人完成的工作成果的义务，应当验收该工作成果。其中，验收工作成果的费用负担，在合同中有约定的，从其约定；合同中无约定的，定作人应承担验收的费用。定作人因承揽人完成的工作成果不符合合同约定而拒收的，不能认定为定作人不履行受领义务。定作人无正当理由拒绝受领工作成果的，承揽人可请求定作人受领，并支付报酬。定作人超过约定期限受领工作成果的，不仅应承担承揽人支付的保管、保养费用，还应承担工作成果毁损、灭失的风险和违约责任。

二、承揽人的主要权利和义务

（一）承揽人的主要权利

1. 收取报酬的权利。获得报酬是承揽人完成工作的主要目的，其按照承揽合同约定收取报酬是最基本的权利之一。

2. 留置权。留置权是指承揽人享有的，依法对定作物进行留置，将其作为工作报酬的担保的权利。定作人未向承揽人支付报酬或者材料费等价款的，承揽人原则上对完成的工作成果享有留置权或者有权拒绝交付，但是当事人另有约定的除外。承揽人享有留置权须具备以下条件：①工作成果须为动产且所有权归属于定作人；②承揽人须占有工作成果；③定作人应支付报酬或材料款而未支付；④合同没有排除承揽人享有留置权。

（二）承揽人的主要义务

1. 完成承揽工作。完成承揽工作是承揽人的首要义务。该义务主要包括以下三方面内容：

（1）承揽人应按照合同约定的时间完成工作。如果承揽人无法按照合同要求的时间完成工作，定作人可以要求承揽人承担违约责任。因承揽合同具有人身性，定作人不能请求法院强制执行。承揽工作需要定作人协助的，定作人有协助的义务。定作人不履行协助义务致使承揽工作不能完成的，承揽人可以催告定作人在合理期限内履行义务，并可以顺延履行期限；定作人逾期不履行的，承揽人可以解除合同。

（2）承揽人应按照合同约定的质量完成工作。承揽人交付的工作成果不符合质量要求的，定作人可以要求承揽人承担修理、重作、减少报酬、赔偿损失等违约责任。

（3）承揽人应自己完成主要工作。由于承揽合同的人身性质，因此承揽人应以自己的设备、技术、劳动力完成主要工作。承揽人未经定作人同意将主要工作交由其他人的，定作人可以解除合同。这里的主要工作是指对工作成果的完成起到决定性作用的工作。如果合同约定定作人可以将主要工作交由第三人完成，承揽人应就该第三人完成的工作成果向定作人负责。承揽人可以将其承揽的辅助工作交由第三人完成。承揽人将其承揽的辅助工作交由第三人完成的，同样应就该第三人完成的工作成果向定作人负责。

前述永兴机械公司诉兰天热力投资公司案中，合同约定采购的所有设备的产地均为石家庄。但在合同履行过程中，承揽人永兴公司未取得定作人兰天公司的同意，自行将部分承揽任务交由不符合双方约定的第三方公司完成，违背定作人意愿。定作合同中制作人的主要合同义务，不仅在于按照合同约定交付产品，而且还要交付符合定作人要求的产品。永兴公司的行为即意味着永兴公司依据其单方意志而未经定作人确认的标准制作产品，应当承担制作出的产品不符合定作人要求的风险。

2. 依约提供材料或接受定作人提供材料。

（1）依约提供材料。承揽人提供材料的，承揽人应当依照合同约定的时间、地点、数量和质量提供材料。合同中没有约定材料的质量标准的，承揽人应当选用符合定作物使用目的的材料，不得以次充好。承揽人选用材料，应当接受定作人的检验。定作人对承揽人选用的材料质量提出异议的，承揽人应当调换。承揽人隐瞒材料的缺陷或使用不符合合同规定的材料并使定作物质量不合格的，应当承担责任。定作人对承揽人选用的材料未及时检验的，则视为同意，不得再对材料的质量提出异议。

（2）接受定作人提供材料。定作人提供材料的，定作人应当按照约定提供材料。承揽人对定作人提供的材料，应当及时检验；发现不符合约定时，应当及时通知定作人更换、补齐或者采取其他补救措施。承揽人不得擅自更换定作人提供的材料，不得更换不需要修理的零部件。

3. 交付工作成果。承揽人完成工作的，应当向定作人交付工作成果，并提交必要的技术资料和有关质量证明。承揽人按期将完成的工作成果交付给定作人，移转定作物所有权是其基本义务。交付工作成果，应当按照合同约定的时间、地点和方式；合同中没有约定或约定不明确的，应按照合同的其他条款、补充协议或交易习惯确定；仍无法确定的，承揽人应当在工作完成后通知定作人提取工作成果。

4. 保管义务。承揽人应对定作人提供的材料、完成的工作成果承担保管义务。因保管不善造成材料损毁、灭失的，承揽人应当承担损害赔偿责任。

5. 瑕疵担保义务。瑕疵担保义务是指承揽人应当保证其所完成的工作成果符合合同约定的质量要求并担保其无瑕疵的义务。承揽人完成的工作有瑕疵的，可以采取以下措施补救：①定作人同意利用的，可按质论价，请求减少相应的报酬。②定作人不同意利用，但该成果的瑕疵可以修复或者重作的，可以要求承揽人承担修理或重作的义务。承揽人应按定作人的要求予以补救，或者由定作人修理或者重作而由承揽人负担费用。因承揽人修理或重作而逾期交付工作成果的，承揽人应当承担逾期交付的违约责任。③经定作人要求，承揽人拒绝修理或者重作，或者经修理或重作后定作物仍不符合合同约定的要求的，定作人有权拒收、解除合同并请求赔偿损失。

6. 保密义务。承揽工作系按照定作人的特殊要求而进行，可能会涉及定作人不愿为第三人所知的材料、制作工艺等秘密。承揽人对此应当承担保密义务。承揽人不仅不得向第三人泄露有关秘密，而且在交付工作成果时也不得留存工作成果的复制品或者有关的技术资料。因承揽人违反保密义务而造成定作人损失的，承揽人应负责赔偿。

7. 共同承揽人的连带责任。共同承揽是指数人共同承揽一项工作的承揽方式。共同承揽人对定作人承担连带责任。共同承揽人之间关于责任划分的协议仅为内部约定。除非定作人同意各承揽人的约定对自己有约束力，否则该协议不得对抗定作人。

第十七章
建设工程合同

【本章提要】　建设工程合同本为承揽合同的一种，但由于其工作成果是不动产，且通常关系到国计民生，所以有其特殊法律规则。建设工程合同中未作特别规定的，准用承揽合同的有关规定。本章重点阐述各类建设工程合同的特征以及包括承包人的法定优先权在内的特殊效力。

第一节　建设工程合同概述

【问题 1】　建设工程合同有哪些特征？
【问题 2】　建设监理合同的性质是什么？

一、建设工程合同的概念

建设工程合同是指承包人进行工程建设，发包人支付价款的合同。在建设工程合同中，承包人是指负责工程的勘察、设计、施工任务的一方当事人；发包人是指委托承包人进行工程的勘察、设计、施工任务的一方当事人。

二、建设工程合同的特征

（一）建设工程合同的主体具有限定性

建设工程合同的标的物一般规模大，技术要求高。为保证工程质量，建设工程合同的承包人必须是具有相应资质、专门从事工程建设的企业法人。高资质单位可以从事低资质单位的业务，但是低资质单位不能从事高资质单位的业务。根据《建设工程施工合同解释（一）》第 1 条规定，承包人未取得建筑业企业资质或者超越资质等级的、没有资质的实际施工人借用有资质的建筑施工企业名义的，建设工程合同无效。

（二）建设工程合同为有偿、诺成、双务合同

建设工程合同的承包方进行建设，而发包方应承担支付价款的义务；建设工程合同的成立，无须以标的物的交付为要件，而仅需双方当事人达成合意即可。因此，建设工程合同为双务、有偿、诺成合同。

（三）建设工程合同为要式合同

建设工程合同应当采用书面形式。而且，国家重大建设工程合同应当按照国家规定的程序和国家批准的投资计划、可行性研究报告等文件订立。根据《招标投标法》第3条第1款之规定，在我国境内进行下列工程建设项目包括项目的勘察、设计、施工、监理以及与工程建设有关的重要设备、材料等的采购，必须进行招标：①大型基础设施、公用事业等关系社会公共利益、公众安全的项目；②全部或者部分使用国有资金投资或者国家融资的项目；③使用国际组织或者外国政府贷款、援助资金的项目。建设工程必须进行招标而未招标或者中标无效的，建设工程合同无效。

三、建设工程合同的种类

（一）建设勘察、设计合同

建设勘察、设计合同是勘察合同和设计合同的统称，指工程的发包人或承包人与勘察人、设计人之间订立的，由勘察人、设计人完成一定的勘察、设计工作，发包人或承包人支付相应价款的合同。勘察、设计合同的内容包括提交有关基础资料和文件（包括概预算）的期限、质量要求、费用以及其他协作条件等条款。

（二）建设工程施工合同

建设工程施工合同是指发包人（建设单位）与承包人（施工单位）约定的，由施工单位完成建设单位交给的建设工程施工任务，建设单位按照约定提供必要条件并支付工程价款的合同。国家往往根据经济发展的情况和宏观管理的需要，要求重大建设工程的施工合同须经国家批准投资计划。施工合同的内容包括工程范围、建设工期、中间交工工程的开工和竣工时间、工程质量、工程造价、技术资料交付时间、材料和设备供应责任、拨款和结算、竣工验收、质量保修范围和质量保证期、双方相互协作等条款。

（三）建设监理合同

建设监理合同是指建设单位与取得了监理资质证书的监理公司、监理事务所等监理单位签订的，为委托监理单位承担监理业务而明确双方权利、义务关系的合同。建设监理合同的推行，对控制建筑工程的投资、保证建设工期、确保建筑工程质量等具有重要意义。因此，虽然从严格意义上讲，建设监理合同在性质上属于委托合同，但我国在建设工程合同中对建设监理合同也作出了相应的规定。建设工程实行监理的，发包人应当与监理人采用书面形式订立委托监理合同。发包人与监理人的权利、义务以及法律责任，应当依照委托合同的规定以及其他有关法律、行政法规的规定。

第二节　建设工程合同的效力

【问题】如何理解施工合同中承包人的工程价款优先权？

一、勘察、设计合同的效力

（一）发包人的主要义务

1. 按照合同约定提供开展勘察、设计工作所需要的各种条件。勘察合同的发包人，在勘察工作展开前应当提供勘察工作所需要的勘察基础资料、勘察技术要求及附图。设计合同的发包人应当按照合同的约定提供设计的基础资料、设计的技术要求。为保证勘察、设计工作的正常进行，在勘察、设计人员入场工作时，发包人应当为其提供必要的工作条件和生活条件。因发包人变更计划，提供的资料不准确，或者未按照期限提供必需的勘察、设计工作条件而造成勘察、设计的返工、停工或者修改设计，发包人应当按照勘察人、设计人实际消耗的工作量增付费用。

2. 按照约定支付价款。发包人应当按照合同约定，向勘察人、设计人支付勘察、设计费。发包人未按合同约定的方式、标准和期限支付勘察、设计费的，应负相应的违约责任。

3. 维护勘察、设计成果。发包人对于勘察人、设计人交付的勘察成果、设计成果，不得擅自修改，也不得擅自转让给第三人重复使用。发包人擅自修改勘察、设计成果的，对由此引起的工程质量责任，应由其自己承担；擅自转让成果给第三人使用的，应向勘察人、设计人负责赔偿。

（二）承包人的主要义务

1. 按照合同约定按期完成勘察、设计工作。勘察合同的勘察人应当按照国家规定的或者合同约定的标准和技术条件进行工程测量、工程地质、水文地质等勘察工作。设计合同的设计人应当按照合同的约定根据发包人提供的文件和资料进行设计工作。勘察人、设计人应按合同约定的进度完成勘察、设计任务；未按期完成工作的，应当承担违约责任。勘察人、设计人原则上应当自己完成勘察、设计工作。但经发包人同意，勘察人、设计人可以将自己承包的部分工作交由第三人完成。第三人就其完成的工作成果与勘察人、设计人向发包人承担连带责任。

2. 提交勘察成果、设计成果。勘察人、设计人应在约定的期限内将勘察成果、设计图纸及说明和材料设备清单、概预算等设计成果按照约定的方式交付给发包人；未按期交付工作成果的，应承担违约责任。

3. 勘察设计成果的瑕疵担保义务。勘察人、设计人对交付的勘察设计成果负有瑕疵担保义务，应当保证交付的工作成果符合法律、行政法规的规定，符合建设工程质量、安全标准，符合建设工程勘察、设计的技术规范，符合合同的约定。否则，勘察人、设计人应对有瑕疵的勘察、设计成果承担继续完善勘察、设计，减收或者免收勘察、设计费并赔偿损失的责任。

4. 按合同约定完成协作的事项。设计人应按合同约定对其承担设计任务的工程建设配合施工，进行设计交底，解决施工过程中有关设计的问题，负责设计变更和修改预算，参加考核和验收等。对于大中型工业项目和复杂的民用工程，应派现场设计代表，并参加隐蔽工程验收。

二、施工合同的效力

（一）发包人的主要义务

1. 施工前的准备工作。施工前的准备工作是整个工程建设过程的重要组成部分。发包人应按合同约定作好施工前的准备工作，以保证工程建设按期开工和保证工程质量。这些准备工作主要包括：①正式工程和临时设施范围内的土地征用、租用工作；②申请施工许可证和占道、爆破及临时铁道专用线接岔许可证；③确定建筑物、道路、线路、上下水道的定位标桩、水准点和坐标控制点；④接通施工现场水源、电源和运输道路，依约定清除施工现场的障碍物；⑤组织有关单位对施工图等技术资料进行审定，并按约定的时间和份数提供给承包人。

2. 按照约定提供材料、设备、场地、资金、技术资料等。发包人未按照约定的时间和要求提供原材料、设备、场地、资金、技术资料的，承包人可以顺延工程日期，并有权要求赔偿停工、窝工等损失。根据《建设工程施工合同解释（一）》第13条第1款的规定，发包人具有下列情形之一，造成建设工程质量缺陷，应当承担过错责任：①提供的设计有缺陷；②提供或者指定购买的建筑材料、建筑构配件、设备不符合强制性标准；③直接指定分包人分包专业工程。若发包人提供的主要建筑材料、建筑构配件和设备不符合强制性标准或者不履行协助义务，致使承包人无法施工，经催告后在合理期限内仍未履行相应义务的，承包人有权解除合同。

3. 为承包人提供必要的条件。在施工过程中，发包人与承包人要互相配合。因发包人的原因致使工程中途停建、缓建的，发包人应当采取措施弥补或者减少损失，赔偿承包人因此造成的停工、窝工、倒运、机械设备调迁、材料和构件积压等损失和支出的实际费用。

4. 组织工程验收。在施工合同之中，工程验收包括隐蔽工程的验收和工程竣工的验收。隐蔽工程在隐蔽以前，承包人应当通知发包人检查。发包人没有及时检查的，承包人可以顺延工程日期，并有权要求赔偿停工、窝工等损失。建设工程竣工后，发包人在接到检查的通知后应及时检查；发包人未按期进行检查的，经承包人催告后应在合理的期限内进行检查。因发包人未及时检查而造成工期拖延及承包人停工、窝工等损失的，发包人应当承担赔偿损失的责任。

5. 接受建设工程并按照约定支付工程价款。发包人在工程建设完成后，对竣工验收合格的工程应予以接受并应当按照合同约定的方式和期限进行工程决算，向承包人支付价款。

（二）承包人的主要义务

1. 按照约定进行施工。在开工之前，承包人应当按照合同的约定做好开工前的准备工作。在施工中，承包人应当严格按照施工图及说明书进行施工。承包人对于发包人提供的施工图和其他技术资料，不得擅自修改。承包人不按照施工图和说明书施工而造成工程质量不符合约定条件的，应当负责无偿修理或者返工。承包人原则上应当自己完成施工工作。但经发包人同意，可以将自己承包的部分工作交由第三人完成。第三人就其完成的工作成果与施工承包人向发包人承担连带责任。承包人不得将其承包的全部建设工程转包给第三人或者将其承包的全部建设工程肢解以后以分包的名义分别转包给第三人。承包人将建设工程转包、违法分包的，发包人可以解除合同。禁止承包人将工程分包给不具备相应资质条件的单位。禁止分包单位将其承包的工程再分包。建设工程主体结构的施工必须由承包人自行完成。

2. 接受发包人的必要监督。由于发包人在不妨碍承包人正常作业的情况下，可以随时对作业进度、质量进行检查。因此，承包人对于发包人的必要监督、检查，应予以配合和支持，不得拒绝。为了便于发包人的监督，承包人应当按照合同的约定，及时向发包人进行报告，并提供有关报表。

3. 按期按质完工并交付工程。承包人应当按照合同约定的期限完成工程建设，因可归责于承包人的原因显然不能按期完工而影响发包人的使用，导致合同目的不能实现的，发包人有权解除合同。承包人于竣工后、交工前应负责保管完成的工程并清理施工现场，按照合同的约定和有关规定提出竣工验收技术资料，通知发包人验收工程并办理工程竣工结算和参加竣工验收。

因承包人的原因致使建设工程质量不符合约定的，发包人有权要求承包人在合理期限内无偿修理或者返工、改建。经过修理或者返工、改建后，造成逾期交付的，承包人应当承担违约责任。

4. 建设工程的质量保修义务。在建设工程质量保证期内，工程所有人或者使用人发现工程瑕疵的，有权直接请求承包人修理或者返工、改建。关于质量保证期限，当事人可以在承包合同中约定，也可以在单独的保修合同中约定。质量保证期限应当与工程的性质相适应。保证期限应当自发包人在最终验收记录上签字之日起计算。

5. 对建设工程合理使用期限内的质量安全负担保责任。承包人不仅对建设工程保证期的质量负保修义务，而且应担保建设工程在合理的使用期限内不会因其质量问题造成人身和财产损失事故。因承包人的原因致使建设工程在合理使用期限内造成人身和财产损害的，承包人应当承担损害赔偿责任。在因建设工程发生倒塌、脱落等造成他人损害时，受害人可以要求建设工程的所有人或者管理人承担责任；若工程所有人或者管理人能够证明自己没有过错，损害是因承包人的原因造成的，则受害人有权要求建设工程的承包人承担损害赔偿责任。

（三）承包人的工程价款优先受偿权

承包人享有工程价款优先受偿权，即发包人未按照约定支付价款的，承包人可以催告发包人在合理期限内支付价款。发包人逾期不支付的，除按照建设工程的性质不宜折价、拍卖的以外，承包人可以与发包人协议将该工程折价，也可以申请人民法院将该工程依法拍卖。承包人有权在工程价款的范围内就该工程折价或者拍卖的价款优先受偿。

《民法典》之所以赋予承包人工程价款优先受偿权，是为了应对我国建筑业中非常严重的恶意拖欠工程款的现象。《建设工程施工合同解释（一）》具体规定了工程价款优先受偿权的条件、范围和行使期限：承包人的建设工程价款优先受偿权优于抵押权和其他债权；建设工程质量合格，承包人可以就工程折价或者拍卖的价款优先受偿；未竣工的建设工程质量合格，承包人可以就其承建工程部分折价或者拍卖的价款优先受偿；承包人建设工程优先受偿的范围依照国务院有关行政主管部门关于建设工程价款范围的规定确定，承包人不能就逾期支付建设工程价款的利息、违约金、损害赔偿金等优先受偿；承包人应当在合理期限内行使建设工程价款优先受偿权，但自发包人应当给付建设工程价款之日起算，最长不得超过 18 个月；发包人与承包人约定放弃或者限制建设工程价款优先受偿权，损害建筑工人利益，发包人根据该约定主张承包人不享有建设工程价款优先受偿权的，人民法院不予支持。《民法典》及司法解释通过规定承包人工程价款优先权，强化了对承包人利益的保护，较为妥当地平衡了一般抵押权人、购房人和建筑承包人之间的利益和风险。

（四）合同无效或解除时已完成工程的处理

建设工程施工合同无效，且建设工程经验收合格的，可以参照合同关于工程价款的约定折价补偿承包人。建设工程施工合同无效，且建设工程经验收不合格的，按照以下两种情形处理：①修复后的建设工程经验收合格的，发包人可以请求承包人承担修复费用；②修复后的建设工程经验收不合格的，承包人无权请求参照合同关于工程价款的约定折价补偿。尽管法律行为无效后，行为人应当返还因该行为而取得的财产，然而由于建设工程具有特殊性，施工人的劳动和建筑材料已经物化在建筑工程中，显然无法进行实物返还，因此对于验收合格的建设工程，即使合同无效，也应当折价补偿承包人。

同理，若承包人转包或者违法分包致使发包人解除合同，或者发包人不履行相应义务致使承包人解除合同的，合同解除后，已经完成的建设工程质量合格的，发包人应当按照约定支付相应的工程价款；已经完成的建设工程质量不合格的，参照上述合同无效时的规定处理。

第十八章

运输合同

【本章提要】 运输合同是承运人开展运输业务的法律形式。运输合同既保障着商品的安全迅速流转，扩大了商品交易范围；又保障着人们的安全旅行，扩大了人们的交往范围，对促进经济与社会发展具有重要作用。基于公共运输的公共性、垄断性，为了平衡作为弱者的社会公众与往往处于垄断地位的承运人之间的利益，法律对其采用的格式合同予以规制，并规定了公共运输承运人负有强制缔约义务。

第一节　运输合同概述

【问题】 运输合同中对契约自由有哪些限制?

一、运输合同的概念

运输合同，又称运送合同，是指承运人将旅客或者货物从起运地点运输到约定地点，旅客、托运人或者收货人支付票款或者运输费用的合同。在运输合同中，经营运输业务、承担运送旅客及其行李或货物的一方为承运人或运送人，与承运人订立运输合同的一方为旅客或托运人。

二、运输合同的特征

（一）运输合同是双务、有偿合同

在运输合同中，承运人负有将旅客或者货物运输到约定地点的义务，旅客、托运人负有按约定支付票款或者运费的义务。因此，运输合同属于双务、有偿合同。作为例外情形，承运人会放弃收取运输费用的权利，例如运送救济品或者身高未到购票标准的儿童，但这种例外情形并未改变运输合同的有偿性。

（二）运输合同一般为格式合同

在实际生活之中，为便于订立合同，简化手续，承运人往往事先拟定合同条款以便重复使用，表现形式为统一印刷的客票、货运单、提单等。而运输合同的运费，通常也是统一规定的。旅客或者托运人与承运人订立合同时，只能就已经拟定好的合同条款作出同意或不同意的表示，双方一般不能就有关条款进行协商。因此运输合同一般为格式合同。对于这种合同，适用《民法典》关于格式合同的规定。

（三）公共运输合同的承运人一方依法负有强制缔约义务

强制缔约，是指法律规定某些合同当事人负有承诺义务，非有重大事由，当事人不得拒绝订立合同。承运人的强制缔约义务，是指从事公共运输的承运人不得拒绝旅客、托运人通常、合理的运输要求。法律对从事公共运输的承运人赋予强制缔约义务的原因，在于公共承运人所从事的运输业具有公共性、公益性和垄断性。若允许承运人肆意拒绝旅客、托运人的正当缔约要求，则旅客、托运人的运送、旅行的需求将无从满足。

三、运输合同的分类

（一）旅客运输合同和货物运输合同

根据运输对象的不同，运输合同可以分为旅客运输合同和货物运输合同。

旅客运输合同即客运合同，是指承运人与旅客签订的，承运人将旅客及其行李安全运输到目的地，旅客支付票款或者运费的协议。客运合同是以旅客为运送对象的运输合同。双方当事人分别是承担运输义务的承运人以及承担支付票款或者运费义务的旅客。客运合同的表现形式主要为各种客票，如火车票、汽车票、船票、机票等。客运合同自承运人向旅客出具客票时成立，但当事人另有约定或者另有交易习惯的除外。

货物运输合同即货运合同，是指承运人将货物从起运地点运输到约定地点并交付给收货人，托运人支付运输费用的合同。货运合同除具有运输合同的一般特征外，还具有以下特点：①货运合同的标的是运输货物。货运合同是以将货物从约定地点运输到目的地为目的，承运人运输的对象是货物。这是货运合同与客运合同的基本区别。②货运合同往往涉及第三人。货运合同是由托运人与承运人签订的，但托运人可以以自己为收货人，也可以以第三人为收货人。当收货人与托运人不一致时，货运合同就涉及第三人。收货人作为合同的利害关系人，依托运人与承运人订立的货运合同享有权利并为此负担相应义务。③货运合同的履行以货物交付收货人为终点。对于货运合同来说，仅仅将货物运输到约定的地点，合同履行并未完结，只有在承运人将货物交付给收货人后，承运人的义务才履行完结。收货人不明或者收货人无正当理由拒绝受领货物的，承运人可以提存货物。

（二）铁路、公路、水路、航空、管道运输合同

根据运输工具的不同，运输合同可以分为铁路运输合同、公路运输合同、

水路运输合同、航空运输合同以及管道运输合同。

（三）国内运输合同和国际运输合同

根据运输是否涉外，运输合同可以分为国内运输合同和国际运输合同。

（四）单一运输合同和多式联运合同

根据运输方式的不同，运输合同可以分为单一运输合同和多式联运合同。

单一运输合同是指以一种运输方式将旅客或者货物运输到目的地的合同。

多式联运合同，又称为混合运输合同或者联合运输合同，是指以两种以上的运输方式将旅客或者货物运输到目的地的合同。虽然多式联运的承运人有两个以上，但是托运人只与多式联运经营人签订合同，并向其交付全程运费。多式联运经营人负责履行或者组织履行多式联运合同，对全程运输享有承运人的权利，承担承运人的义务。尽管在不同的区段由不同的承运人具体履行运输货物的义务，但是各区段的承运人并非合同的当事人。多式联运可以使多种运输工具得到综合利用，有利于简化运输手续，充分发挥运输能力，加速货物周转，方便旅客，节省费用。

第二节　运输合同的效力

【问题】运输合同中承运人的违约责任与免责条件有哪些？

【例1】

张某某诉广州铁路公司[1]

张某某搭乘北京西至南宁东的 G421 次列车，在广州铁路公司株洲西站搭乘自动扶梯出站时，被电梯上方出站旅客伍某某滚落的行李箱砸倒后摔伤，后经司法鉴定中心鉴定伤情构成 8 级伤残。张某某认为广州铁路公司没有依照合同约定将其安全运送至目的地，请求广铁公司承担违约赔偿责任。广铁公司认为张某某的人身损害是由第三人伍某某侵权造成的，应由直接致害人伍某某承担赔偿责任。

问题：广铁公司能否以第三人侵权为由进行违约责任的抗辩？

---

[1] 参见国家法官学院案例开发研究中心编：《中国法院 2017 年度案例（合同纠纷）》，中国法制出版社 2017 年版，第 164 页。裁判书案号：长沙铁路运输法院（2015）长铁法民初字第 24 号民事判决书。

一、客运合同的法律效力

(一) 旅客的主要义务

1. 支付票款、持票乘运的义务。旅客应当支付票款，并按照有效客票记载的时间、班次和座位号乘坐。旅客无票乘坐、超程乘坐、越级乘坐或者持不符合减价条件的优惠客票乘坐的，应当补交票款，承运人可以按照规定加收票款。旅客不支付票款的，承运人可以拒绝运输。旅客因自己的原因不能按照客票记载的时间乘坐的，应当在约定的期限内办理退票或者变更手续；逾期办理的，承运人可以不退票款，并不再承担运输义务。

2. 按规定携带行李的义务。旅客随身携带行李应当符合约定的限量和品类要求；超过限量或者违反品类要求携带行李的，应当办理托运手续。

3. 不得携带危险物品和违禁品的义务。旅客不得随身携带或者在行李中夹带易燃、易爆、有毒、有腐蚀性、有放射性以及有可能危及运输工具上的人身和财产安全的危险物品或者违禁物品。旅客违反上述规定的，承运人可以将违禁物品卸下、销毁或者送交有关部门。旅客坚持携带或者夹带违禁物品的，承运人应当拒绝运输。旅客违反规定，在运输过程中因为携带或夹带违禁物品给承运人或者第三人造成损失的，应当承担损害赔偿责任。

4. 服从承运人的指挥并爱护运输设施的义务。在运输的过程之中，旅客应当服从承运人的指挥，遵守承运人提出的安全运输注意事项。尤其在发生意外事故时，旅客应当按照承运人的安排进行抢救和避险。在运输的过程之中，旅客有权使用承运人提供的运输设施，同时也有义务爱护各种运输设施。如果由于旅客的过错致使运输设备受到损害的，旅客应当承担赔偿责任。

(二) 承运人的主要义务

1. 按照约定运送旅客的义务。承运人应当按照合同的约定运送旅客，这是承运人的基本义务。这一基本义务主要包括：承运人应当按照约定的或者通常的运输路线将旅客、货物运输到约定地点；承运人未按照约定路线或通常路线运输而增加票款或者运输费用的，旅客、托运人或者收货人可以拒绝支付增加部分的票款或者运输费用。承运人应当按照有效客票记载的时间、班次和座位号运输旅客。承运人迟延运输或者有其他不能正常运输情形的，应当及时告知和提醒旅客，采取必要的安置措施，并根据旅客的要求安排改乘其他班次或者退票；由此造成旅客损失的，承运人应当承担赔偿责任，但是不可归责于承运人的除外。承运人擅自降低服务标准的，应当根据旅客的请求退票或者减收票款；提高服务标准的，不得加收票款。实名制客运合同的旅客丢失客票的，可以请求承运人挂失补办，承运人不得再次收取票款或其他不合理费用。

2. 重要事项的告知义务。承运人应当严格履行安全运输义务，及时告知旅客安全运输应当注意的事项。承运人不及时告知旅客，造成旅客损失的，应当承担赔偿责任。

3. 救助旅客的义务。承运人在运输过程中，应当尽力救助患有急病、分娩、遇险的旅客。这是其法定义务而非约定义务，不可通过协议方式使其免责。承运人应当充分利用相应的运输工具所能利用的设施和服务，尽力采取各种有效措施以救助旅客。

4. 保证旅客人身安全的义务。承运人应当对运输过程中旅客的伤亡承担损害赔偿责任，但伤亡是旅客自身健康原因造成的或者承运人证明伤亡是旅客故意、重大过失造成的除外。该规定也适用于按照规定免票、持优待票或者经承运人许可搭乘的无票旅客。

前述张某某诉广州铁路公司案中，审理重点在于旅客运送期间因第三人侵权造成旅客人身损害时，铁路运输企业是否要对被侵害的旅客承担违约赔偿责任。依照《民法典》第823条的规定，承运人应当对运输过程中旅客的伤亡承担赔偿责任，此为违约责任。本案中，张某某购买火车票并搭乘列车，与铁路承运人成立铁路旅客运输合同关系。张某某搭乘列车到达目的地后在出站自动扶梯边受伤，铁路运输企业构成违约。第三人原因并非违约责任的免责事由，因此在本案中，原告要求铁路运输企业承担违约责任而非侵权责任，铁路运输企业不得以侵权相关法律进行抗辩并拒绝承担对旅客的违约赔偿责任。违约方铁路运输企业与致害人伍某某之间的纠纷应按法律规定，另行处理。

5. 妥善保管和安全运输旅客的行李的义务。在运输过程中旅客自带物品毁损、灭失，承运人有过错的，应当承担损害赔偿责任。旅客托运的行李毁损、灭失的，适用货物运输的有关规定。

二、货运合同的法律效力

（一）托运人的主要义务

1. 支付运输费用。运输费用一般由托运人支付，也可以由收货人支付。托运人或者收货人不支付运费、保管费以及其他运输费用的，承运人对相应的运输货物享有留置权，但当事人另有约定的除外。货物在运输过程中因不可抗力灭失，未收取运费的，承运人不得要求支付运费；已收取运费的，托运人可以要求返还。法律另有规定的，依照其规定。

2. 如实申报。托运人办理货物运输，应当向承运人准确表明收货人的名称或者姓名或者凭指示的收货人名称，以及货物的名称、性质、重量、数量，收货地点等有关货物运输的必要情况。因托运人申报不实或者遗漏重要情况，造成承运人损失的，托运人应当承担损害赔偿责任。

3. 交付货物并提交审批检验等文件。货物运输需要办理审批、检验等手续的，托运人应当将办理完有关手续的文件提交承运人。由于托运人未如约交付货物并提交相关文件，造成承运人利益损失的，托运人应当承担损害赔偿责任。

4. 按照约定包装运输货物。托运人应当采用约定的方式或者通常的方式对货物进行包装，或者采取足以保护货物的包装方式，即足以保证货物在运输过程中正常情况下不致发生损坏、散失、渗漏等情形。托运人违反上述规定的，承运人可以拒绝运输。

5. 危险货物的告知。托运人托运易燃、易爆、有毒、有腐蚀性、有放射性等危险物品的，应当按照国家有关危险物品运输的规定对危险物品妥善包装，作出危险物标志和标签，并将有关危险物品的名称、性质和防范措施的书面材料提交承运人。托运人违反上述规定的，承运人可以拒绝运输，也可以采取相应措施以避免损失的发生，因此产生的费用由托运人承担。

6. 对处置在运货物造成承运人损失的赔偿。在承运人将货物交付收货人之前，托运人可以要求承运人中止运输、返还货物、变更到达地或者将货物交给其他收货人，但应当赔偿承运人因此受到的损失。

（二）承运人的主要义务

1. 按照约定完成货物的运输。承运人应当在约定期间或者合理期间内将旅客、货物安全运输到约定地点。承运人未在约定期间或者合理期间内将货物运输到目的地的，应当负迟延履行的责任；承运人错发到货地点的，应当无偿将货物运输到约定的地点。

2. 及时通知收货人提货并将货物交付收货人。承运人在将货物运输到约定地点后，应及时通知收货人，并将货物交付给收货人。承运人未能及时通知收货人，致使收货人未能及时提货发生的保管费用应由承运人自行承担。承运人的通知义务以知道收货人并且能够通知为限。承运人若不知收货人，或者虽然知道收货人但是无法通知的，则不负通知义务。

3. 保证货物安全。在运输的过程中，承运人有义务采取各种措施妥善保管货物，保证货物的安全。承运人对运输过程中货物的毁损、灭失承担损害赔偿责任。但承运人若能证明货物的毁损、灭失是因不可抗力、货物本身的自然性质或者合理损耗以及托运人、收货人的过错造成的，则不承担损害赔偿责任。货物的损毁、灭失的赔偿额，当事人有约定的，按照其约定；没有约定或约定不明确，又不能达成补充协议，且不能按照合同有关条款或者交易习惯确定的，按照交付或者应当交付时货物到达地的市场价格计算。

（三）收货人的主要义务

1. 支付运输费用。按照货运合同的约定，应当由收货人支付运费的，收货人应当支付运费。合同中未明确约定收货人支付运费，但是托运人未支付运费的，收货人须于提货时代交运费才能提货。对于运输过程中发生的其他运输费用，以及货物运输到达后的保管费用，收货人也应当支付。托运人或者收货人不支付运费、保管费以及其他运输费用的，承运人对相应的运输货物享有留置权，但当事人另有约定的除外。

2. 及时提货。货物运输到达后，收到承运人通知后，收货人应在规定的期限内提取货物。收货人超过承运人通知中所规定的时间提货的，应当向承运人支付保管费等费用。

3. 检验货物。收货人提货时应当按照约定的期限检验货物。对检验货物的期限没有约定或者约定不明确，不能达成补充协议，又不能依合同条款或有关交易习惯确定的，应当在合理期限内检验货物。收货人在约定的期限或者合理期限内对货物的数量、毁损等未提出异议的，视为承运人已经按照运输单证的记载交付。

三、多式联运合同的效力

（一）多式联运经营人的一般权利和义务

多式联运经营人是签订多式联运合同的当事人一方。在运输过程中，多式联运经营人可以是参与实际承运的承运人，也可以是仅组织履行合同而不参与实际承运的人。多式联运经营人对全程运输享有承运人的权利，同时承担承运人的义务。多式联运经营人有权收取全程运输费用，有权请求违约的托运人承担违约责任；同时也应向托运人履行全部合同义务，承担全部责任。

（二）多式联运经营人与参与联运的承运人间的责任承担

多式联运经营人可以与参加多式联运的各区段承运人就多式联运合同的各区段运输约定相互之间的责任，但该约定不影响多式联运经营人对全程运输承担的义务。可见，多式联运合同采取统一责任制。无论多式联运经营人与各区段运输的承运人如何约定相互间的责任，多式联运经营人均对全程运输承担责任。但在多式联运经营人承担责任后可以依约向各区段承运人追偿。

（三）多式联运经营人的赔偿责任适用的规则

货物的毁损、灭失发生于多式联运的某一运输区段的，多式联运经营人的赔偿责任和责任限额适用调整该区段运输方式的有关法律规定。货物毁损、灭失发生的运输区段不能确定的，多式联运经营人的赔偿责任应当按照《民法典》关于运输合同的一般损害赔偿规则确定。

（四）托运人的赔偿责任

因托运人托运货物时的过错造成多式联运经营人损失的，即使托运人已经转让多式联运单据，托运人也仍然应当承担损害赔偿责任。

第十九章

技术合同

【本章提要】 技术合同标的具有特殊性，因此其权利义务关系也具有特殊性，此类合同的规制方式与其他合同有较大不同。技术交易中知识产权的保护、技术信息的保密、技术成果的归属、开发风险的承担以及对妨碍技术进步的合同的无效确定等都是需要特别关注的问题。

第一节　技术合同概述

【问题1】 技术合同与其他合同的主要区别何在？

【问题2】 区分职务与非职务技术成果的目的何在？

一、技术合同的概念

技术合同是指当事人之间就技术开发、转让、咨询或者服务订立的确立相互之间权利义务关系的合同的总称。技术合同主要有四种形式：技术开发合同、技术转让合同、技术咨询合同和技术服务合同。

二、技术合同的特征

（一）技术合同的主体具有特定性

技术合同的当事人，通常至少有一方是能够利用自己的技术力量从事技术开发、技术转让、技术服务或者技术咨询的自然人、法人或者其他组织。

（二）技术合同的标的物是技术成果

技术合同的标的物不是一般的商品或者劳务，而是一种特殊的商品——技术成果，即利用科学技术知识、信息和经验作出的涉及产品、工艺、材料及其改进等的技术方案，包括专利、专利申请、技术秘密、计算机软件、集成电路布图设计、植物新品种等。其中，技术秘密是指不为公众所知悉、具有商业价值并经权利人采取保密措施的技术信息。对于不同的技术合同，作为合同标的物的技术成果也会不同。技术开发合同的标的物是合同约定的尚需研究开发的技术成果，内容表现为科技创新；技术转让合同的标的物是合同约定的现有的、特定的、权利化的技术成果，内容表现为技术转移；而技术咨询合同和技术服务合同的标的物是利用技术知识解决科学决策的咨询课题和解决特定专业技术问题的技术服务项目，内容表现为知识和技术的深度应用。

（三）技术合同是诺成、双务、有偿合同

技术合同因当事人双方意思表示一致而成立，不以交付标的物为成立条件；技术合同成立后，当事人双方均负有一定义务，权利与义务相对应；任何一方当事人取得权利时，都应付出一定的代价。因此，技术合同属于诺成、双务、有偿合同。

（四）技术合同以促进科学技术进步为目的

技术合同的内容应当有利于知识产权的保护和科学技术的进步，促进科学技术成果的研发、转化、应用和推广。非法垄断技术或者侵害他人技术成果的技术合同无效。

三、技术合同的内容

技术合同的内容由当事人约定，一般包括以下条款：

1. 项目名称。即技术标的所涉及的项目名称。这是区分不同类型技术合同的标志。

2. 标的的内容、范围和要求。不同技术合同的标的，其技术范围、技术指标要求均不相同。确定技术合同的标的、范围和要求，是明确当事人权利义务的前提。

3. 履行的计划、地点、地域和方式。

4. 技术情报和资料的保密。技术情报和资料的保密是技术合同的重要条款，它既可能涉及国家安全和重大利益的保密问题，也直接涉及权利人的权利保护问题。技术合同应对需要保密的技术情报和资料的事项、范围、期限、责任等按照有关保密法律规定和当事人的约定作出相应的规定。

5. 技术成果的归属和收益的分配办法。该类条款主要是明确技术开发合同中技术成果的归属、技术服务合同及技术咨询合同履行过程中取得的技术成果的归属以及利益分配等问题。

6. 验收标准和方法。需要明确验收的技术项目、验收的方式、验收的技术经济等指标，以及出现分歧时进行评价或者鉴定的依据等具体内容。

7. 名词和术语的解释。由于技术合同具有很高的专业性，许多名词和术语都是专业名词和术语。因此，为避免当事人对名词和术语的理解发生分歧，合同还应当对专业名词和术语作出解释。

8. 其他条款。与履行合同有关的技术背景资料、可行性论证和技术评价报告、项目任务书和计划书、技术标准、技术规范、原始设计和工艺文件，以及其他技术文档，按照当事人的约定都可以作为合同的组成部分。技术合同涉及专利的，应当注明发明创造的名称、专利申请人和专利权人、申请日期、申请号、专利号以及专利权的有效期限。

四、职务与非职务技术成果

尽管技术成果的归属问题主要应由知识产权相关法律解决，但是由于技术成果的有效流转离不开对技术成果的权利的确定，因此《民法典》对与技术成果流转有关的技术成果归属问题也作了规定。其中既包括有关职务与非职务技术成果的归属等一般问题，也包括在技术开发合同、技术咨询与技术服务合同中技术成果的归属等特殊问题。这些问题涉及技术转让合同的效力以及技术开发合同、技术咨询与服务合同中当事人的权利义务的确定。

职务技术成果是执行法人或者非法人组织的工作任务，或者主要是利用法人或者非法人组织的物质技术条件所完成的技术成果。"执行法人或者非法人组织的工作任务""物质技术条件""主要是利用法人或者非法人组织的物质技术条件"等都是重要的判断因素，《技术合同解释》对此进行了较为详细的解释。"执行法人或者非法人组织的工作任务"主要包含两种情形：①履行法人或者非法人组织的岗位职责或者承担其交付的其他技术开发任务；②离职后一年内继续从事与其原所在法人或者非法人组织的岗位职责或者交付的任务有关的技术开发工作，但法律、行政法规另有规定的除外。"物质技术条件"主要包括资金、设备、器材、原材料、未公开的技术信息和资料等。"主要是利用法人或者非法人组织的物质技术条件"主要包括两种情形：包括职工在技术成果的研究开发过程中，全部或者大部分利用了法人或者非法人组织的资金、设备、器材或者原材料等物质条件，并且这些物质条件对形成该技术成果具有实质性的影响；还包括该技术成果实质性内容是在法人或者非法人组织尚未公开的技术成果、阶段性技术成果基础上完成的情形。但下列情况除外：①利用法人或者非法人组织提供的物质技术条件，约定返还资金或者交纳使用费的；②在技术成果完成后利用法人或者非法人组织的物质技术条件对技术方案进行验证、测试的。

对于职务技术成果的收益分配，当事人有约定的按照约定；若当事人没有约定，且按照合同的有关条款或交易习惯仍无法确定的，则应当按照如下规则确定：①按照"谁投资、谁收益"的基本逻辑，职务技术成果的财产权归完成人[1]的工作单位；②职务技术成果的完成人享有以同等条件优先受让的权利。

非职务技术成果，是指自然人在本职工作之外，主要利用自己或单位之外的其他物质技术条件完成的技术成果。非职务技术成果的使用权、转让权属于完成技术成果的个人，完成技术成果的个人可以就该项非职务技术成果订立技术合同。

五、技术合同与技术进步

法律在保护技术的开发、使用过程中当事人正当利益的同时，为了维护社会公共利益，也会对当事人的合同自由进行必要的限制。

订立技术合同，应当有利于知识产权的保护和科学技术的进步，促进科学技术成果的研发、转化、应用和推广。非法垄断技术或者侵害他人技术成果的技术合同无效。其中，"非法垄断技术"的情形包括：①限制当事人一方在合同标的技术的基础上进行新的研究开发或者限制其使用所改进的技术，或者双方交换改进技术的条件不对等，包括要求一方将其自行改进的技术无偿提供给对方、非互惠性转让给对方、无偿独占或者共享该改进技术的知识产权；②限制当事人一方从其他来源获得与技术提供方类似的技术或者与其竞争的技术；③阻碍当事人一方根据市场需求，按照合理方式充分实施合同标的技术，包括明显不合理地限制技术接受方实施合同标的技术生产产品或者提供服务的数量、品种、价格、销售渠道和出口市场；④要求技术接受方接受并非实施技术必不可少的附带条件，包括购买非必需的技术、原材料、产品、设备、服务以及接收非必需的人员等；⑤不合理地限制技术接受方购买原材料、零部件、产品或者设备等的渠道或者来源；⑥禁止技术接受方对合同标的技术知识产权的有效性提出异议或者对提出异议附加条件。

此外，《民法典》还在"技术转让合同"一节中作出限制性规定：技术转让合同可以约定让与人和受让人实施专利或者使用技术秘密的范围，但不得限制技术竞争和技术发展。

---

[1] 根据《技术合同解释》第6条，"职务技术成果的完成人"包括对技术成果单独或者共同作出创造性贡献的人，也即技术成果的发明人或者设计人。认定创造性贡献时，应当分解所涉及技术成果的实质性技术构成，提出实质性技术构成并由此实现技术方案的人，是作出创造性贡献的人。提供资金、设备、材料、试验条件，进行组织管理，协助绘制图纸、整理资料、翻译文献等人员，不属于职务技术成果的完成人、完成技术成果的个人。

第二节　技术开发合同

【问题1】 在技术开发合同中应以什么原则分担风险及分享技术成果？
【问题2】 委托开发合同与委托合同、承揽合同有何区别？

一、技术开发合同的概念和特征

技术开发合同是指当事人之间就新技术、新产品、新工艺或者新材料及其系统的研究开发订立的合同。技术开发合同包括委托开发合同和合作开发合同。当事人之间就具有产业应用价值的科技成果实施转化订立的合同，可参照技术开发合同的规定。

除了技术合同的一般特征外，技术开发合同还具有以下法律特征：

1. 技术开发合同的标的物是具有创造性的技术成果，包括新技术、新产品、新工艺、新材料及其系统等。这些新的技术成果是当事人在订立合同时尚不存在、尚未掌握的，只有经过研究开发方的创造性科技活动才能取得。技术开发合同的这一特征使其与承揽合同相区别。承揽合同的标的物是工作成果，尽管这种成果也体现了承揽人一定的智力性劳动，但是其成果并非智力性成果，而是有形商品。

2. 技术开发合同的当事人分担开发风险，共享新技术研发成果。在履行技术开发合同的过程中，有可能遭遇在现有技术水平下无法克服的技术难关，导致开发全部或者部分失败。这种风险的出现并非当事人的过错，所以，由其导致的开发损失，应在当事人之间合理分担。当事人也可在合同中约定如何分担风险。相应地，研发产生的技术成果一般也由双方当事人共享。当然，当事人也可以在合同中约定技术成果的归属和利益分享的办法。

技术开发合同的这一特征也是其与承揽合同相区别的重要方面。承揽合同中的承揽人自己独立完成合同约定的工作，并独立承担交付工作成果前的风险，定作人享有工作成果，并为此向承揽人支付报酬。

实践中，委托开发合同与委托合同极容易混淆。尽管这两种合同都有"委托"二字，但二者是性质不同的合同。委托合同中的委托人对于受托人处理委托事务的后果享有权利、承担义务。而委托开发合同中的委托人并不当然享有开发成果，其是否享有开发成果应取决于合同当事人的约定或法律的规定。在合同未作约定的情况下，对于委托开发完成的发明创造，申请专利的权利属于研究开发人；委托人只能在研究开发人取得专利后免费使用该专利。

3. 技术开发合同是要式合同。技术开发合同应当采用书面形式。技术开发是一项长期工作，当事人的权利和义务关系又相对复杂。订立书面合同可以明确当事人的权利、义务，并为合理解决合同纠纷提供基本依据。

二、技术开发合同的效力

（一）委托开发合同

委托开发合同是指当事人一方委托另一方进行技术研究开发的合同。在委托开发合同中，委托方提供一定的资金、设备等条件，研究开发方提供人员进行具体的研究开发活动；委托方支付报酬给研究开发方，研究开发方须向委托方交付研究成果。

1. 委托人的主要义务。

（1）按照合同约定支付研究开发经费和报酬。研究开发费用是指完成研究开发工作所必需的成本。除合同另有约定外，委托方应当提供全部研究开发的费用。研究开发费用一般应在合同订立后研究开发工作进行前支付，也可以根据情况分期支付。当支付的研究开发费用不足时，应当补充支付；而当研究开发费用剩余时，研究开发方应如数返还。研究开发报酬是指研究开发成果的使用费和研究开发人员的科研补贴，是取得研发成果的对价。委托方应按照合同约定按时支付报酬。委托方迟延支付研究开发经费，造成研究开发工作停滞、延误的，研究开发方不承担迟延责任。委托方逾期支付研究开发费用或者报酬，经催告于合理期限内仍然不支付的，研究开发方有权解除合同，请求委托方返还技术资料，补交应付的报酬，并赔偿由此造成的损失。

（2）按照合同约定提供技术资料、提出研究开发要求并完成协作事宜。委托方应当依照合同的约定，向研究开发方提供研究开发所需要的技术资料、提出研究开发要求，并完成其他协作事项。在研究开发中，应研究开发方的要求，委托人应补充必要的背景材料和数据，但仅以研究开发方为履行合同所必需的范围为限。委托方不依合同的约定及时提供技术资料、提出研究开发要求和完成协作事项，或者所提供的技术资料、提出研究开发要求或协作事项有重大缺陷，导致研究开发工作停滞、延迟、失败的，委托方应当承担责任；委托方逾期提供技术资料、原始数据和完成协作事项，并经催告于合理期限内仍不提供或完成的，研究开发方有权解除合同并请求损害赔偿。

（3）按期接受研究开发成果。委托方应当按期接受研究开发方完成的研究开发成果。委托方不及时接受研究开发方交付的已完成成果时，应当承担违约责任并且支付保管费用。经过研究开发方催告并经过合理期限,委托方仍拒绝接受的,研究开发方有权处分研究开发成果,并从所得收益中扣除约定的报酬、违约金和保管费;如所得收益不足以抵偿上述款项,研究开发方有权请求委托方赔偿损失。

2. 研究开发人的主要义务。

(1) 制订和实施研究开发计划。在委托开发合同中,由于研究开发人的主要任务是进行项目的研究开发工作,因此,研究开发人需要制订严密、科学的研究开发计划。研究开发计划是指导研究开发人实现委托开发合同确定的预期目标的指导性文件,是研究开发工作的具体步骤和方法,一般包括总体目标、计划、路线和进度等内容。

(2) 合理使用研究开发经费。研究开发方在研究开发工作过程中应依照合同约定合理使用研究开发费用。研究开发方将研究开发经费用于履行合同以外目的的,委托方有权制止并要求其退还,由此造成研究开发工作停滞、延误或者失败的,研究开发方应当赔偿损失;经委托人催告,研究开发方在合理期间内仍不将费用退还并用于研究开发工作的,委托方有权解除合同,并请求损害赔偿。

(3) 按期完成研究开发工作并交付成果。研究开发方应当按照合同约定的条件按期完成研究开发工作,及时组织验收,并将工作成果交付给委托方。研究开发方在完成研究开发工作时不得擅自变更标的的内容、形式和要求。由于研究开发方的过错,致使研究开发成果不符合合同约定条件的,研究开发方应当赔偿损失;致使研究开发工作失败的,应当返还部分或者全部研究开发费用并赔偿损失。

(4) 后续义务。研究开发方依照合同约定完成研究开发工作并交付工作成果时,还应当提供有关的技术资料,并给予必要的技术指导,对委托方人员进行技术培训,帮助委托方掌握该项技术成果。研究开发方不得向第三人泄漏技术开发成果的技术秘密,不得向第三人提供该项技术成果,但当事人另有约定或法律另有规定的除外。

(二) 合作开发合同

合作开发合同,是指当事人各方就共同进行技术研究开发达成的协议。在合作开发合同中,合作各方一般共同投资,共同进行研究开发,研发失败的风险由双方共同承担,研发的成果由合作各方共享,除非当事人另有约定。

合作开发合同当事人主要有以下义务:

1. 依照合同的约定投资。合作开发合同当事人合作的首要条件就是共同投资,合同应约定各方投资的方式、占总投资的比例。投资的方式一般包括:

资金、设备、材料、场地、实验条件、专利权、技术秘密或者其他技术。

2. 依照合同约定的分工参与研究开发工作。分工参与研究开发工作，是合作开发各方的主要义务，包括按照约定的比例和分工共同进行设计、开发、试验、试制等研究开发工作。工作方式可以是由各方派出技术人员等共同组成研发小组等。

3. 按照合同约定协作配合研究开发工作。合作开发合同的本质，就是双方当事人相互配合、共同进行研究开发工作。合作双方应当尽到协作配合义务，既包括合同约定的方面，也应当包括合作研发过程中新出现的需要协作配合的方面。

合作开发合同的当事人违反约定造成研究开发工作停滞、延误或者失败的，应当承担违约责任。

三、技术开发合同的风险负担和技术成果的归属

（一）技术开发合同的风险负担

技术开发中的风险，是指因合同当事人以外的原因造成的当事人研究开发中的损失。主要包括两种情形：一种情形是在技术开发合同履行中，作为技术合同标的物的技术成果已经由第三方公开，使技术开发合同的履行失去意义；另一种情形是在履行技术开发合同的过程中，遭遇在现有技术水平下尚无法克服的技术难关，导致开发全部或者部分失败。判断一项研究开发失败或部分失败是否归因于风险，标准为它是否是同行业专员人员公认的合理失败。

对于第一种情形，合同中约定待开发的技术成果已经由第三方公开，合同当事人无需继续投入人力、物力重复开发，合同的继续履行已无必要。因此，发生此种情形，当事人可以解除合同。但是，如果合同当事人已经投入了人力、物力，即使解除合同，仍会给当事人造成损失，《民法典》并未明确规定此种情况下的损失当事人如何承担。根据自愿、公平原则，当事人可以事先约定该类损失的承担，也可以在发生损失后，由当事人协商如何承担。如果当事人事先没有约定，事后也协商不成，应由当事人合理分担。

对于第二种情形，由于技术开发是创新的过程，蕴含着无法预知的风险，即使研究开发方尽自己的最大努力，也有可能因技术上的难度而不能取得合同约定的预期成果。因此，当事人可以事先约定该等损失的承担，也可以在发生损失后，由当事人协商如何承担。如果当事人事先没有约定，事后也协商不成，则应由当事人合理分担。但应当注意的是，当事人一方发现可能致使研究开发失败或者部分失败的情形时，应当及时通知另一方并采取适当措

施减少损失。没有及时通知并采取适当措施，致使损失扩大的，应当就扩大的损失承担责任。

（二）技术开发合同技术成果的归属

技术开发合同成果的归属，主要包括技术成果的专利申请权、专利权的归属，技术秘密成果的使用权、转让权的归属，以及利益的分配。确定技术开发合同技术成果的归属，同样要遵循自愿、公平原则。首先，尊重当事人的意思自治，在当事人对技术成果的归属已有约定的情况下，依当事人的约定确定归属；若在当事人没有约定或约定不明确的情况下，则应当区分委托开发合同和合作开发合同来确定。

1. 委托开发合同。委托开发完成的发明创造，申请专利的权利属于研究开发人。研究开发人取得专利权的，委托人可以依法实施该专利。研究开发人转让专利申请权的，委托人享有以同等条件优先受让的权利。

2. 合作开发合同。合作开发完成的发明创造，申请专利的权利属于合作开发的当事人共有。当事人一方转让其共有的专利申请权的，其他各方享有以同等条件优先受让的权利。合作开发的当事人一方声明放弃其共有的专利申请权的，除当事人另有约定外，可以由另一方单独申请或者由其他各方共同申请。申请人取得专利权的，放弃专利申请权的一方可以免费实施该专利。但当事人一方不同意申请专利的，另一方或者其他各方不得申请专利。

至于委托开发或者合作开发完成的技术秘密成果的使用权、转让权以及收益的分配办法，同样应当由当事人约定；没有约定或者约定不明确，且按照合同的有关条款或交易习惯仍无法确定的，在没有相同技术方案被授予专利权前，当事人均有使用和转让的权利。但是，委托开发的研究开发人不得在向委托人交付研究开发成果之前将研究开发成果转让给第三人。

第三节　技术转让合同与技术许可合同

【问题】 已进入公有领域的技术是否可以成为技术转让合同的标的物？

一、技术转让合同与技术许可合同概述

（一）技术转让合同与技术许可合同的概念

技术转让合同是合法拥有技术的权利人，将现有特定的专利、专利申请、技术秘密的相关权利让与他人所订立的合同。技术转让合同包括四种基本类型：专利权转让合同、专利申请权转让合同、技术秘密转让合同等。

技术许可合同是合法拥有技术的权利人，将现有特定的专利、技术秘密的相关权利许可他人实施、使用所订立的合同。技术许可合同包括专利实施许可、技术秘密使用许可等合同。

（二）技术转让合同与技术许可合同的特征

1. 技术转让合同与技术许可合同都是要式合同，应当采用书面形式。

2. 技术转让合同与技术许可合同的标的物是现有的技术成果。技术转让合同与技术许可合同中的标的物，只能是现有的技术成果，而不能是有待开发研究的成果。合同的标的技术是否为现有的技术成果，是技术转让合同和技术许可合同与技术开发合同的主要区别。

3. 技术转让合同和技术许可合同的标的物是专利、技术秘密和专利申请权。不涉及专利、专利申请或者技术秘密的知识、技术、经验和信息的合同不适用技术转让合同与技术许可合同的规定。但由于技术转让合同与技术许可合同中关于让与人向受让人提供实施技术的专用设备、原材料或者提供有关的技术咨询、技术服务的约定，属于合同的组成部分。因此发生的纠纷，适用技术转让合同与技术许可合同的相关规则。

4. 技术转让合同的实质是转让技术成果的"所有权"，即技术成果法定权利的移转。技术许可合同的实质是部分或者全部让渡"使用权"。

（三）其他类似合同的规则适用

依照《民法典》第876条，集成电路布图设计专有权、植物新品种权、计算机软件著作权等其他知识产权的转让和许可，参照适用技术转让合同和技术许可合同的有关规定。[1]

二、技术转让合同与技术许可合同的效力

（一）技术转让合同与技术许可合同的一般效力

1. 让与人和许可人的义务。

（1）按照约定提供技术。技术转让合同的让与人和技术许可合同的许可人须为所提供技术的合法拥有者，并保证所提供的技术完整、无误、有效，能够达到约定目标。许可人未按照约定许可技术的，应当返还部分或者全部

---

[1] 需要注意的是，尽管这几种类型知识产权的转让合同和许可合同可以参照适用技术转让合同和技术许可合同的有关规定，但其开发问题却并非皆可参照适用技术开发合同的规定：集成电路布图设计专有权的相关问题由《集成电路布图设计保护条例》调整；植物新品种权的开发合同可直接适用技术开发合同的规定；计算机软件著作权的创作开发问题，则主要适用《著作权法》的规定。

使用费，并承担违约责任。

（2）在约定范围内实施专利或者使用技术秘密。超越约定范围或者违反约定擅自许可第三人实施该项专利或者使用该项技术秘密的，应停止违约行为，并承担违约责任。

（3）保密义务。若让与人或许可人违反约定的保密义务，泄露秘密技术并给被许可人或者受让人造成损失的，应当承担相应的违约责任。

（4）瑕疵担保责任。技术转让合同的让与人和技术许可合同的许可人应保证提供的技术不受第三人追究。如果受让人或被许可人按照约定实施专利、使用技术秘密侵害他人合法权益的，则由让与人或者许可人承担责任，但是当事人另有约定的除外。

2. 受让人和被许可人的义务。

（1）支付转让费、使用费。受让人和被许可人应当按照合同的约定支付技术转让费、使用费。受让人和被许可人未按照约定支付费用的，应当补交使用费并按照约定支付违约金；不补交使用费或者支付违约金的，应当停止实施专利或者使用技术秘密，交还技术资料，承担违约责任。

（2）在约定的范围内实施专利或者使用技术秘密。实施专利或者使用技术秘密超越约定的范围的，未经许可人同意擅自许可第三人实施该专利或者使用该技术秘密的，应当停止违约行为，承担违约责任。

（3）保密义务。技术转让合同的受让人和技术许可合同的被许可人应当按照约定范围和期限，对让与人、许可人提供的技术中尚未公开的秘密部分承担保密义务。违反约定的保密义务的，应当承担违约责任。

（二）专利实施许可合同的特别效力

1. 许可方的义务。

（1）在专利有效期限内许可的义务。专利实施许可合同只在该专利权存续期内有效；专利权有效期限届满或者专利权被宣布无效的，专利权人不得就该专利与他人订立专利实施许可合同。

（2）依约提供专利资料的义务。许可方应按照约定许可被许可人实施专利，交付实施专利有关的技术资料，否则应承担违约责任。

（3）提供必要的技术指导的义务。通常情况下，被许可人都需要许可人的技术指导；如果被许可人需要并且要求指导，许可人应承担此项义务。

2. 被许可方的义务。

（1）按照约定范围、期限、方式使用技术。被许可方应在合同约定范围、期限内，以约定的方式使用被许可的技术；未经许可人同意，不得允许第三人使用该技术。

（2）依约支付使用费。

（3）实施专利。在采取使用费提成支付的许可合同中，许可方的收费多少取决于受让人的实施情况，所以，许可方有权要求被许可方履行实施专利的义务，以实现其最大利润。被许可方的实施义务通常包括在一定时间内将专利产品投入生产，在一定范围内生产专利产品并作相应的推销工作等。

三、利用被许可技术进行后续改进的技术成果归属

当事人可以按照互利的原则，在合同中约定实施专利、使用技术秘密后续改进的技术成果的分享办法；没有约定或者约定不明确，且按照合同的有关条款或交易习惯仍无法确定的，采用新创造的技术成果权属分配的一般规则，即以技术成果的实质创造性贡献度来确定权属，一方后续改进的技术成果，其他各方无权分享。

第四节　技术咨询合同与技术服务合同

【问题】如何确定在履行技术咨询合同中完成的新的技术成果的归属？

一、技术咨询合同与技术服务合同概述

（一）技术咨询合同

技术咨询合同是当事人一方以技术知识为对方就特定技术项目提供可行性论证、技术预测、专题技术调查、分析评价报告等所订立的合同。其中"特定技术项目"包括有关科学技术与经济社会协调发展的软科学研究项目，以及为促进科技进步和管理现代化、提高经济效益和社会效益等运用科学知识和技术手段进行调查、分析、论证、评价、预测的专业性技术项目。

当事人订立技术咨询合同的目的是受托方为委托方就特定技术项目提出建议、意见和方案。

（二）技术服务合同

技术服务合同是当事人一方以技术知识为对方解决特定技术问题所订立的合同，不包括承揽合同和建设工程合同。其中的"特定技术问题"包括需要运用专业技术知识、经验和信息解决的有关改进产品结构、改良工艺流程、提高产品质量、降低产品成本、节约资源能耗、保护资源环境、实现安全操作、提高经济效益和社会效益等的专业技术问题。

当事人一方以技术转让的名义提供已进入公有领域的技术，或者在技术

转让合同履行过程中合同标的技术进入公有领域，但是技术提供方进行技术指导、传授技术知识，为对方解决特定技术问题符合约定条件的，按照技术服务合同处理，约定的技术转让费可以视为提供技术服务的报酬和费用，法律、行政法规另有规定的除外。如果技术转让费视为提供技术服务的报酬和费用明显不合理的，当事人可以请求法院合理确定。

二、技术咨询合同的法律效力

（一）委托人的主要义务

1. 说明与提供资料的义务。委托人应按约定阐明需要咨询的问题，提供技术背景材料及有关技术资料、数据。未按约定提供必要的资料和数据，影响工作进度和质量的，支付的报酬不得追回，且未支付的报酬仍应支付。受托人发现委托人提供的资料、数据等有明显错误或者缺陷，应在合理期限内通知委托人。如委托人在接到受托人的补正通知后未在合理期限内答复并予以补正，则发生的损失由委托人承担。

2. 接受受托人工作成果的义务。委托人应当按照合同的约定接受工作成果。如果不接受或者逾期接受工作成果的，则支付的报酬不得追回，未支付的报酬仍应支付。

3. 支付报酬的义务。

（二）受托人的主要义务

1. 及时收取资料。受托人发现委托人提供的资料、数据等有明显错误或缺陷，未在合理期限内通知委托人的，视为其认可上述技术资料、数据。

2. 按照约定期限完成咨询报告或解答问题。受托人未按期提出咨询报告的，应承担减收或免收报酬等违约责任。

3. 提交的咨询报告应达到约定要求。受托人提出的咨询报告不符合约定的，应承担减收或免收报酬等违约责任。

三、技术服务合同的法律效力

（一）委托人的主要义务

1. 提供工作条件及配合义务。委托人应按约定提供工作条件，完成配合事项；不履行合同义务或者履行合同义务不符合约定，影响工作进度和质量的，支付的报酬不得追回，且未支付的报酬仍应支付。

2. 接受工作成果的义务。委托人不接受或者逾期接受工作成果的，支付的报酬不得追回，且未支付的报酬仍应支付。

3. 支付报酬的义务。

（二）受托人的主要义务

受托人应按合同约定完成服务项目，解决技术问题，保证工作质量，传授解决技术问题的知识。受托人未按照约定完成服务工作的，应当承担免收报酬等违约责任。

四、新技术成果权益的归属

履行技术咨询合同、技术服务合同为双方当事人创造新的技术成果提供了条件和机会，在合同履行过程中可能完成新的技术成果。但无论是技术咨询合同，还是技术服务合同，委托人缔约的主要目的都不是取得新技术的成果，换言之，其缔约时不具有取得成果的预期，而仅仅是为了取得技术咨询服务或者解决特定技术问题。因此，若当事人没有另行约定，对于技术咨询合同、技术服务合同履行过程中完成的新技术成果，应当采用新创造的技术成果权属分配的一般规则，即以技术成果的实质创造性贡献度来确定权属：受托人利用委托人提供的技术资料和工作条件完成的新的技术成果，属于受托人；委托人利用受托人的工作成果完成的新的技术成果，属于委托人。

第二十章
保管合同

【本章提要】广义的保管合同包括一般保管合同和仓储保管合同。《民法典》合同编将仓储合同和保管合同分别单列为有名合同（本书仓储合同一章中详述了二者的区别）。保管合同指保管人保管寄存人交付的保管物，并依约返还该物的合同。保管合同以无偿为原则，以交付保管物为成立要件。

第一节　保管合同概述

【问题】保管合同有哪些特征？

一、保管合同的概念

保管合同又称为寄托合同，是指保管人保管寄存人交付的保管物，并依约返还该物的合同。其中，对他人之物进行保管的人称为受寄托人或者保管人，将物交予保管人保管的人为寄存人。寄存人到保管人处从事购物、就餐、住宿等活动，将物品存放在指定场所的，通常也视为保管。

二、保管合同的特征

（一）保管合同以物品的保管行为为标的

保管合同订立的目的是由保管人保管物品，而非转移保管物品的所有权或使用权。所以，保管人不应当对保管物进行利用或者改造。此特征将保管合同与借用、租赁、承揽等合同区分开来。

（二）保管合同原则上是无偿、不要式合同

寄存人应按照约定向保管人支付保管费，但当事人对保管费没有约定或者约定不明确，又不能达成补充协议的，保管应是无偿的；《民法典》并未规定保管合同应采取特定的形式，因此保管合同原则上应为无偿、不要式合同。

（三）保管合同原则上为实践合同

保管合同的成立，不仅需要当事人双方意思表示一致，而且需要寄托人将保管物交付于保管人。同时，也允许当事人另作约定。因此，保管合同原则上为实践合同。

第二节　保管合同的效力

【问题】保管人有哪些主要义务?

【例1】

无偿保管赔偿案[1]

原告因自己的仓库正在施工,部分冰箱无处存放,遂与被告签订了一份仓储保管合同,由被告负责保管原告的50台冰箱。1个月后,原告有一批靠背纸需要存放,经与被告协商,被告同意存放在其仓库中,并为这批靠背纸建立了账目,同时双方约定,不再为此另行收费。同年6月,当地连日天降大雨,被告的仓库因年久失修,雨水漏进仓库,致使原告的靠背纸受损,直接损失14 000元。原告要求被告赔偿靠背纸的损失。被告提出靠背纸是原告主动送存的,不在合同规定的范围内,被告无理由赔偿。于是,原告诉至法院,要求被告赔偿靠背纸的损失。

问题:如何确定无偿保管合同中保管人的妥善保管义务?

一、保管人的主要义务

（一）给付保管凭证

寄存人向保管人交付保管物后,保管人应当给付保管凭证,但另有交易习惯的除外。保管凭证的给付并非保管合同的成立要件,其仅为证明保管合同关系存在的证据。

（二）妥善保管

保管人应当妥善保管保管物。“妥善保管”通常指保管人在进行保管时,应尽适当的注意义务。对于有偿保管与无偿保管中的注意程度的要求应有所不同,即以利益关系为依据确定注意义务,以体现公平原则。当保管合同为无偿时,通常要求保管人尽到一般人的注意义务或与自己的事务相同的注意义务。因故意或者重大过失致使保管物毁坏的,则应当认定保管人没有尽到这种注意义务;因一般过失致使保管物毁坏的,保管人可不负赔偿责任或减轻赔偿责任。当保管合同为有偿时,保管人应当尽善良保管人的注意义务,

---

[1]　参见王利明主编:《中国民法案例与学理研究（债权篇）》,法律出版社2003年版,第523～528页。

即保管人应当对所有因自己的过失致使保管物损毁、灭失的情况承担赔偿责任。

前述无偿保管赔偿案中，原告与被告之间成立了靠背纸保管合同，且为无偿合同。以一般人的标准来看，"连日天降大雨"是很难预知的，因此如果要求被告在下雨之前修好仓库，似乎显得过于苛刻。但是，被告的仓库年久失修，也是导致雨水漏进仓库的主要因素，这表明被告并没有尽到充分的注意义务。如果被告不承担赔偿损失的责任，则显然对原告也欠公允。因此，应认定被告承担赔偿损失的责任。但考虑到无偿因素，可以适当减轻其责任。

（三）专属保管

保管人应亲自为保管行为，不得将保管物转交第三人保管，但当事人另有约定的除外。如保管人将保管物转交第三人保管，对保管物造成损失的，应当承担损害赔偿责任。之所以规定保管人的专属保管义务，是因为保管通常是基于信任而产生的一种法律关系。保管人的人格信用基础是寄存人选择保管人的重要因素。但专属保管义务并非强制性规定，当事人可以通过协议的方式免除保管人的这种专属保管义务。

（四）危险通知义务

保管人在两种情形下负有通知义务：①一般危险通知义务。即在保管物因自然原因或第三人侵害可能处于毁损、灭失的危险情形时，保管人应当及时通知寄存人。《民法典》虽未明确规定保管人的危险通知义务，但根据诚实信用原则，保管人应及时将有关情况通知寄存人。②第三人主张权利时的危险通知义务。第三人对保管人提起诉讼或者对保管物申请扣押的，保管人应当及时通知寄存人，以便寄存人及时采取措施保护自己的利益。

（五）不得使用或许可他人使用保管物

寄存人将保管物交付保管人占有的目的在于使保管人保管保管物，而非转移保管物的所有权或者使用权。保管人有权占有保管物，但无权使用保管物，也不能允许第三人使用。但经寄存人同意或者基于保管物的性质必须使用的除外。

（六）返还保管物

第三人对保管物主张权利的，除依法对保管物采取保全或者执行措施以外，保管人应当履行向寄存人返还保管物的义务。

当保管合同期限届满或者寄存人提前领取保管物时，保管人应当及时返还保管物。合同没有规定返还期限的，保管人可以随时返还，寄存人也可以随时要求保管人返还。如果保管合同规定有返还期限，保管人无特别事由不得提前返还。寄存人可以在期限届满前随时要求返还，因此给保管人造成损失的，寄存人应予以补偿。保管期间届满或者寄存人提前领取保管物的，保管人应当将原物及其孳息归还寄存人。但是若保管物为货币，则保管人可以返还相同种类、数量的货币；若保管物为其他可替代物的，则可以按照约定返还相同种类、品质、数量的物品。

二、寄存人的主要义务

（一）支付保管费及必要费用

在有偿保管合同中，寄存人应按照约定的期限向保管人支付保管费。当事人对支付期限没有约定或者约定不明确，不能达成补充协议，又无法按照合同有关条款或者交易习惯确定的，应当在领取保管物的同时支付保管费。若保管合同因不可归责于保管人的事由而终止，除合同另有约定外，保管人可以就其已为的保管部分请求报酬；反之，如保管合同因可归责于保管人的事由而终止，除当事人另有约定外，保管人不得就其已为保管的部分请求报酬，但仍可以请求偿还因保管保管物所支出的必要费用，合同另有约定的除外。

寄存人未按照约定支付保管费以及其他费用的，保管人对保管物享有留置权，当事人另有约定的除外。

（二）特定情形下的告知义务

寄存人交付的保管物有瑕疵或者按照保管物的性质需要采取特殊保管措施的，寄存人应当将有关情况告知保管人。寄存人未告知，致使保管物受损的，保管人不承担损害赔偿责任；保管人因此受到损失，除保管人知道或者应当知道而且未采取补救措施外，寄存人应当承担损害赔偿责任。

（三）特定情形下的声明义务

寄存人寄存货币、有价证券或者其他贵重物品的，应当向保管人声明，由保管人验收或者封存。寄存人未声明的，该物品毁损、灭失后，保管人可以按照一般物品予以赔偿。

第 二十一 章

仓储合同

【本章提要】 仓储业务对于加速物资流通，减少仓储保管货物的损耗，节省仓库基建投资，提高仓库的利用率，增强经济效益，无不具有重要意义。仓储合同是保管人储存存货人交付的货物，存货人支付仓储费的合同。了解仓储合同与保管合同的区别、仓单的性质是掌握仓储合同制度的关键。

第一节　仓储合同概述

【问题】 仓储合同与保管合同有哪些主要区别？

一、仓储合同的概念

仓储合同又称仓储保管合同，是指保管人储存存货人交付的仓储物，存货人支付仓储费的合同。其中，负责接受并储存仓储物的一方当事人为保管人，交付仓储物的一方当事人为存货人。

仓储合同由保管合同发展、演变而来，因此也可以将仓储合同视为特殊的保管合同。法律对仓储合同有规定时，应适用其规定；法律没有规定时，应适用法律对保管合同的规定。

二、仓储合同的特征

（一）仓储合同的主体须为特定主体

仓储合同中的保管人须为具有仓储设备并专门从事仓储保管业务的民事主体，既可以是法人，也可以是个体工商户、合伙或其他组织。仓储设备即仓库。仓库不以房屋等建筑物为限，凡适于堆放物品处，如地面、楼顶平台均可称为仓库。但如果保管人储存易燃、易爆、有毒、有腐蚀性、有放射性等的危险物品，应具备相应的保管条件。这一特征使其区别于保管合同，法律对保管合同中的保管人没有特别的要求。

（二）仓储合同的保管对象须为动产

仓储合同的保管对象应为动产。在仓储合同中，存货人须将仓储物交付于保管人，保管人利用自己的场地进行存储行为。这就决定了仓储物只能为动产。这一特征使其区别于一般的保管合同，保管合同的对象既可以是动产，也可以是不动产。

（三）仓储合同为诺成合同

仓储合同系诺成合同，只要双方当事人意思表示一致，仓储合同即告成立并生效。仓储合同的这一特征使其区别于属于实践合同的保管合同。这是由仓储合同的商事合同的特性决定的。因为仓储合同的专业性和营利性，在保管的物品入库前，保管人通常会为履行合同作准备，并因此支出一定的费用。若认定仓储合同为实践合同，就意味着一旦存货人在交存货物前改变交易的意愿，不向保管人交存货物，保管人就其所受到的损失不能以违约责任向存货人主张损害赔偿。同理，存货人一般也为营利性法人，如果在存货人交存货物前合同不成立，那么在其交存货物时若保管人拒绝储存，存货人就不能依违约责任请求损害赔偿。显然，如果将仓储合同确定为实践合同，对双方当事人都是不利的。

（四）仓储合同为双务、有偿、不要式合同

在仓储合同中，保管人有为存货人堆藏及保管仓储物的义务，存货人有支付报酬给保管人的义务，双方的义务具有对应性和对价性；保管人的营业性决定了仓储合同的有偿性，存货人须给付报酬和其他费用以取得仓储保管人提供的仓储服务，这一特征使其区别于原则上是无偿合同的保管合同；尽管实践中的仓储合同多为格式合同，但《民法典》并未规定仓储合同需采用特别形式。因此，仓储合同为双务、有偿、不要式合同。

第二节　仓储合同的效力

【问题】试述仓单的主要内容及其效力。

一、保管人的主要义务

（一）验收存货的义务

保管人应当按照双方对入库货物的验收约定对入库仓储物进行验收。验收条款一般应包括：验收的项目、验收的方法、验收的期限等。保管人未按照约定的项目、方法、期限进行验收或者验收不准确的，应当承担由此造成的实际损失。验收仓储物时，保管人未提出异议的，视为存货人交付的仓储物符合合同约定的条件。保管人验收时发现入库仓储物与约定不符的，应当及时通知存货人。保管人验收后，发生仓储物的品种、数量、质量不符合约定的，保管人应当承担损害赔偿责任。所以，验收入库仓储物是界定仓储物瑕疵责任归属的必要程序。

（二）给付仓单的义务

存货人交付仓储物后，保管人应当给付仓单、入库单等凭证。仓单是保管人应存货人的请求签发的一种有价证券，应包括下列事项：存货人的名称或者姓名和住所；仓储物的品种、数量、质量、包装、件数和标记；仓储物的损耗标准；储存场所；储存期间；仓储费；仓储物已经办理保险的，其保险金额、期间以及保险人的名称；填发人、填发地和填发日期。仓单具有以下的效力：①证明保管人已收到保管物的效力。保管人一经填发仓单，即认定其按照仓单记载的内容收到保管物。②表明保管物所有权的效力。仓单上所记载的货物，只要经存货人或者仓单持有人在仓单上背书，并且经保管人签字或者盖章，即可转移保管物的所有权。如因仓单毁损或遗失、被盗而灭失，存货人或仓单持有人丧失仓单的，其应依民事诉讼法相关规定，通过公示催告程序确认其权利。

（三）通知义务

保管人发现入库仓储物有变质或者其他损坏的，应及时通知存货人或者仓单持有人。如入库仓储物的变质或者其他损坏危及其他仓储物的安全和正常保管的，保管人有权催告存货人或者仓单持有人作出必要的处置。如情况紧急，保管人也可以作出必要的处置，但事后应当将该情况及时通知存货人或者仓单持有人。

（四）妥善保管义务

保管人应当按照合同约定的储存条件和保管要求，妥善保管仓储物。储存条件和保管要求通常由存货人依据货物的性质、状况提出的条件和要求来确定。保管人未按照约定的存储条件和保管要求对仓储物进行保管，造成仓储物毁损、灭失、短少、变质、损坏、污染的，保管人均应当承担赔偿责任。而因不可抗力、自然因素或货物本身的性质、包装不符合约定以及超过有效仓储期造成仓储物变质、损坏的，保管人不承担赔偿责任。

（五）容忍义务

存货人有权对仓储物进行检查，即对仓储物依据仓库的状况或者惯例，进行适当的检查。存货人或者仓单持有人请求对仓储物进行检查或提取样品时，保管人应予允许。

二、存货人的主要义务

（一）支付仓储费及其他费用

支付仓储费及其他费用，是存货人的主要义务。仓储费是保管人因提供仓储服务应得的报酬，也是存货人为获得仓储服务须付出的对价。存货人应按照双方当事人的约定支付仓储费。存货人或仓单持有人逾期提取仓储物的，保管人有权加收仓储费；提前提取的，不减收仓储费。保管期限届满后，存货人或者仓单持有人不支付仓储费的，保管人可以行使留置权。

（二）如实说明义务

当存货人储存易燃、易爆、有毒、有腐蚀性、有放射性等危险物品或者易变质物品时，除保管物本身容易受到损害以外，保管人的财产、其他存货人的货物也容易受到损害。因此，保管人需具备相应的保管条件，才能对上述物品进行保管。正因如此，存货人在储存上述货物时，应当进行必要的说明。如果存货人没有对危险物品的性质作出说明并提供有关资料，保管人可以拒收仓储物，也可以采取相应措施避免损失的发生，因此产生的费用由存货人承担。

（三）按时提取存货的义务

合同约定的期限届满，或者未约定期限但收到保管人合理的货物出库通知的，存货人或仓单持有人应当及时提取货物。当事人对储存期间没有约定或者约定不明确的，存货人或者仓单持有人可以随时提取仓储物，保管人也可以随时要求存货人或者仓单持有人提取仓储物，但应给予存货人或仓单持有人必要的准备时间。

第 二十二 章

委托合同

【本章提要】委托合同大量存在于民事活动和商事活动中。人们通过委托他人处理事务以克服时间、精力和知识的局限，扩大自身的活动空间和范围。随着社会经济的发展，委托合同的适用范围越来越广泛，而且委托合同的类型也不断更新。本章的重点是委托合同的特征，委托合同与直接代理、间接代理的关系以及委托合同的效力。

第一节　委托合同概述

【问题】简述委托合同与委托代理的关系。

一、委托合同的概念

委托合同，又称委任合同，是指依照双方当事人的约定，一方为他方处理事务的合同。委托他人为自己处理事务的一方为委托人，接受委托为他方处理事务的一方为受托人。

二、委托合同的特征

（一）委托合同的标的是处理事务的行为

当事人订立委托合同，其目的在于由受托人以其特定的社会技能为委托人处理一定的事务。受托人在委托的权限内所实施的行为，等同于委托人自己的行为。受托人办理受托事务的费用由委托人承担。但是，与委托人人身密不可分、具有人身性质的事务，如婚姻登记等，或违背法律和公序良俗的事务，不能成为委托合同的标的。在委托方式上，委托人可以特别委托受托人处理一项或数项事务，也可以概括地委托受托人处理一切事务。需注意的是，如果法律规定某特定事项需特别授权，则概括委托对此特定事项不产生效力。如《民诉解释》第89条规定，授权委托书仅写"全权代理"而无具体授权的，诉讼代理人无权代为承认、放弃、变更诉讼请求，进行和解，提起反诉或者上诉。

掌握委托合同的这一特征，需要注意委托合同与代理的关系。代理是指代理人在代理权限内以被代理人或自己的名义实施民事行为，被代理人对代理人的代理行为直接或者间接承担民事责任的制度。我国法律将代理分为三种：委托代理、法定代理和指定代理。委托合同是委托代理的基础关系。在委托合同中，受托人依约为委托人处理事务时，如需对外为法律行为，例如以委托人的名义与第三人签订合同，则受托人必须具有委托人授予的代理权。以律师服务业为例，律师可以接受自然人、法人或者其他组织的委托，担任法律顾问。根据双方的委托合同，律师可以为委托人提供日常的法律服务，包括起草、修改合同，参与谈判，对公司的重大决策出具法律意见等。但是，如果律师为案件当事人提供诉讼、仲裁代理服务，或根据委托人的要求向第三方发出律师函，除了需要在律师与委托人之间建立委托合同关系以外，因为涉及第三方，所以还需向第三方出具委托人的授权委托书，以向第三方表明律师的代理权。而在律师与委托人的委托合同中，已经含有委托代理的内容，确定了委托代理关系。由此可见，委托合同是委托代理的基础。委托合同中不一定含有代理关系，而代理权的产生也并非仅以委托合同为基础。

（二）委托合同的订立以双方当事人的相互信任为基础

委托人之所以将事务委托于受托人处理，是以其对受托人的能力、品格的信任，相信其可以处理好有关事务为基础的。受托人之所以接受委托，也是因为基于对委托人的了解和信任。如果丧失了这种信任，则委托合同的目的很难实现。正因为如此，受托人原则上应当亲自处理委托事务。未经委托人的同意，受托人不得将受托事务转委托给第三人处理。同样，未经受托人同意，委托人也不应在受托人之外另行委托第三人处理同一事务。而且，委托合同成立后，任何一方如果对另一方产生了不信任，则均有权随时解除委托合同。但是，因解除合同给对方造成损失的，除不可归责于该当事人的事由以外，应当赔偿损失[1]。

（三）委托合同是诺成合同、不要式合同

委托合同自双方当事人协商一致并依法成立时生效，无须以物之交付或者当事人履行行为作为合同的生效要件；委托合同的形式由当事人根据实际情况选择，但法律规定应当采用书面形式的除外。因此，委托合同为诺成性、不要式合同。

---

[1] 需要注意的是，赔偿的范围视委托是否有偿而有所不同。无偿委托的受托人因可归责于其的事由而解除合同的，应当赔偿因解除时间不当造成的委托人的直接损失；而有偿委托合同的受托人因可归责于其的事由而解除合同的，应当赔偿委托人的直接损失和合同履行后可以获得的利益。

（四）委托合同一般为有偿合同

受托人完成委托事务的，委托人应当按照约定向受托人支付报酬。即使因不可归责于受托人的事由，委托合同解除或者委托事务不能完成的，原则上委托人也应当向受托人支付相应的报酬，但当事人另有约定的除外。因此，委托合同一般应为有偿合同。当事人也可约定无偿委托。通常情况下，商事主体之间订立的委托合同多为有偿合同，而公民之间基于互助关系而建立的委托合同多为无偿合同。

第二节　委托合同的效力

【问题1】如何理解受托人所承担的亲自处理事务的义务？

【问题2】受托人与委托人各自在何种情形下承担赔偿责任？

【例1】

受托人不公开代理关系订立合同案[1]

委托人某家用电器公司（以下简称被告）委托某贸易代理公司（以下简称受托人）与某贸易公司（以下简称原告）订立电器销售合同。双方在委托合同中约定："受托人在与第三人订立家用电器销售合同时，应当以受托人名义签订；在发生受托人与第三人之间的纠纷时，在任何情况下，应当先由受托人向第三人承担责任，然后再根据委托人应承担的责任，由委托人向受托人承担责任。"合同签订后，受托人便根据委托合同的约定，以自己名义与原告订立了电器销售合同。但是，由于被告没有向受托人交货，因而受托人不能依买卖合同向原告交货。原告遂以受托人不履行合同为由，要求受托人履行合同并赔偿损失。受托人指出，自己是为被告做贸易代理的，由于被告未依约向自己交货，因而无法向原告交货。原告遂要求被告履行合同并赔偿损失，并将其诉诸法院。但被告拒绝赔偿，其理由是：①受托人以其自己的名义与第三人订立货物销售合同，并且在订立合同时，原告并不知道被告与受托人之间的代理关系，因而该合同只约束受托人与原告，被告与原告之间没有直接的权利和义务关系，原告不能直接要求被告履行合同和赔偿损失；②在被告与受托人之间的委托合同中也明确规定，在发生受托人与第三人之间

---

[1]　参见陈甦编著：《委托合同·行纪合同·居间合同》，法律出版社1999年版，第96页。转引自房绍坤、郭明瑞主编：《合同法要义与案例析解（分则）》，中国人民大学出版社2001年版，第620页。

的纠纷时，应由受托人先行承担责任，因此，被告有权拒绝原告的诉讼请求。

问题：1. 原告是否享有选择权？

2. 被告能否以其与受托人之间关于责任承担的约定对抗原告？

一、受托人的主要义务与责任

（一）依委托人的指示处理事务的义务

受托人处理委托事务，应当遵照委托人的指示。需要变更委托人指示的，应当经委托人同意；如果因情况紧急，并且由于客观上的原因难以和委托人取得联系，则受托人应当妥善处理委托事务，且事后必须将变更情况及时报告委托人。

二人以上的受托人共同处理委托事务的，对委托人承担连带责任。

（二）亲自处理事务的义务

由于当事人彼此信任是委托合同订立和存续的基础，因此原则上受托人应当亲自处理委托事务。但是，经委托人同意或者追认，受托人也可转委托，即可再委托第三人代为处理委托事务，由第三人直接就委托事务向委托人负责，受托人仅就第三人的选任及其对第三人的指示承担责任。如果转委托未经同意，那么受托人应当对转委托的第三人的行为承担责任。然而，在紧急情况下，即在受托人自己处理委托事务受阻碍，而委托人的利益将会因该委托事务处理的中断受到损害的情形下，受托人为了维护委托人的利益可不经委托人同意即进行转委托，且仅就其对第三人的选任及指示承担责任。

（三）报告义务

受托人在处理委托事务的过程中，应当按照合同的约定和委托人的要求，报告委托事务的处理情况，以便委托人作出判断并发出指示。委托合同终止时，受托人应当报告委托事务的结果，以便于委托人对委托事务的结果进行接收和审核。

（四）财产移交义务

受托人是以委托人的费用为委托人的利益处理事务，因此受托人处理委托事务取得的财产，包括金钱、物品、权利以及孳息等，不论是以委托人名义取得还是以受托人自己的名义取得，也不论是由转委托中的第三人取得还是受托人在处理事务时直接取得，均应转交给委托人。

（五）赔偿责任

在有偿的委托合同中，因受托人的过错给委托人造成损失的，委托人可以要求赔偿损失；在无偿的委托合同中，受托人因没有报酬，承担的责任相比有偿委托合同要轻一些，故仅就因故意或者重大过失给委托人造成损失的情形承担损害赔偿责任；受托人超越委托权限给委托人造成损失的，无论委托合同是否有偿，都应当赔偿损失。

二、委托人的主要义务与责任

(一) 支付费用和报酬的义务

受托人在处理事务过程中往往需要花费一定的费用。无论委托合同是否有偿，委托人都有义务预付处理委托事务的费用或补偿受托人为处理委托事务所垫付的必要费用。

在无偿委托合同之中，委托人自然无需向受托人支付报酬。但在双方当事人约定合同为有偿委托合同或者没有约定的情况下，委托人应当依照合同的约定或者交易习惯、委托的性质向受托人支付报酬。因不可归责于受托人的事由致委托合同解除或者委托事务不能完成的，该风险由委托人负担，即委托人仍应向受托人支付相应的报酬。当事人另有约定的，按照其约定。

(二) 赔偿责任

受托人在处理委托事务中因不可归责于自己的事由受到损失的，可以向委托人要求赔偿损失。如因委托人的指示不当或其他过错致使受托人蒙受损失的，委托人应予以赔偿。如因第三人的加害行为或不可抗力等非委托人的过错，而致受托人蒙受损失的，也由委托人承担赔偿责任。

由于委托人在受托人之外委托第三人处理委托事务，可能会给受托人造成损失，如减少报酬或者增加成本，因此须经受托人同意。委托人转委托第三人处理委托事务，即使已经受托人同意，因此给受托人造成损失的，受托人也可以要求委托人赔偿损失。

三、间接代理的特殊规则

受托人在处理委托事务过程中，可能与第三人签订合同。如果受托人以委托人的名义与第三人签订合同，则构成直接代理。此时受托人与第三人签订的合同对于委托人具有直接的效力，委托人是该合同的直接当事人。但如果受托人以自己的名义与第三人签订合同，其行为就构成了"间接代理"。《民法典》中规定的间接代理制度主要包括以下内容：

(一) 委托人的自动介入

受托人以自己的名义，在委托人的授权范围内与第三人订立合同，第三人在订立合同时知道受托人与委托人之间的代理关系的，该合同直接约束委托人和第三人，即委托人自动介入受托人与第三人所订立的合同中。但如果有确切证据证明该合同只约束受托人和第三人的，则不发生委托人的自动介人。

（二）委托人的介入权

委托人的介入权是指当受托人因第三人的原因对委托人不履行义务时，委托人介入受托人与第三人之间的合同关系，直接向第三人主张权利。委托人介入权的产生应当具备以下要件：①受托人以自己的名义订立合同，受托人如果以委托人的名义与第三人订立合同，则其效果直接归属于委托人，无需委托人行使介入权；②第三人在订立合同时，不知道受托人和委托人之间有代理关系，否则会发生上述委托人的自动介入的法律后果；③受托人因第三人的原因对委托人不履行义务；④不存在"第三人与受托人订立合同时如果知道该委托人就不会订立合同"的情形。

委托人介入权制度旨在简化权利救济程序，维护委托人的利益。如果无此制度，委托人只能向受托人主张权利，然后再由受托人向第三人请求权利，平添权利救济成本。并且，一旦受托人怠于向第三人请求权利，即使委托人可通过行使代位权寻求救济，亦有可能拖延委托人权利的实现。

受托人因第三人的原因对委托人不履行义务时，为便利委托人行使介入权以对第三人主张受托人的权利，受托人应当向委托人披露第三人。在委托人行使介入权从而得以行使受托人对第三人的权利时，第三人可以向委托人主张其对受托人的抗辩。

（三）第三人的选择权

法律为衡平委托人与第三人之间的利益，在承认了委托人的介入权的同时，也承认了第三人的选择权。第三人的选择权是指当受托人因委托人的原因对第三人不履行义务时，受托人应当向第三人披露委托人，第三人因此可以选择受托人或者委托人作为相对人主张其权利。但第三人不得变更选定的相对人，以减少法律关系的不确定性，维持当事人的利益平衡。

第三人选定委托人作为其相对人的，委托人可以向第三人主张其对受托人的抗辩以及受托人对第三人的抗辩。

前述受托人不公开代理关系而订立合同一案中，原告在订立合同时不知道被告与受托人之间的代理关系，所以合同不能直接约束原告和被告。而当受托人因被告的原因对原告不履行义务时，原告享有选择权，有权选择作为委托人的被告为相对人，向其主张权利，要求其履行交货义务。原告的选择权是法定权利，不因委托人与受托人的约定而被排除。因此，即使被告与受托人之间的委托合同明确约定了"在发生受托人与第三人之间的纠纷时，应由受托人先行承担责任"，也不影响原告选择委托人作为相对人主张其权利。但被告依法有权对原告行使其对受托人的抗辩权。

四、委托合同的终止

委托合同的终止原因分为一般原因和特殊原因两种情况。委托合同终止的一般原因即一般合同共同适用的终止原因，如委托事务处理完毕、合同履行已不可能、合同约定的存续期间届满以及合同约定的或法定的解除条件成就等。而委托合同终止的特殊原因是指导致委托合同终止所特有的原因，主要包括如下几种情形：

（一）委托人死亡或终止

由于委托人的利益与委托人的继承人或者继受者的利益往往不同，因此若委托人死亡或者被宣告破产、解散，委托合同即终止。因合同终止将损害委托人利益的，在委托人的继承人、遗产管理人或者清算人承受委托事务之前，受托人有义务继续处理委托事务。

（二）受托人死亡、丧失民事行为能力或终止

由于委托合同以委托人和受托人之间的信任为基础，因此受托人依据委托合同而产生的权利义务不具有可继承性，即受托人死亡、丧失民事行为能力或者被宣告破产、解散，会导致委托合同终止。合同终止的，受托人的继承人、遗产管理人、法定代理人或者清算人应当及时通知委托人。因委托合同终止将损害委托人利益的，在委托人作出善后处理之前，受托人的继承人、遗产管理人、法定代理人或者清算人应当采取必要措施，以减少或者避免损失。

第 二 十 三 章

物业服务合同

【本章提要】 物业服务合同是物业服务人提供物业服务的法律依据，也是界定建设单位、业主与物业服务人等主体之间权利义务和责任的契约基础。实践中物业管理纠纷高频出现，《民法典》对这一问题作出了回应，将物业服务合同正式列为有名合同。本章需重点注意物业服务合同的特征及合同双方的权利义务。

第一节　物业服务合同的概述

一、物业服务合同的概念

物业服务合同是物业服务人在物业服务区域内，为业主提供建筑物及其附属设施的维修养护、环境卫生和相关秩序的管理维护等物业服务，业主支付物业费的合同。物业服务人包括物业服务企业和其他管理人。

物业服务合同的内容一般包括服务事项、服务质量、服务费用的标准和收取办法、维修资金的使用、服务用房的管理和使用、服务期限、服务交接等条款。除上述条款外，物业服务合同还应包括当事人的姓名或者名称和住所、合同履行期限、违约责任和解决争议的方法等条款。值得注意的是，物业服务人公开作出的有利于业主的服务承诺，也是物业服务合同的组成部分。

二、物业服务合同的特征

（一）物业服务合同是诺成、有偿、双务、要式合同

物业服务合同自业主委员会与物业服务人就合同条款达成一致意见即告成立，无须以物业服务的实际提供为要件。物业服务人是取得工商营业执照，参与市场竞争，自主经营、自负盈亏的以盈利为目的的企业法人。由于业主支付对价才能享有物业服务，因此物业服务合同是双务、有偿合同。此外，物业服务合同因其服务综合事务具有涉及面广且利益关系相当重大，合同履行期也相对较长的特点，为避免口头合同取证困难，故《民法典》明确要求物业服务合同应以书面形式订立，因此其为要式合同。

（二）物业服务合同突破了合同相对性

建设单位依法与物业服务人订立的前期物业服务合同，以及业主委员会与业主大会依法选聘的物业服务人订立的物业服务合同，对业主具有法律约束力。由于物业服务合同突破了合同的相对性，对全体业主都具有法律约束力，因此未直接与物业公司签订物业服务合同的业主也需缴纳物业费；物业服务合同纠纷的诉讼中，业主也不能以自身并非合同的当事人作为抗辩事由。

（三）物业服务合同以劳务为标的

物业服务人的义务是提供合同约定的劳务服务，如房屋维修、设备保养、治安保卫、清洁卫生、园林绿化等。履行义务的物业服务人有权请求业主支付报酬。与承揽合同不同的是，虽承揽合同也涉及劳务的提供，但承揽人提供的劳务只是手段而并非目的，承揽人应以其劳务产生某种物化成果并承担工作中的风险，如承揽人未完成工作的，不得请求定作人支付报酬。而物业服务合同以特定劳务为内容，物业服务人完成约定的义务即有权请求业主支付报酬，工作中的其他风险由业主承担。

第二节　物业服务合同的效力

【问题1】业主能否以小区发生偷盗事件、住在一层从不使用电梯、未曾实际居住等理由拒绝支付物业费？

【问题2】物业公司在电梯电子显示屏投放广告的收益如何处理？

一、物业服务人的主要义务

（一）一般义务

物业服务人应当按照约定和物业的使用性质，妥善维修、养护、清洁、绿化和经营管理物业服务区域内的业主共有部分，维护物业服务区域内的基本秩序，采取合理措施保护业主的人身、财产安全。对物业服务区域内违反有关治安、环保、消防等法律法规的行为，物业服务人应当及时采取合理措施制止、向有关行政主管部门报告并协助处理。如果物业公司能够证明自己已经尽到上述义务，则业主不得以小区发生偷盗事件、意外火灾等情况为由拒绝支付物业费。

（二）信息公开义务

物业服务人应当定期将服务的事项、负责人员、质量要求、收费项目、收费标准、履行情况，以及维修资金使用情况、业主共有部分的经营与收益情况等以合理方式向业主公开并向业主大会、业主委员会报告。物业服务人要接受业主的监督，及时答复业主对物业服务情况提出的询问。小区内电梯、楼道、道路等公共区域就属于业主共用范围，物业公司如有在电梯内电子显示屏投放广告等利用业主共有部分进行经营的行为，则应当将公共收益单独列账，并及时向业主公示。

（三）移交义务

物业服务合同终止的，原物业服务人应当在约定期限或者合理期限内退出物业服务区域，将物业服务用房、相关设施、物业服务所必需的相关资料等交还给业主委员会、决定自行管理的业主或者其指定的人，配合新物业服务人作好交接工作，并如实告知物业的使用和管理状况。原物业服务人违反上述规定的，不得请求业主支付物业服务合同终止后的物业费，违反移交义务造成业主损失的还应当赔偿损失。

物业服务合同终止后，在业主或者业主大会选聘的新物业服务人或者决定自行管理的业主接管之前，原物业服务人应当继续处理物业服务事项。此种情形下原物业服务人可以请求业主支付该期间的物业费。

（四）不得违法转委托

由于物业服务涵盖的范围较广，其中很多具有一定的专业性，因此物业服务人可以将物业服务区域内的部分专项服务事项委托给专业性服务组织或者其他第三人，但不得将其应当提供的全部物业服务转委托给第三人，或者将全部物业服务支解后分别转委托给第三人。物业服务人将部分专项事项合法转委托的，应当就该部分专项服务事项向业主负责。

（五）合法收取物业费

业主违反约定逾期不支付物业费的，物业服务人可以催告其在合理期限内支付，合理期限届满仍不支付的，物业服务人可以提起诉讼或者申请仲裁。但是，物业服务人不得采取停止供电、供水、供热、供燃气等方式催交物业费。

（六）及时通知义务

物业服务人可以随时解除不定期物业服务合同，但应提前60日书面通知另一方当事人。物业服务期限届满前，物业服务人不同意续聘的，应在合同期限届满前90日书面通知业主或者业主委员会，但是合同对通知期限另有约定的除外。

二、业主的主要义务

（一）支付物业费

业主应当按照约定向物业服务人支付物业费。物业服务人已经按照约定和有关规定提供服务的，业主不得以未接受或者无需接受相关物业服务为由拒绝支付物业费。物业公司提供服务的内容包括对小区建筑物及其附属设施的维修养护、对小区环境卫生和相关秩序的管理维护。除了小区保洁、保安、绿化、垃圾清运等常见服务外，还有很多难以被业主直接所见的隐蔽工程，例如供暖设备、隐蔽管道的清理养护、电梯的定时检查等。业主由于在小区内居住生活，事实上已经享受了物业公司提供的各项服务，与物业公司形成了物业服务法律关系，因此不得以未接受或无需接受相关物业服务为由拒绝支付物业费。业主即使居住在一层从未使用过电梯或购买房屋后从未实际居住过，也需支付物业费。

（二）告知、协助义务

业主装饰装修房屋的，应当事先告知物业服务人，遵守物业服务人提示的合理注意事项，并配合其进行必要的现场检查。业主转让、出租物业专有部分、设立居住权或者依法改变共有部分用途的，应当及时将相关情况告知物业服务人。业主解除不定期物业服务合同的，应当提前 60 日书面通知物业服务人。

三、物业服务合同的续订与解除

物业服务期限届满前，业主依法共同决定续聘的，应当与原物业服务人在合同期限届满前续订物业服务合同。物业服务人若不同意续聘，应提前书面通知业主或业主委员会。合同对通知期限有约定的按其约定，无约定的应在合同期限届满前 90 日书面通知。物业服务期限届满后，业主没有依法作出续聘或者另聘物业服务人的决定，物业服务人继续提供物业服务的，原物业服务合同继续有效，但是服务期限为不定期。对于不定期物业服务合同，当事人双方都可以随时解除，但是应当提前 60 日书面通知对方。

除不定期合同的双方任意解除权外，业主另享有对合同的任意解除权。业主对小区开发商委托的前期物业公司不满意的，可以更换物业公司；对更换后的物业公司仍不满意的，可以依照法定程序共同决定解聘物业公司、解除物业服务合同等事项。决定解聘的，应当提前 60 日书面通知物业服务人，合同对通知期限另有约定的除外。业主解除合同造成物业服务人损失的，除不可归责于业主的事由外，应当赔偿损失。

第 二 十 四 章

行纪合同

【本章提要】行纪与委托、代理、居间同属经纪行为的方式，有其自身的特点和存在、发展的价值。本章重点是通过比较行纪制度与信托制度、间接代理制度的差异，准确掌握行纪合同的法律特征，进而了解行纪合同中各方当事人的具体权利义务。

第一节　行纪合同概述

【问题1】简述行纪合同与信托制度的区别。

【问题2】简述行纪合同与委托合同的区别。

【问题3】简述行纪合同与直接代理、间接代理的区别。

一、行纪合同的概念

行纪合同，是指当事人约定一方接受他方的委托，以自己的名义为他方从事贸易活动，他方给付一定报酬的协议。其中，以自己的名义办理业务的一方当事人是行纪人，给付报酬的一方当事人是委托人。

行纪作为一种特殊的交易安排，在欧洲中世纪便已经出现。因为当时商人委派代理人前往国外经营商业时，代理人往往滥用其信用，使得商人处于遭受损害的风险中，且商人委派代理人费用太高，因此促成了行纪的产生和发展。[1]由此可见，相较于委托代理，行纪具有独特的优势。

二、行纪合同的特征

（一）行纪人主体资格的法定限制

在行纪合同中，对行纪人的资格通常有特殊要求。依现行规范性文件及地方性法规，行纪人从事经纪活动，须取得经纪执业资格考核合格证明并依法注册。

---

〔1〕　参见李永军：《合同法》，中国人民大学出版社2021年版，第409页。

（二）行纪合同的标的是行纪人的贸易活动

行纪合同中，行纪人以自己的名义为委托人从事贸易活动，因此，行纪人为委托人提供的服务不是一般的劳务，而是与第三人进行买卖或者其他具有商事交易性质的财产法律行为，但一般不包括私人间的少量消费品交易。

行纪合同的这一特征使其与信托制度相区别。信托制度是英美法中的制度，源于英国中世纪衡平法中的用益物权制度，信托合同是受托人受权代表他人管理财产的一种协议。[1]信托中的受托人可从事财产处分和管理的一切行为，而不限于财产买卖等交易性质的活动。在信托中，信托财产的所有权在受托人名下，所以，信托合同产生一种财产权变动关系；而在行纪中，行纪人仅有可能占有委托人的财产，因此只产生债权债务关系。

（三）行纪人以自己的名义，为委托人的利益处理事务

行纪人以自己的名义与第三人从事贸易活动，因此由该民事行为所产生的权利、义务均由行纪人直接享有或承担。在委托人和第三人之间不存在直接的权利义务关系。行纪人必须为委托人的利益从事贸易活动，因此，即使以自己的名义享受权利、承担义务，其最终结果仍需转移给委托人，这也是行纪合同的最终目的。

行纪合同的这一特征使其与间接代理制度相区别。尽管行纪合同与间接代理都是为他人利益、以自己名义为法律行为，而行为的最终结果都移转于他人，但二者又存在如下区别：①行纪人与第三人订立的合同直接对行纪人发生效力，委托人不直接享受权利或承担义务；在间接代理制度中，在第三人明知存在代理关系的情形下，被代理人有权介入代理人与第三人所订立的合同之中。②在行纪合同中，第三人不履行义务导致委托人受到损害的，或委托人不履行义务致使第三人受到损害的，除非行纪合同有特别约定，均由行纪人承担损害赔偿责任；在间接代理制度中，如出现上述情形，在受托人履行披露义务后，可突破合同相对性原则，由委托人行使介入权，直接请求第三人承担损害赔偿责任，或由第三人行使选择权，直接请求委托人承担损害赔偿责任。

（四）行纪合同是诺成、不要式合同

行纪合同的订立，无须标的物的交付或者特定的方式，仅需双方当事人之间的意思表示达成一致即可；我国法律对于行纪合同的形式未作特殊规定。当事人可以以书面、口头或者其他方式订立行纪合同。因此，行纪合同是诺

---

[1] 参见李永军：《合同法》，中国人民大学出版社2021年版，第410~411页。

成、不要式合同。

（五）行纪合同是双务、有偿合同

在行纪合同之中，行纪人负有为他方办理买卖或者其他商事交易的义务，而委托人负有给付报酬的义务，双方当事人的权利义务相互对应。因此，行纪合同为双务、有偿合同。

第二节　行纪合同的效力

【问题】行纪人有哪些主要义务？

【例1】

行纪人处分委托物案[1]

烟台某贸易公司将已运抵海口港未销出的1100吨水泥寄售于海南某信托商行，寄售价格为每吨410元，酬金为实际成交价格的5%。因水泥保质期即将届满，且海南进入雨季，仓库安全状况不佳，信托商行通知贸易公司降低价格销售。经贸易公司同意，信托商行在水泥保质期届满前10天，即同年5月10日将水泥以每吨380元的价格售出。经协商，贸易公司按实际销售价格与信托商行结算酬金并收回资金。

问题：行纪人是否可以处分委托物？

一、委托人的主要义务

（一）支付报酬的义务

委托人委托行纪人为其处理事务，行纪人完成或者部分完成委托事务的，委托人应当向其支付相应的报酬。委托人逾期不支付报酬的，行纪人对委托物享有留置权，但当事人另有约定的除外。行纪人高于委托人指定的价格卖出或者低于委托人指定的价格买入的，则可以按照约定增加报酬。没有约定或者约定不明确，且不能达成补充协议，又不能按照合同有关条款或者交易习惯确定的，则行纪人不能请求增加报酬，该利益属于委托人。

行纪人卖出或者买入具有市场定价的商品，除委托人有相反的意思表示以外，行纪人自己可以作为买受人或者出卖人。此种情形下行纪人仍然可以

---

〔1〕　房绍坤、郭明瑞主编：《合同法要义与案例析解（分则）》，中国人民大学出版社2001年版，第655~656页。

要求委托人支付报酬。

（二）及时受领义务

行纪人按照约定买入委托物，委托人应当及时受领。经行纪人催告，委托人无正当理由拒绝受领的，行纪人可以提存委托物。

（三）及时取回或者处分出卖物

委托物不能卖出或者委托人撤回出卖，经行纪人催告，委托人不取回或者不处分该物的，行纪人可以提存委托物。

二、行纪人的主要义务

（一）负担行纪费用的义务

行纪人处理委托事务支出的费用，由行纪人负担。由于行纪是一种营业行为，即行纪人以营利为目的进行行纪活动，因此行纪人为处理委托事务所支出的费用相当于为获取利润而支出的成本，原则上应当由行纪人自行负担。

在实践中，双方当事人通常会将费用计入报酬之内，而不单独计算行纪费用。双方当事人也可以约定减轻或者完全转移行纪人对费用的负担。若费用全部或部分由委托人负担，则行纪人对委托人享有费用预付请求权或者在自己垫付费用的情形下享有费用及利息偿还请求权。

（二）妥善保管委托物

行纪人对处于其实际控制之下的委托物，应当承担妥善保管的义务。如委托物交付给行纪人时有瑕疵或者容易腐烂、变质的，经委托人同意，行纪人可以处分该物；不能和委托人及时取得联系的，行纪人可以合理处分，但事后应及时通知委托人。委托物因不可归责于行纪人的事由而损毁、灭失的，风险应当由委托人承担。

前述行纪人处分委托物案中，贸易公司交付给信托商行的水泥保质期即将届满，信托商行根据保管的水泥的品质特点，在水泥质量受到保质期和气候原因的严重影响时，及时通知贸易公司并经其同意采取降价销售措施，将水泥销售出去，在最大程度上实现了水泥的价值，保全了贸易公司的利益。因此，作为行纪人的信托商行的行为是合法的。即使在特殊情况下因不能及时与委托人取得联系而未能取得其同意，信托商行对水泥的合理处置也是合法的。

（三）依委托人的指示处理事务的义务

行纪人处理行纪事务，必须依照委托人的指示进行。行纪人低于委托人指定的价格卖出或者高于委托人指定的价格买入的，应当经委托人同意。未经委托人同意，行纪人补偿其差额的，该买卖对委托人发生效力。行纪人高于委托人指定的价格卖出或者低于委托人指定的价格买入的，可以按照约定增加报酬。没有约定或者约定不明确，且不能达成补充协议，又不能按照合同有关条款或者交易习惯确定的，行纪人不能请求增加报酬，该利益属于委托人。委托人对价格有特别指示的，行纪人不得违背该指示卖出或者买入。

（四）赔偿义务

在行纪合同中，由于行纪人是以自己的名义与第三人缔约，合同的权利与义务都归属于行纪人。因此，第三人不履行义务导致委托人受到损害的，行纪人应当承担损害赔偿责任，但是行纪人与委托人另有约定的除外。

第二十五章

中介合同 *

【本章提要】中介活动在市场经济中普遍存在，诸如房屋中介、人才中介、投资中介、保险中介等，其中均包含着中介合同法律关系。中介与委托、行纪既有相似性，又有严格区别。只有将这些差别准确界定后，才能真正掌握中介法律关系的基本特征和具体制度。

第一节 中介合同概述

【问题】中介合同与委托合同、行纪合同有哪些区别？

一、中介合同的概念

中介合同是指中介人向委托人报告订立合同的机会或者提供订立合同的媒介服务，委托人支付报酬的合同。中介人为委托人报告订约机会之中介，称为报告中介；中介人为委托人提供订约媒介服务之中介，称媒介中介。

二、中介合同的特征

（一）中介合同的民事性质和商事性质

中介合同究竟是民事合同还是商事合同，有不同的立法例。采民商分立的国家一般有以商法调整媒介中介和以民法调整报告中介的区分。而在民商合一的国家，中介合同多直接规定于民法典中。我国为民商合一国家，《民法典》就媒介中介和报告中介一并调整。当然，特定行业的中介活动如有特别规定的，从其特别规定。

（二）中介合同约定中介行为的内容和性质

中介合同与委托合同、行纪合同都是一方受他方委托为他方办理一定事务的合同，都属于提供服务的合同。因此，法律对中介合同没有规定的，可参照适用委托合同的有关规定。

---

* 原《合同法》中，将之称为"居间合同"，《民法典》更换了表述，改之为"中介合同"，在语言上更加的通俗化。

但三者之间也存在显著的区别，主要表现在：①办理的事务的内容和性质不同。中介人为委托人办理的事务是为委托人报告订约机会，或提供订约媒介服务，其目的是促成委托人与第三人订立合同，其性质是事实行为。而在委托合同中，受托人为委托人办理的事务则十分广泛，可以是事实行为，如委托审计，也可以是法律行为，如委托买卖等。在行纪合同中，行纪人为委托人办理的事务是贸易活动，其性质则是法律行为。②与第三人的法律关系不同。中介人仅为委托人报告订约机会，或提供订约媒介服务，并不以自己的名义或以委托人的名义与第三人订立合同，也并不参与委托人与第三人之间的关系。而在委托合同中，受托人可以委托人的名义或自己的名义与第三人订立合同。在行纪合同中，行纪人以自己的名义为委托人与第三人订立合同，与第三人发生直接的权利义务关系。因此，在委托合同和行纪合同中受托人都有可能取得事务处理结果，并负有将该结果移至委托人的义务。③是否取得报酬不同。中介合同为有偿合同，但中介人只在有中介结果时才得请求报酬，并且在为订约媒介时，可从委托人和其合同相对人双方取得报酬。而委托合同既可以是无偿合同，又可以是有偿合同。行纪合同虽为有偿合同，行纪人一般仅从委托人一方取得报酬。

（三）委托人给付报酬义务的不确定性

在中介合同中，只有中介人的中介活动达到中介目的时，即委托人与第三人之间的合同成立后，委托人才负给付报酬的义务。而委托人与第三人之间能否交易成功，并不完全取决于中介人的意志。因而，委托人负担给付报酬义务是附有一定条件的，是不确定的。这与一般有偿合同当事人一方履行义务即可取得相应报酬有明显不同。

（四）中介合同为有偿、诺成、不要式合同

中介人以收取报酬的中介活动为常业，中介人促成合同成立后，委托人需向中介人支付一定报酬；中介合同经双方当事人意思表示一致即告成立，无须以物的交付作为合同成立的条件；中介合同的成立可以采书面形式或口头形式，法律对其形式无特别规定。因此，中介合同为有偿、诺成、不要式合同。

第二节　中介合同的效力

【问题】如何理解支付报酬的条件？

【例1】

某房地产公司诉林某某[1]

A房产权人陈甲曾到多家房屋中介公司挂牌出租或出售。被告林某某与原告某房地产公司签订《购房委托协议》，协议中被告承诺不会直接或间接与原告提供房产的业主私下联系，并同意即使房产最后由被告的亲人、朋友、授权人、代理人等无论通过任何渠道以任何价格成功购买，被告仍需支付原告约定之佣金（系格式条款且原告未尽释明义务）。《协议》签订后某公司带林某某看了A房，但未达成交易。后第三人陈乙带陈甲主动联系被告林某某商谈A房的交易，最后达成房屋买卖合同。原告某公司以林某某违约为由提起诉讼。

问题：被告林某某的行为是否构成"跳单"违约？

一、中介人的主要义务

（一）报告订约机会或提供订约媒介服务的义务

此项义务是中介人的主要义务。中介人对其所知道的有关订立合同的情况或商业信息，在报告中介中，应据实报告给委托人，但对于相对人则不负有报告委托人有关情况的义务；在媒介中介中，应据实报告给各方当事人，无论其是同时接受合同当事人双方的委托，还是仅接受委托人一方的委托。

（二）忠实的义务

中介人负有忠实的义务。这是诚实信用原则在中介合同中的体现。对于订约有影响的事项及商业信息，如第三人的资信状况、支付能力、标的物是否有瑕疵等信息，中介人必须向委托人提供真实、及时、全面的信息，不得隐瞒、欺骗，不得与第三人恶意串通损害委托人的利益，也不得恶意促成委托人与第三人订立合同。中介人违反忠实义务，为获取中介报酬而故意隐瞒与订立合同有关的重要事实或者提供虚假情况，损害委托人利益的，不得要求支付报酬，并应当承担损害赔偿责任。

例如，甲委托乙为其购买一台原装电脑提供中介服务。乙找欲出售电脑的丙，在丙向乙介绍产品时，乙发现电脑不是原装的，而是组装的，但想到优厚的中介费，况且丙暗中又给了乙"好处费"，于是，乙没有将实情告诉给甲。在甲与丙签订买卖合同后，甲发现了问题，便向丙提出损害赔偿要求。

---

〔1〕 参见国家法官学院案例开发研究中心编：《中国法院2017年度案例（合同纠纷）》，中国法制出版社2017年版，第204页。裁判书案号：福建省泉州市中级人民法院（2015）泉民终字第2187号民事判决书。

此案中的乙为了拿到中介劳务费，不仅没有履行据实报告的义务，而且还采取隐瞒真相的手段，与第三人恶意串通从而损害了甲的合法权益。因此，乙不仅无权向甲主张中介报酬，而且应就其故意隐瞒实情给委托人造成的损失承担损害赔偿责任。

（三）负担中介费用的义务

中介人促成合同成立的，中介活动的费用由中介人负担。中介人促成合同成立的，中介费用通常已经作为成本计算在报酬之内，所以中介人不得另外再请求给付中介费用。但是，如果委托方和中介人在中介合同中明确约定"中介人促成合同成立的，委托人承担中介费用"，则从其约定。如果中介人未促成合同成立，也可以要求委托人支付从事中介活动支出的必要费用。

二、委托人的主要义务

（一）支付报酬

中介人促成合同成立的，委托人应当按照约定支付报酬，此项义务是委托人的主要义务。

1. 支付报酬的条件。原则上，支付报酬以中介人"促成合同成立"为前提条件。但在委托人和第三人订立合同后，如果合同被法院或仲裁机构确认为无效，或者一方当事人依法撤销或解除合同，委托人是否可以拒付报酬或请求中介人返还已支付的报酬？一般认为，《民法典》第963条规定的中介报酬支付条件仅为"促成合同成立"，并不需要考虑合同是否有效，也不需要考虑合同是否已履行。因此，合同被确认无效或被撤销、被解除一般不影响中介人的报酬请求权，除非中介人违背了如实告知等义务导致合同无效、被撤销或被解除，才可免除委托人的报酬支付义务，且委托人因此获得损害赔偿请求权。此外，由于中介合同可以随时终止，有时会发生委托人为了逃避支付报酬的义务，故意拒绝中介人已经完成的中介服务，而后再与因中介而认识的第三人订立合同的情况。就此情况，委托人仍需负担支付报酬的义务。

例如，甲委托乙为其租房子提供中介服务，乙为其找到价格便宜的房主丙。甲为了不支付中介费，而假借房子的质量不好，终止了中介合同。尔后甲又自行找到丙要求租房。由于甲的行为无疑违背了诚实信用的原则，因此委托人仍然需要支付报酬。

但仍需注意，中介人取得报酬的前提是"促成合同成立"。

前述某房地产公司诉林某某案中，虽然双方在《购房委托协议》中作了禁止跳单的约定，但不能据此认定委托人丧失了订立契约的完全自由。对于本案中的禁止跳单格式条款的效力，该条款内容相较于禁止委托人利用中介公司提供的房源信息、机会等条件却绕开中介公司与卖方签订买卖合同等不诚信的限制性约定更为严苛，极大加重委托人的责任。且在中介合同签订过程中，中介人也未以合理方式提醒委托人，所以该部分约定不应认定为合同内容。本案中委托人林某某并未独家授权于中介人，在这种情况下，在原产权人主动联系他时基于订立契约之完全自由，与原产权人达成房屋买卖交易，其合同成立并非由中介促成，不构成"跳单"违约。

2. 报酬数额的确定。当事人可以在中介合同中约定报酬的数额。合同对中介人的报酬没有约定或者约定不明的，应当按以下方法确定：当事人达成补充协议的按照其补充协议；若当事人没有达成补充协议，且按照合同的有关条款或交易习惯仍无法确定的，应当根据中介人的劳务合理确定。因中介人提供订立合同的媒介服务而促成合同成立的，由该合同的当事人平均负担中介人的报酬。其中需要考虑的因素应当包括：中介服务的性质与难度、委托人的受益、中介人的付出、类似中介服务的报酬水平等。

3. 支付报酬义务人的确定。在报告中介中，因中介人仅向委托人报告订约机会，而不与其相对人发生关系，故中介人的报酬应由委托人负担；在媒介中介中，由于中介人的中介活动而促成合同订立，委托人与第三人都因此而受益，因此除合同另有约定或另有交易习惯外，中介报酬应由因媒介中介而订立合同的委托人和第三人平均负担。

（二）支付必要中介费用

如前所述，当中介人促成合同成立时，中介活动的费用由中介人自己负担。而当中介人未能促成合同成立时，尽管未达到委托人的预期目的，但因为中介费用是中介人为了委托人的利益而付出的，所以由委托人支付中介活动的必要费用是公平合理的，但合同另有约定的除外。

第 二 十 六 章

合伙合同

【本章提要】随着经济发展，合伙已经成为人们经营合作的重要方式，《民法典》新增合伙合同的规定，对合伙的设立、合伙合同的特征和内容、合伙事务的执行、合伙利润亏损的分配、合伙份额的转让和合伙的终止等事宜作出明确规定，对调整未形成组织的合伙关系提供了规范指引。本章着重介绍合伙合同的特征和内容，以及合伙人基于合伙合同的规定享有的权利、承担的义务。

第一节　合伙合同概述

【问题】合伙合同有哪些特征，需要包含哪些内容？

【例1】

陈某诉姜某合伙合同纠纷

姜某于2012年承包经营某砖瓦厂。陈某同年向姜某汇款25万元，但未参与该厂经营与劳动。姜某在2016年向陈某出具投资证明并载明：陈某投资某砖瓦厂25万元，某砖瓦厂复垦拆迁，全额款项按拆迁比例分成。2016年11月，姜某陆续通过某居委会领取了310余万元补偿款，其未与陈某结账还款。陈某遂向法院起诉主张返还投资款25万元及收益50万元。

问题：姜某与陈某之间是否为合伙关系？

一、合伙合同的概念

合伙合同是两个以上合伙人为了共同的事业目的，订立的共享利益、共担风险的协议。在形式上合伙合同表现为合伙人间关于合伙事务签订的协议。在目的上合伙合同是指合伙人出于志同道合的目的，为了共同经营事业而产生的约定。

合伙合同侧重于调整合伙人内部的关系，在订立合伙合同时，需要具备以下条款：合伙人的出资、合伙事务执行、利润分配与亏损分担、合伙期限和违约责任等。

前述案例中陈某虽然向姜某的砖瓦厂投资25万，但由于二人没有订立相应的协议，陈某仅仅作为一个出资方，也没有参与经营管理，不是出于共同的事业目的，因此姜某与陈某间不是合伙关系，实质上可以认定为借款关系。

二、民事合伙和商事合伙

合伙，是指两个或两个以上的民事主体基于合伙合同而建立的共同出资和经营，共享收益和共担风险的法律关系。在类型上以是否存在稳定营业为标准，合伙可以分为民事合伙和商事合伙，民事合伙注重协议性，主要是指依据合伙协议成立的没有形成组织的个人合伙，性质上属于纯粹的合同关系。民事合伙主要适用《民法典》合同编分则的相关规定，从体系上首先适用合伙合同章节的法律规定，合伙合同没有规定的，则适用合同编通则部分的法条[1]。商事合伙较于民事合伙有更强的组织性，凸显商业属性，同时对合伙协议也有要求，合伙企业属于典型的商事合伙，应当适用《合伙企业法》。

三、合伙合同的特征

（一）合伙人必须有共同的事业目的

合伙人必须有共同的事业目的，这是合伙合同与其他财产性合同的显著区别。合同的目的不同，行为人的权利义务也有所差异，合伙合同是基于共同的目的签订合伙协议，为了共同的目的从事经营、进行生产活动。合伙人间的事业目的多元化，只要不违反法律的强制性规定和社会公序良俗即可。

（二）合伙合同为不要式、继续性合同

由于《民法典》并未规定合伙合同应当采用书面形式，因此合伙合同为不要式合同。但需要注意的是，对于组织性较强的商事合伙，《合伙企业法》第14条要求合伙协议采用书面形式。合伙合同通常需要持续一段时间，其给付义务具有连续性，因此为继续性合同。

第二节　合伙合同的效力

（一）合伙财产

1. 合伙人的出资。出资是指合伙人为了筹集合伙事业所需资本而实施的

---

[1] 但需要注意的是，不同于典型双务合同中当事人之间的给付义务具有交换性，合伙合同中合伙人是为了共同的事业目的，其义务不具有交换性。《民法典》合同编通则以典型的双务合同为原型，因此无法完全适用于合伙合同。参见王轶等：《中国民法典释评：合同编·典型合同（下卷）》，中国人民大学出版社2020年版，第600~603页。

给付。合伙人既然是以共同事业为目的，对于其合伙所需资本，合伙人具有相应的筹集义务。合伙人应当按照约定的出资方式、数额和缴付期限履行出资义务，不能以其他合伙人未出资为由拒绝履行出资义务。合伙人可以以货币、劳务、知识产权等形式出资。未按照约定的出资方式、数额出资，或未在缴付期限内缴付相应出资额的，应当承担相应违约责任。

2. 合伙财产的组成。合伙人的出资、因合伙事务依法取得的收益和其他财产，属于合伙财产。

3. 合伙财产的分割。由于若允许合伙人任意请求分割，合伙事业便失去了其经济基础，因此合伙合同终止前，合伙人不得请求分割合伙财产。

（二）合伙事务的决定与执行

1. 合伙事务的决定。除合伙合同另有约定外，合伙人就合伙事务作出决定的，原则上应当经全体合伙人一致同意。

2. 合伙事务的执行。

（1）全体合伙人共同执行。合伙合同是两个以上合伙人为了共同的事业目的所订立的共享利益、共担风险的协议。由于执行合伙事务是实现共同事业目的的必要手段，因此合伙事务执行权是合伙人的必要权利，原则上合伙事务由全体合伙人共同执行。

（2）委托一个或者数个合伙人执行合伙事务。出于效率的考虑，合伙合同也可以约定（或者全体合伙人决定），委托一个或者数个合伙人执行合伙事务，此种情形下其他合伙人不再执行合伙事务，但是有权监督执行情况。

（3）合伙人分别执行合伙事务。出于效率的考虑，合伙合同也可以约定（或者全体合伙人决定）合伙人分别执行合伙事务。合伙人分别执行合伙事务的，执行事务合伙人可以对其他合伙人执行的事务提出异议；提出异议后，其他合伙人应当暂停该项事务的执行。

需要注意的是，若合伙合同没有约定，合伙人不得因执行合伙事务而请求支付报酬，若个别合伙人因执行合伙事务享有支付报酬请求权，将违反共享收益、共担风险的公平原则。

（三）利益分配和亏损分担

合伙的利润分配和亏损分担，按照合伙合同的约定办理；合伙合同没有约定或者约定不明确的，由合伙人协商决定；协商不成的，由合伙人按照实缴出资比例分配、分担；无法确定出资比例的，由合伙人平均分配、分担。

（四）合伙合同的终止

1. 合伙合同因合伙期限届满而终止。合伙期限由合伙人在合伙合同内约定。合伙人对合伙期限没有约定或约定不明确，依法仍不能确定的，视为不定期合伙。合伙期限届满，合伙人继续执行合伙事务，其他合伙人没有提出异议的，合伙协议继续有效，但合伙期限为不定期。换言之，当事人之间的合伙协议约定的期限届满，合伙关系并不必然直接终止。合伙人仍继续从事合伙经营事务，并按照协议分配合伙盈余，履行相应的义务，应视为合伙关系继续存在，仅合伙的期限为不固定期限。

2. 不定期合伙合同因解除而终止。合伙合同还可因解除而终止，合伙人可以随时解除不定期合伙合同，但是应当在合理期限之前通知其他合伙人。

3. 合伙合同因合伙人死亡（或终止）、丧失民事行为能力而终止。合伙人死亡、丧失民事行为能力或终止的，合伙合同终止；但是，合伙合同另有约定或者根据合伙事务的性质不宜终止的除外。《民法典》将合伙人死亡、丧失民事行为能力或终止作为合伙合同终止的原因之一，意在强调合伙合同中合伙人的特殊地位，保护合伙合同中的特别信任关系。该终止事由并非绝对，合伙人可在合伙合同中另行约定继承人或权利承受人的合伙地位以排除此项终止事由，这同样体现了特别信任关系的保护意图。在合伙合同中，合伙人的权利义务伴随着合伙合同的终止而终止，而合伙企业则是以解散清算作为终止的节点。

（五）对外关系

1. 合伙债务的承担。合伙人对合伙债务承担连带责任。如前所述，《民法典》中的合伙合同规范和《合伙企业法》调整的对象有所区别。合伙合同主要是为了调整没有形成组织、仅以协议约定的合伙关系，更侧重于调整合伙人内部之间的关系，而合伙企业法调整的是合伙企业，包含合伙内外部的关系，因此在对外承担责任的规定中也有所不同。合伙合同的合伙人对外直接承担连带责任，对内再按份额分配责任。而合伙企业具有组织性，在对外承担责任时应当先以组织的财产承担责任，组织财产不足以清偿全部债务的，合伙人才承担连带责任，即补充连带责任。

清偿合伙债务超过自己应当承担份额的合伙人，有权向其他合伙人追偿。

2. 对外转让合伙财产份额。除合伙合同另有约定外，合伙人向合伙人以外的人转让其全部或者部分财产份额的，须经其他合伙人一致同意，以维护合伙人之间的信赖关系。

3. 合伙人债权人行使债权的限制。为维护合伙事业的稳定，保障其他合伙人对合伙的合理期待，合伙人的债权人不得代位行使合伙人享有的权利，但是合伙人享有的利益分配请求权除外。如此规定的原因在于，利益分配请求权相较于合伙人的其他权利而言，对合伙事业影响不大，通过利益分配请求权的让渡能够实现合伙事业与债权人的利益平衡。